William Ritchey Newton
Hinter den Fassaden von Versailles

William Ritchey Newton

Hinter den Fassaden von Versailles

Mätressen, Flöhe und Intrigen
am Hof des Sonnenkönigs

Aus dem Französischen
von Lis Künzli

Propyläen

Die Originalausgabe erschien 2008
unter dem Titel *Derrière la façade*
bei Perrin, Paris

Die Übersetzung wurde gefördert durch das *Centre
national du livre – ministère français chargé de la culture.*
Cet ouvrage est publié avec le soutien du *Centre national
du livre – ministère français chargé de la culture.*

Für die fachliche Beratung bei der Übersetzung
danken wir Leonard Horowski.

Propyläen ist ein Verlag der Ullstein Buchverlage GmbH
www.propylaeen-verlag.de

ISBN 978-3-549-07362-9

Für meinen Freund
Philippe Cocâtre-Zilgien

INHALT

Vorwort

Ludwig XIV. ist der Versailler Spiegeltrick aufs Schönste gelungen. Der Adel des Reiches, die europäischen Höfe und die französische Bevölkerung waren bis zum Herbst 1789 davon überzeugt, dass sich der Schlüssel zur Macht in Versailles befand. Historiker erschlossen die Hofrituale mit Hilfe von Louis de Rouvroy, Herzog von Saint-Simon, dem es in seinen geistreichen Memoiren gelang, die Leser fünfzig Seiten lang mit dem Taburett-Zeremoniell in Atem zu halten, als würde die Ordnung der Welt davon abhängen, welchen Platz die Herzogin, seine Gemahlin, dabei einnahm. Andere haben sich bei ihren Beschreibungen etwa des Empfangs des Gesandten von Genua oder der Aufnahme des Marquis von Dangeau in den Orden unserer lieben Frau vom Berge Karmel noch des geringsten Statisten angenommen. Es herrschte Einigkeit darüber, dass die Bälle, die öffentlichen Soupers und die Feste vom Überfluss des Reiches Zeugnis ablegten. Selbst ein Zuschauer, dem der Prunk eines Ludwig XIV. zuwider war, musste anerkennen, dass das Zeremoniell, das der große König zelebrierte, eines Byzanz würdig gewesen wäre und dass dessen Anblick besser als jeder militärische Sieg dazu geeignet war, Bedienstete und Höflinge in Schach zu halten. Man muss sich einmal bildlich vorstellen, dass das Publikum bereits seit einer Stunde zusammengeströmt war, wenn der Türsteher mit dem Ausruf an den Gardensaal klopfte: »Meine Damen und Herren, *à la viande du Roi* – zum Fleisch des Königs!«, mit anderen Worten »zu Tisch«, denn für den glanzvollsten aller Könige kam, genau wie für den Löwen, nur »Fleisch« in Frage, und so stand das Wort stellvertretend für sämtliche Speisen.

9

Der Hofstaat begleitete den Inhaber der Legitimität und der Machtinsignien bei allen öffentlichen Angelegenheiten. Vor dem *nef*, dem goldenen Tafelaufsatz in Form eines Schiffes, der beim *grand couvert*, wenn der König in aller Öffentlichkeit mit »großem Gedeck« speiste, auf dem Anrichtetisch stand, zogen auch die höchsten Herren den Hut, und die Damen machten einen Knicks. Sich diesen Utensilien überhaupt nähern oder gar mit den Bechern, Karaffen, Tellern, Servietten oder Stühlen hantieren zu dürfen, war mit sozialem Aufstieg gleichzusetzen, hieß, seinen Rang innerhalb der Gesellschaft und damit das Stückchen der königlichen Autorität zu markieren, dessen man sich erfreute.

Eine derart kodifizierte Karriereleiter erscheint in unserer demokratischen Welt heute kaum denkbar. Und doch ist sie nichts anderes als eine Spielart der seit jeher und in allen Gesellschaften existierenden Distinktion. Eine ererbte Position, Kultiviertheit und Gewandtheit im Auftreten nahmen dabei den Platz unserer modernen »Schlüsselqualifikationen« ein. Die Gabe, auf sich aufmerksam zu machen, vom Herrscher wahrgenommen und angehört zu werden, war zu allen Zeiten gefragt: Sie ermöglichte dem Einzelnen, in die »Mechanik« der Macht einzugreifen und einen gewissen Einfluss geltend zu machen. In Versailles bedeutete dies, ständig Präsenz zu zeigen, permanent anwesend zu sein. Nur so konnte man einen der stets umkämpften Plätze bei Hofe erobern oder verteidigen, auch wenn man dafür zahlreiche Unannehmlichkeiten auf sich nehmen musste.

Eigenartigerweise sind die Spuren dieser Gesellschaft heute kaum mehr sichtbar. Zwar besuchen Tausende von Touristen die königlichen Gemächer, auch die privaten Räume, zu denen vor der Französischen Revolution einzig die Vertrauten des Monarchen Zutritt hatten. Die Unterkünfte der Höflinge jedoch verschwanden in den 1830er Jahren, als der Bürgerkönig Louis Philippe die Nord- und Südflügel in das Musée d'Histoire de France, das historische Nationalmuseum, verwandeln ließ. In der Dritten Republik verstärkte sich diese Entwicklung, als dort, wo sich einst Küche, Offices und Keller befanden, der Kongress tagte – die außerordentliche Sitzung von Nationalversammlung und Senat, bei der die Verfassung verabschiedet oder abgeändert und bis 1958 der Präsident gewählt wurde. Die Symbolik der Macht hat überlebt, doch kann man sich heute nur noch schwer vorstellen, dass ihre Architektur an die Stelle eines Labyrinths von Appartements getreten ist, in dem der Hofstaat und das Dienstpersonal des Grand Roi zu leben versuchten.

Dieses Buch ist ein Versuch, ein Universum zu rekonstruieren, das gänzlich verschwunden ist. Dank der umfangreichen Korrespondenz und der Berichte des Generaldirektors der Königlichen Bauten und des Schlossgouverneurs können wir jedoch die Probleme des täglichen Lebens, die Bemühungen, sich wohnlich einzurichten, die Machtspiele um Einfluss und Vergünstigungen, aber auch tatsächliche Bedrängnisse nachvollziehen. Was dabei zum Vorschein kommt, ist die Kehrseite der schönen Fassade dieser 226 Appartements, in die sich ein gutes Tausend Leute hineindrängte, von denen manche im Ankleideraum ihrer Herren oder auf Pritschen schlafen mussten. Schaut man sich die Aufzeichnungen über den Komfort in Bezug auf Wasser, Heizung, Nahrung an, erhält man Einblicke in ein sonderbar erscheinendes Schlossleben, in dem die Eroberung einer gewissen Position tägliche Opfer und eine Form von Askese erforderte, die viele zunehmend weniger zu ertragen bereit waren.

Dabei kommen auch die ständigen Konflikte unter Herrschenden, Höflingen und Händlern ans Licht. Sind Geld und zu verteilende Ämter ausreichend vorhanden, erscheint die höfische Gesellschaft von Versailles als strahlendes Zentrum Frankreichs. Fehlt eine der beiden Ingredienzien, dann erstarrt das Reich, und die Klagen über die unwürdigen Unterkünfte, unbezahlten Rechnungen und den Verfall der Gebäude häufen sich, wie zum Beispiel am Ende der Herrschaft Ludwigs XV., nach dem Desaster des Siebenjährigen Krieges oder in den Jahren nach 1780, als die Finanzen erschöpft waren und Ludwig XVI. seinen Generaldirektor für Finanzen, den Genfer Bankier

Jacques Necker, mit einer umfassenden Steuer- und Finanzreform beauftragte, die die Ausgaben des Hofes in allen Bereichen stark einschränkte. Der Spiegel wurde trüb, und der jeweilige Herrscher sah sich gezwungen, ihm wieder neuen Glanz zu verleihen. Dabei aber musste immer den Machtverhältnissen, dem Zeitgeist, dem Geschmack sowie den gesellschaftlichen Entwicklungen Rechnung getragen werden.

So formierte sich unter den drei Herrschern, deren Regierungszeit dieses Buch umfasst, ein erbitterter Kampf, wenn auch mit stumpfem Florett – Etikette und gute Sitten verpflichten. Die königlichen Ambitionen blieben stets die gleichen: das Verteilen von Auszeichnungen oder Degradierungen, um die Repräsentanten der Macht an der kurzen Leine zu halten. Äußere Form und Diskurs änderten sich jedoch mit der Zeit.

Das ganze 18. Jahrhundert hindurch war der Hof von Versailles durch unüberbrückbare Gegensätze geprägt: Hinter der Fassade fand man zugleich Größe und Misere, Pracht und Elend, schönen Schein und Alltagsprobleme unter einem Dach vereint. Es wurde ein Schauspiel der Macht aufgeführt, das bis zum bitteren Ende durchgehalten wurde, auch wenn die Zuschauerzahlen abnahmen, die Gebäude verfielen und die Infrastruktur baufällig wurde. Wie im Theater interessiert sich das Publikum – damals wie heute – vor allem für die prächtige »Hofseite«; wir wollen nun einmal die weniger repräsentative »Gartenseite« erkunden und einen Blick hinter die unvermeidlichen Kulissen von Versailles werfen.

Springfield, Tennessee, August 2008

1. Wohnen

Das standesgemäße Quartier

Als erstes wollen wir uns der Wohnsituation bei Hofe widmen, spielte die Unterkunft doch für das persönliche Befinden wie für die Markierung der eigenen Position eine entscheidende Rolle. Wer in höfischen Diensten stand, hatte auch Anspruch auf eine Wohnung; man durfte vom König erwarten, dass er seine militärischen und zivilen Beamten unterbrachte. Die Glücklichsten unter ihnen verfügten über eine Wohnung im Schloss selbst, die anderen wurden in unterschiedlichen königlichen Gebäuden in der Umgebung beherbergt. Man konnte aber auch eine Entschädigung in Form von Geld erhalten, die es einem ermöglichte, sich in der Stadt eine Unterkunft zu suchen. Direkt im Schloss zu wohnen war aber natürlich so prestigeträchtig, dass alles, was Rang und Namen hatte, es jedem anderen Ort vorzog, auch den eigenen Stadtvillen, so prächtig diese auch sein mochten.

Der riesige Palast, den wir heute bestaunen, war ursprünglich nur ein Landpavillon, in dem Ludwig XIII. gelegentlich die Nacht verbrachte, wenn er in den umliegenden Wäldern der Jagd nachging. Später ließ der König sich auf dem Hügel, der den Sumpf überragte, eine Residenz bauen, die jedoch so bescheiden war, dass ein Memoirenschreiber sie als »Kartenschloss« herabwürdigte. Ludwig XIV., der die kleine Gentilhommière erbte, brachte zahlreiche Erweiterungen und Verschönerungen an. Südlich des Ehrenhofs wurde ein Flügel mit Stallungen errichtet, der – bald zu einem Wohntrakt umgebaut – unter dem Namen »Alter Flügel« bekannt wurde. Trotz zahlreicher Umgestaltungen existiert er noch heute, während der Pavillon, der zur Stadtseite ausgerichtet ist, unter Ludwig

XVIII. durch den Architekten Dufour – nach dem der Pavillon benannt ist – vor allem deshalb neu gebaut wurde, um den Alten Flügel mit dem Nordflügel des Hofs in Symmetrie zu setzen. In den 1660er Jahren errichtet, um Küchen und *Offices* – Räume in unmittelbarer Nähe zur Küche, in denen man gewisse Speisen zubereitete und aufbewahrte – aufzunehmen, wurde er bald zu Wohnungen umgestaltet, und als sich der Hof 1682 in Versailles niederließ, bezog der Intendant der Domäne und der Stadt darin Quartier. 1719 wurde seine Charge zu einem Gouverneursamt erhoben, seither hieß der Flügel *Aile du Gouvernement*. Ab 1760 bekamen jedoch die Mauern Risse, und der Gouverneur musste ihn verlassen. Der Pavillon wurde 1771 weitgehend abgerissen, von dem Ersten Hofarchitekten Ludwigs XVI., Ange Jacques Gabriel, umgebaut und nach ihm *Aile Gabriel* benannt.

Bei den Erweiterungen und Verschönerungen durch Ludwig XIV. wurde im Zentralbau des Schlosses die Struktur der Originalarchitektur beibehalten: rote Backsteinmauern, an den Ecken Hausteinbänder und Schieferdächer. Ein zweites Gebäude aus Quadersteinen umschloss das erste vollständig. Im Norden befanden sich die großen Staatsappartements; im Westen führte beim ersten Entwurf eine Terrasse auf die Gärten hinaus, die aber schließlich durch den Spiegelsaal ersetzt wurde, während im Süden die Appartements der Königin eingerichtet wurden. Als der Südflügel, auch »Prinzenflügel« genannt, vollendet war, verlegte Ludwig XIV. seinen Hof vollständig nach Versailles. 1689 wurde die lange Fassade zum Garten durch einen Nordflügel ergänzt. Beide waren dazu bestimmt, die Hofwürdenträger – Beamte aus dem hohen Adel, die am französischen Königshof Dienst taten – aufzunehmen. Denn tatsächlich hatten die hohen Herren beim *Lever* und *Coucher*, dem zeremoniellen Aufstehen oder Zubettgehen des Königs, oder auch bei der Toilette der Königin eine dienende Funktion. Ja sie buhlten geradezu um diese käuflich erwerbbaren Hofämter, die sie symbolisch an das monarchische Zeremoniell banden, während die eigentliche Arbeit von einer großen Schar Beamter aus dem niederen Adel verrichtet wurde.

Unter Ludwig XIV. ließen sich die Inhaber der höheren Ämter Privathäuser auf einem Terrain errichten, das ihnen der König zur Verfügung stellte. Die Wohnprobleme, die vor dem Bau des Nord- und Südflügels bestanden, beschrieb der Anwalt Marais, der zur Zeit der Régence tätig war, so: »Unter der Herrschaft Ludwigs XIV., der stets in Versailles weilte, zählte der Hof nur wenige Frauen, da ein Mann von Rang seine Ehefrau in Versailles nicht in einem Gasthaus oder einem möblierten Zimmer untergebracht hätte, wohingegen es für die Herzöge, die Häuser besaßen, leichter war, ihre Frauen bei sich zu haben.«[1]

Die Inhaber niederer Ämter wohnten in einem Nebengebäude des Schlosses, dem *Grand Commun*, einem weitläufigen Bau, der im Erdgeschoss die Schlossküchen und die Speisesäle des Haushalts von König und Königin sowie auf vier weiteren Stockwerken Unterkünfte jeder Größe bis hin zu einfachen Verschlägen beherbergte. Dort zu wohnen wurde von manchen als nicht besonders schmeichelhaft empfunden, da es ja eigentlich ein Wirtschaftsgebäude war, wenn dessen Nähe zum Schloss auch praktisch war. Doch trotz seiner Größe vermochte der Grand Commun nicht sämtliche Beamte aufzunehmen, die ein Anrecht auf eine Unterkunft am Hof hatten. Es mussten weitere Gebäude gekauft oder angemietet werden: das Hôtel de Duras in der Rue de la Chancellerie, die drei Wohntrakte des Hôtel des Louis in der Rue de l'Orangerie und schließlich das Hôtel de Nyert in der Rue Saint-François. Die Beamten und das Personal bestimmter Dienstbereiche wie des großen und kleinen Marstalls oder der Jägerei verfügten über Wohnungen direkt an ihrem Arbeitsort.

Die Hauptsorge jedes Höflings war es, eine seinem Rang, seinen Ämtern, seiner Familie und seinen Bedürfnissen entsprechende Unterkunft zu ergattern. Da weder das Schloss noch die königlichen Gebäude in der Stadt dafür ausreichten, bot der Gouverneur den Beamten des Königshauses und dem Personal, das dem Dauphin und den Söhnen und Töchtern Frankreichs diente, die noch zu jung waren, um eine Haushaltung mit einem eigenem Budget zu führen, eine Kompensation in Form von Geld an. Die Entschädigungen für die Unterkünfte der Beamten der anderen Haushalte wie jene der Dauphine oder der Mesdames de France wurden von der königlichen Schatzkammer übernommen.²

In der Stadt zu wohnen war sehr unpopulär: Die Mieten waren hoch und die Entfernung vom Schloss beträchtlich. So fand man sich nur unwillig mit dieser Lösung ab. Das mittlere Gehalt eines Beamten, der *par quartier*, also ein Quartal pro Jahr, diente, belief sich auf 300 Livres, was kaum ausreichte, um ein möbliertes Zimmer oder eine bescheidene Wohnung zu mieten. Das traf für viele niedere Beamte zu, die ihre jeweilige Charge – ein Amt auf Lebenszeit, das jedoch nicht vererbbar war – wegen des sozialen Prestiges und der damit verbundenen Steuererleichterung kauften. Da sie zum Teil nur einige Tage pro Woche tätig waren, lebten sie die übrige Zeit zu Hause, oft in der Ile-de-France oder in Paris. Die meisten Gesellschaftsdamen verbrachten jeweils nur kurze Zeit am Hof, da sie nicht mehr als eine von drei Wochen Dienst taten, so dass eine noch so mittelmäßige Unterkunft im Schloss nicht von größerem Nachteil war. Für zahlreiche Höflinge stellte ihr »Quartal« vor allem eine angenehme Abwechslung dar, um der Langweile des ländlichen Lebens zu entkommen. Zugleich bedeutete es einen Prestigegewinn, wenn ihre Abreise und Rückkehr in der Sonntagsmesse verkündet wurden.

Der Polizeikommissar von Versailles schätzte, dass zu Beginn der Herrschaft Ludwigs XIV. kaum fünfzig Bewohner ein *chambre garnie*, ein möbliertes Zimmer, zur Vermietung anboten. Im Jahr 1724 waren es bereits vierhundert, die professionellen Hoteliers noch nicht eingerechnet. Er schrieb dies gleichzeitig der großen Nachfrage wie der Verlockung eines einträglichen Nebenverdienstes zu: »Als der König [...] sich in Versailles niederließ, sind ihm zahlreiche Personen gefolgt. Die Mieten stiegen daraufhin beträchtlich, und die hohen Preise haben die meisten Bewohner veranlasst, ein möbliertes Zimmer zu vermieten, um sich an den Mieten zu bereichern, so dass man königliche Beamte, Bedienstete, normale Bürger, sogar Schuster, Bäcker, Flickschuster, Lakaien, Frauen im Witwenstand bis hin zu ihren Söhnen findet, die alles dafür tun, um möblierte Zimmer vermieten.«[3] Der Kommissar empfahl, die Tarife während der Regierungszeit des Sonnenkönigs gesetzlich zu regeln, und tatsächlich wurden sie den Gastwirten von Versailles 1735 per Verordnung diktiert: 2 Sols pro Tag für ein nicht tapeziertes Zimmer mit einem Bett; 4 Sols für zwei Betten. Ein tapeziertes Zimmer wurde für 4 Sols pro Tag vermietet, eins mit zwei Betten für 8 Sols. Diese Tagessätze aber wurden nur von den eher bescheidenen Einrichtungen angewandt. Die Zahlen, die im Budget von Monsieur de Beauregard du Mesnil, dem Königlichen Leibgardisten und Ritter des Ludwigsordens, genannt werden, scheinen eine glaubwürdigere Vergleichsgröße zu sein. Beauregard du Mesnil zahlte dem Ehepaar Martin, Speisewirte in der Rue d'Anjou, für seine Unterkunft 20 Livres im Monat, also mehr als 13 Sols pro Tag, dazu 3 Livres täglich für die Mahlzeiten. Ein anderer Leibwächter mietete ein Doppelzimmer für durchschnittlich 36 Sols pro Tag.[4]

Neben diesen zum Teil registrierten, zum Teil illegalen Unterkünften gab es in Versailles noch eine ganze Reihe weiterer Übernachtungsmöglichkeiten. Die Stadt zählte ungefähr hundertzwanzig Wirtshäuser für Gäste jeglichen Standes. Unter Ludwig XIV. konnten hochrangige Persönlichkeiten im Écu de France auf der Place du Marché oder im Roi-de-Pologne in der Rue de la Dauphine absteigen. Die vornehmste Einrichtung in der Mitte des 18. Jahrhunderts war das Hôtel de Fortisson in der Rue des Bons-Enfants, in der Nummer 34 der heutigen Rue du Peintre-Lebrun. Der Eigentümer, ein ehemaliger Vizemajor der Chevauleger-Garde, vermietete kleine Wohnungen und Zimmer an Hofleute, darunter an den Duc de Croÿ. Ausschlaggebend für die Einstufung einer Unterkunft war die Nähe zum Schloss. Zuunterst standen Einrichtungen in größerer Entfernung wie jene, die von einem gewissen Marcoux in der Rue Bel-Air geführt wurde und während des Sommers 1782 Schreiber, Schneidergesellen, Tischler, Terrassenarbeiter, Maurer und sogar einen Last- und einen Sackträger beherbergte. Ein Sieur

Meunier hatte zur gleichen Zeit in der Rue des Récollets hinter dem Grand Commun eine etwas gehobenere Kundschaft: einen königlichen Beamten aus Port-au-Prince, einen Anwalt aus Paris, einen ehemaligen Leibgardisten und mehrere Kunden, die sich selbst als »Edelleute« oder »Bürger von Paris« bezeichneten.

Zur Luxuskategorie gehörte das Hôtel des Ambassadeurs, das Mademoiselle Gournail in der Rue de la Chancellerie – in der heutigen Nummer 18 – führte und das nur Edelleute aufnahm. An der Spitze der Pyramide stand ein Sieur Delroc, Eigentümer des Hôtel le Juste, das 1682 in der Rue Vieux-Versailles an der Stelle der heutigen Nummer 6 eröffnet wurde. Er hatte sogar die Ehre, Kaiser Joseph II. zu empfangen. Tatsächlich hatte der Monarch, der inkognito reiste, die Gastfreundschaft seiner Schwester Marie-Antoinette ausgeschlagen, die sich nun gezwungen sah, die *garçons du garde-meuble* der Krone auszuschicken, um sein Appartement zu möblieren.[5]

Zur Kundschaft der Gastwirte gehörten viele Reisende, die neben Kost und Logis einen Stall für ihr Pferd brauchten. Die Weinhändler und Schankwirte boten neben der Unterkunft auch Verpflegung. Unter Ludwig XV. ist die Eröffnung von Gasthöfen und Cafés durch Limonadenschenke zu verzeichnen, die unter Ludwig XIV. noch praktisch unbekannt waren. Diese Lokalitäten waren in der Regel hübsch dekoriert und boten Branntwein, Likör und Kräutertees an. Der Wert der Möbel, die niedrige Anzahl Betten pro Zimmer sowie die Lage dieser Häuser – die Hälfte von ihnen war in der Pfarrei Saint-Louis angesiedelt – lassen vermuten, dass manche der quartalsweise dienenden Beamten, die der Baufälligkeit des Grand Commun überdrüssig waren oder ihre Dienstappartements den Gesellschaftsdamen der Prinzessinnen überlassen mussten, hier ihren Wohnsitz aufgeschlagen haben.[6]

Als für diese Beamten nach der Finanzreform von 1780 an keiner Speisetafel des Hofes mehr Platz war, wurde ihnen eine Entschädigung von 5 Livres pro Tag zugestanden, um in der Stadt zu essen. Ihre Lage wurde dadurch erheblich erschwert.

Bei 300 Livres für die Dienstunterkunft, dazu 5 Livres pro Tag für die Versorgung mit Essen, insgesamt also 750 Livres für neunzig Tage – etwas mehr als 8 Livres pro Tag –, zahlten in den letzten Jahren des Hofs von Versailles viele aus eigener Tasche drauf. Viele kleine Beamte, die am Hof Karriere machen wollten, kauften zu diesem Zweck mehrere Ämter, sei es in aufeinanderfolgenden Quartalen, sei es, dass sie in ein und demselben Haus mehrere Ämter gleichzeitig wahrnahmen. Sie hofften, durch diese kostspielige Investition schnell die Karriereleiter zu erklimmen und sich ein gewisses Prestige und steigende Einnahmen zu sichern. Ein Koch konnte sich von Januar bis April als *potager* – »Küchengärtner«, der sich um das Suppengemüse kümmerte – anstellen lassen, dann von Juli bis Oktober als *maître queux* – »Küchen- und Bratmeister«. Wurde er nach seinem Quartal in der Speiseküche des Königs noch in den Dienst des Dauphins versetzt, lebte er das ganze Jahr am Hof. Dasselbe galt für diejenigen, die als Kammerdiener des Königs und der Königin angestellt waren, insbesondere als das Haus der Königin Maria Leszczyńska – der polnischen Prinzessin und Ehefrau Ludwigs XV. – eingerichtet wurde und gewisse treue Diener des Königs umsonst oder zu solch reduzierten Preisen Chargen erhielten, dass sie mit ihrem Erwerb ein ausgezeichnetes Geschäft machten. Diese »Berufsbeamten« brauchten eine gewisse Sicherheit, vor allem wenn sie eine Familie zu versorgen hatten; und wenn sie keine Unterkunft in einem der königlichen Gebäude fanden, bestand die beste Lösung im Kauf eines Hauses in der Stadt.

Der König stellte großzügig Grundstücke zur Verfügung, unter der einzigen Bedingung, dass sie bebaut werden müssten. Zu Beginn wurden die besten Plätze mit der Auflage vergeben, die Fassaden einheitlich zu gestalten. Das Grundstück für das Hôtel des Herzogs von Saint-Simon in der Nummer 38 der Avenue de Saint-Cloud wurde dem Vater des Memoirenschreibers im Jahr 1685 überlassen, der Vertrag dazu im folgenden Jahr unterzeichnet. Es handelte sich um einen Halbpavillon mit Toreinfahrt in einen Innenhof, mit Kutschenhaus, Stallungen, Gebäuden, Garten und Hinterhof.[7] Der größte Teil des sogenannten Hirschpark-Viertels wurde aufgeteilt und an *commensaux* übergeben, an Beamte, die Anspruch darauf hatten, vom König verpflegt zu werden.[8] Die neuen Inhaber eines solchen Brevets – einer Ernennungsurkunde, in der die jeweiligen Pflichten des Empfängers sowie die finanziellen Rahmenbedingungen geregelt waren – mussten dem König eine bescheidene Immobiliensteuer in Form eines Bodenzinses entrichten, dazu die Parzelle mit einer Mauer oder einer Hecke umschließen und den Straßenrand pflastern lassen. Ließen sie nicht bauen, konnten sie ihre Konzession nach Ablauf einer bestimmten Frist, meist nach einem Jahr, wieder verlieren. Viele von ihnen hatten jedoch Schwierigkeiten, die Auflagen zu erfüllen, so dass das Viertel im 18. Jahrhundert noch immer schwach besiedelt war. Die Ambitioniertesten ließen Gebäude errichten, von denen sie das Erdgeschoss selbst bewohnten und in den oberen Stockwerken Wohnungen und Zimmer vermieteten. Manche von ihnen hatten so offenbar regelrechte Investitionsobjekte geschaffen.

Kammern, Verschläge und Dachstuben

Die meisten Unterkünfte der hohen Dienerschaft befanden sich im Grand Commun. Neben großen Privatappartements gab es auch Gemeinschaftswohnungen, in denen Beamte, die dieselbe Funktion innehatten, jeweils über ein eigenes Zimmer verfügten und sich ein Vorzimmer sowie einen Aufenthaltsraum teilten, während ihre Diener in eigens eingezogenen Zwischengeschossen untergebracht waren. Die besten dieser Wohnungen im Grand Commun trugen die Nummern 85 und 86 und lagen in der nordwestlichen Ecke des zweiten Stockwerks. Sie waren den Edelleuten des Königs vorbehalten. Ein Korps von 36 Beamten, von denen in jedem Quartal jeweils neun dienten, teilten sich zehn durch sechs Kamine beheizte Zimmer mit zehn Zwischengeschossen für die Bediensteten. Da die meisten Mieter alle drei Monate wechselten, kümmerte sich ein Concierge, ein Hausmeister, um die Räumlichkeiten und vermietete den Bewohnern während ihres Aufenthalts am Hof Möbel und Wäsche.[9]

Im Dachgeschoss unter dem stark geneigten Giebel teilten sich die Huissiers, die Türsteher des Königsaals, eine Unterkunft mit einer sehr niedrigen Decke. 1778 beklagten sie sich über diese Unbequemlichkeit beim Generaldirektor der Königlichen Bauten, der seine Inspektoren beauftragte, einen Bericht zu verfassen, in dem zu lesen ist: »Die zwölf Türsteher des Königssaals, die im Quartal dienen, haben ihre Unterkunft im Grand Commun. Dort verfügen sie nur über ein Zimmer für jeweils drei Beamte. Sie haben Bittschriften verfasst, in denen sie eine Unterkunft einfordern, die ihnen gemäß ist und ihnen zusteht, da es nicht der Schicklichkeit entspricht, zu dritt in einem Raum zu wohnen. Hieraus können Unannehmlichkeiten und Schwierigkeiten erwachsen, sei es in Bezug auf die unterschiedlichen Charaktere, sei es im Falle von Krankheit oder Unpässlichkeit, welche die anderen in Mitleidenschaft ziehen. Die Unterkunft, die sie bewohnen, ist unbequem. Die Fußböden drohen einzustürzen. Der Kamin hält weder Wind noch Regen stand. Durch die Balken, die dieses große Zimmer, oder um es besser zu sagen, diese riesige Dachstube durchqueren, dringt Wasser ins Zimmer, so dass besagte Balken zu modern anfangen und die Unterzeichnenden der Gefahr ausgesetzt sind, eines Tages unter den Ruinen begraben zu werden. Unter diesen Umständen bitten sie Sie, Monsieur, untertänigst, eine Besichtigung anzuordnen, die nötigen Reparaturen einzuleiten und die Aufteilung dieses Zimmers vorzunehmen, das einiger Verbesserungen bedarf.«[10]

Die Inspektoren schlugen Abhilfe vor: »Diese Unterkunft befindet sich im Dachgeschoss unter dem Gesperre und besteht nur aus einem einzigen Raum. […] Da die Herren Türsteher des Königssaals dieses selbe Zimmer, das groß genug ist, um einige Unterteilungen vorzunehmen, in jedem Quartal zu dritt bewohnen, bitten sie den Herrn Generaldirektor, ihnen drei Wände einziehen zu lassen, damit sie an diesem Ort zwei Zimmer und ein Kabinett abteilen können, wohin sich jeder Einzelne zurückziehen kann. Da die zwei Fenster, die diesen großen Raum erhellen, sehr klein sind und nur ein recht düsteres Licht erlauben, bitten sie weiter, dass diese vergrößert werden möchten. Der Austausch der Eingangstür gegen einen Kamin sowie die neuen Aufteilungen können weder der Festigkeit des Gebäudes noch der Dekoration Abbruch tun mit Ausnahme des verlangten Kamins, für den möglicherweise zwei Böden und das Dach durchbohrt werden müssen.«[11]

Der Generaldirektor der Königlichen Bauten gab sein Einverständnis, und das große Gemeinschaftszimmer wurde wie vorgeschlagen aufgeteilt. Die neuen Zimmer waren kaum größer als die Zelle eines Schlafsaals. Ein Konflikt, der für die Schwierigkeiten des Zusammenleben exemplarisch ist, spielte sich zwischen dem dienstältesten Türsteher, der mit seinen 72 Jahren auf 27 Dienstjahre am Hof zurückblicken konnte, und einem seiner jungen Kollegen ab, der sich einen Spaß daraus machte, den alten Mann zu provozieren, indem er ihn heimlich durch ein Fenster des gemeinsamen Flurs beobachtete. Als der Dienstälteste die Scheibe mit Papier verkleidet hatte, schlug der junge Mann sie kurzerhand ein. Ein Gemälde, das die Scheibe ersetzen sollte, wurde zerstört, ein Vorhang zerrissen. Am Ende dieses Kleinkriegs klagte der Doyen, dass er sich durch die Zugluft, die durch das Loch hereinkam, eine Erkältung zugezogen habe.[12]

Der ständige Mieterwechsel schadete den Wohnungen, vor allem weil die jungen Militärs sich wenig um den Unterhalt ihrer provisorischen Kasernierung kümmerten. Wenn die Reparaturarbeiten zu lange auf sich warten ließen, wurden die Zimmer rasch unbewohnbar. Selbst die Edelleute kannten dieses Problem: 1778 waren ihre Unterkünfte in einem solch schlechten Zustand, dass nur die Hälfte der Quartalsbeamten dort wohnen konnte. So wandten sie sich mit einer Bittschrift an den Generaldirektor der Königlichen Bauten: »Die Edelleute im Dienste des Königs haben die Ehre, Monsieur le Comte d'Angiviller darauf aufmerksam zu machen, dass ihr Dienst während jedes Quartals neun Personen erfordert und dass der König sowohl ihnen als auch ihren Bediensteten seit jeher eine ständige Unterkunft in der dritten Etage des Grand Commun gewährt hat. Wenn die Verbesserung der Wohnsituation in der Stadt dazu geführt hat, dass lange Zeit vernachlässigt wurde, was ihnen durch ihr Amt von Rechts wegen zusteht, so sind nun aufgrund des derzeitigen Mangels und der hohen Preise einige Maßnahmen absolut unabdingbar geworden. Einzig fünf Appartements befinden sich im Zustande, bewohnt werden zu können, doch der Mangel kann durch das Zwischengeschoss behoben werden, das durch Ihre Anordnung vor zwei Jahren über ihrem Speisesaal errichtet wurde, was bereits eine Unterkunft abgeben würde, sowie durch die Instandsetzung von drei unbewohnbaren Unterkünften im Zwischengeschoss, aus denen man nach dem Beispiel der Königlichen Kammerdiener mit Leichtigkeit Nutzen ziehen könnte.«[13] Es brauchte sechs Jahre, um diese dringenden Reparaturen zu Ende zu führen!

Die Beamtenkorps hatten im Allgemeinen einen »ordentlichen Vorsteher«, der das ganze Jahr über im Dienst stand und eine eigene Wohnung hatte. Zum ständigen Personal gehörte auch eine große Zahl von Kammerfrauen, die der Königin, der Dauphine oder den Kindern von Frankreich dienten. Ganz gleich, ob ihre Ansprüche hoch oder eher bescheiden waren, stets setzten diese Damen ihr Ansehen – und manchmal ihren ganzen Charme! – ein, um die besten Wohnungen im Grand Commun zu bekommen; sie wollten dort ihre Familien unterbringen. Da die Hofbeamten oft die Töchter ihrer Kollegen heirateten, blieben viele, die ein Quartal lang dienten und während dieser Zeit Recht auf eine Unterkunftsentschädigung hatten, in der Wohnung ihrer Frauen, die das ganze Jahr im Dienst standen. Sie wurden so gleich zweifach begünstigt.

Das war jedoch nicht im Sinne des Gouverneurs von Schloss und Stadt, des jungen Comte de Noailles, der das Vermögen der Domäne schonen wollte und das klar zu verstehen gab: »Die Regel besagt, dass nur eine Unterkunft [in Form von Geld] gewährt wird, auch wenn man mehrere Orte bewohnt.«[14]

Tatsächlich konnte ein Beamter keine doppelte Entschädigung erhalten, obwohl sein Einkommen es ihm kaum ermöglichte, in der Stadt ein Haus für seine Familie zu mieten. Im besten Fall erhielt ein Diener des Königs wie François Charles Cécire, der zwei Ämter – als Kammerdiener und Barbier – innehatte, eine Erhöhung, doch betrug diese nur 400 Livres und nicht 600, wie er gefordert hatte.[15] Da diese Regel die finanziellen Möglichkeiten der Beamten stark einschränkte, intrigierten sie ununterbrochen gegeneinander, um eine größere, bequemere, besser gelegene und ausgestattete Unterkunft zu bekommen. In der Zwischenzeit häuften sich die Bitten um Renovierungsarbeiten und Instandsetzungen, während sich die Kammerfrauen einer scheinbar niemals endenden Serie von eigenmächtiger Inbesitznahme von Wohnraum und dessen Tausch widmeten.

Wer bekommt das schönste Appartement?

Die eigentlichen Dienstwohnungen waren knapp und den Inhabern der wichtigsten Chargen vorbehalten. Die vier Staatssekretäre verfügten über ganze Häuser inklusive Keller und Attikageschoss – eine zusätzlich angebaute Dachetage, die man heutzutage vielleicht als »Penthouse« bezeichnen würde – in den beiden Flügeln am Rande des großen Vorhofs, dem sogenannten Ministerhof. Der *Garde des Sceaux* – der Siegelbewahrer, eine Art Justizminister – bewohnte, wenn er sich in Versailles aufhielt, ein Stadtpalais, in dem heute das Konservatorium untergebracht ist. Einige dieser hohen Würdenträger, insbesondere der Kanzler, der Comte de Pontchartrain, empfanden dessen Entfernung zum Schloss jedoch als zu groß.

Als König Ludwig XV. sieben Jahre nach dem Tod Ludwigs XIV. 1722 von den Tuilerien wieder nach Versailles zurückkehrte, kaufte er das ehemalige Hôtel de Beauvillier an der Kreuzung der heutigen Rue de l'Indépendence-Américaine und der Rue de l'Orangerie, um darin die Residenz und die Büros des Generalkontrolleurs der Finanzen einzurichten, dessen Tätigkeit die häufige Anwesenheit in Paris erforderte. Das Hôtel de la Surintendance gegenüber war für den Generaldirektor der Königlichen Bauten reserviert. Da diese Häuser Dienstunterkünfte waren, gingen sie, wenn jemand in Ungnade fiel, an dessen jeweiligen Nachfolger über. Die anderen hohen Beamten kamen nur in den Genuss von Dienstwohnungen, wenn sie im Quartals- oder Jahresdienst standen. Das wichtigste dieser Appartements war das der Hauptmänner der *gardes du corps*, der königlichen Leibgarde. Während ihres Dienstquartals wohnten sie direkt über dem Kabinett des Staatsrats und den inneren Kabinetten des Königs, verfügten aber darüber hinaus auch über eine Privatwohnung im Schloss.

Im 18. Jahrhundert wollte der Comte de Noailles bestimmte Wohnungen für die hochrangigsten Amtsinhaber des königlichen Haushalts reservieren: »Der Comte de Noailles«, schreibt er an den Souverän, »ist so frei [...], Eurer Majestät zur Kenntnis zu bringen, dass er es als angemessen erachten würde, wenn alle Inhaber der bedeutenden Chargen Eurer Majestät ihre Unterkünfte stets behalten und diese ohne jede Änderung auch an ihre Nachfolger übergehen. Dies hätte eine erhebliche Verminderung von Unannehmlichkeiten und Ausgaben zur Folge.«[16] Der König stimmte diesem Vorschlag zwar zu, er wurde jedoch nie umgesetzt.

Jedes Mal, wenn eine Wohnung frei wurde, setzten die Kandidaten alle Hebel in Bewegung, um den Zuschlag zu erhalten – königliche Gunst, familiäre Bindungen, Freundschaften, Bittgesuche, Briefe. Als der alte Marschall de Biron 1747 seine Wohnung verließ, bewarben sich beim Comte de Noailles elf Höflinge darum.[17] Als wichtigster Trumpf galten der Rang eines Bewerbers sowie seine Stellung bzw. sein Amt am Hof, und so wurde das Vorgriffsrecht immer den hohen Kronbeamten und den Vorstehern der wichtigsten Ämter der Königs- und Prinzenhäuser eingeräumt. Der Großkaplan *(grand aûmonier)* von Frankreich, der Großkämmerer *(premier gentilhomme de la chambre)*, der Großhaushofmeister *(grand maître)*, die

Hauptmänner der *gardes du corps* und der Hof-Reisemarschall *(grand maréchal de logis)* mussten unbedingt eine Unterkunft unter demselben Dach wie der König haben. An sie hatte der Gouverneur gedacht, als er vorschlug, ständige Dienstwohnungen einzurichten. Andere Höflinge mit weniger bedeutenden Ämtern sahen sich oft gezwungen, Unterkünfte in den oberen Stockwerken zu akzeptieren, die nicht besonders bequem und in schlechtem Zustand waren.

Der zweite Faktor, der bei der Verteilung der Wohnungen berücksichtigt wurde, war die Art des Amtes und die Nähe zum Souverän. So beriefen sich die *chefs du service* der großen und kleinen Stallungen auf das Prestige ihrer Aufgaben und ihre ständig erforderliche Präsenz beim König, um zusätzlich zu ihren Wohnungen bei den Stallungen eine Unterkunft im Schloss zu ergattern. Ebenso mussten die *dame d'honneur* – die Oberhofmeisterin – und die *dame d'atour* – die Hofmeisterin für die Garderobe – der Gemächer von Königin, Dauphine und Mesdames de France in der Nähe ihrer Herrinnen untergebracht sein. Ihnen gewährte man daher Wohnungen im Prinzenflügel, auf gleicher Etage mit der Königin. Die Palast- oder Gesellschaftsdamen, die *dames du palais* und die *dames de compagnie*, wurden im Attikageschoss einquartiert, das das Gebäude abschloss. Die Verpflichtung, sich ständig in der Nähe des Monarchen aufzuhalten, verlieh dem Ersten Arzt und dem Ersten Chirurgen das Recht auf eine Wohnung neben dem Zentralbau des Schlosses, während der Apotheker weiter weg in einem der Flügel untergebracht wurde. Andere Beamte wie der federführende Königliche Sekretär, hatten nur Anspruch auf eine Wohnung im Pavillon des Ministerflügels, da der König ihre Dienste nicht ständig in Anspruch nahm.

Auf die persönlichen Bedürfnisse des einzelnen Höflings wurde erst an allerletzter Stelle Rücksicht genommen. War er verheiratet und lebte mit seiner Frau zusammen, benötigte er eine größere Wohnung, vor allem wenn beide eine Stelle bei Hofe hatten. Alleinstehende junge Männer und Witwen hatten weniger Chancen auf eine gute Wohnung, da sie keine Tafel halten und abgesehen von ihren Angehörigen keine Gäste empfangen mussten. Mit Ausnahme der Söhne und Töchter von Frankreich und der jungen Prinzen von Geblüt war für Säuglinge, Kinder und Jugendliche kein Platz in Versailles. Sie erschienen nur zu Besuchen oder wenn sie das entsprechende Alter erreicht hatten, um sich dem König zu präsentieren, nach einem Heiratskandidaten oder einem Amt Ausschau zu halten. So war es üblich – oft aber wurden diese Regularien umgangen, denn auch wenn ihm einer seiner Untergebenen ein »eiskaltes Gemüt« bescheinigte, war der Comte de Noailles keineswegs herzlos. 1761 wurde der Prince de Tingry aus seiner Wohnung im Ministerflügel ausquartiert, als der Duc de Praslin, der neue Staatssekretär für Auswärtige Angelegenheiten, sie zusätzlich zu seiner offiziellen Wohnung beanspruchte. Noailles, der den neuen Außenminister nicht mochte, beantragte für Tingry eine provisorische Unterkunft über der Wohnung der Königin: »Monsieur le Comte de Noailles schlägt Eurer Majestät vor, sie dem Prince de Tingry zu gewähren, der zwar kein Amt innehat, diese Auszeichnung jedoch durch seinen Eifer verdient, mit dem er sich beim Hofe Eurer Majestät zeigt. Da seine Gesundheit zu wünschen übrig lässt und seine Jugend ihrem Ende entgegengeht, wäre eine derartige Gunst wünschenswert. Er wird ihm und seiner Frau eine Wohnung im Vorhof geben, die für zwei Personen geeignet ist.«[18] Als Tingry einige Jahre später zum Hauptmann der *gardes du corps* ernannt wurde, erhielt er in dieser Funktion sofort eine große, bequeme Wohnung.

Umzüge und kein Ende

Wurde jemandem eine neue Wohnung zugewiesen, blieb das häufig auch für andere Schlossbewohner nicht ohne Folgen, denn eine solche Umquartierung konnte eine ganze Reihe von Umzügen nach sich ziehen. So zum Beispiel als Madame de Pompadour 1748, auf dem Gipfel ihrer Gunst bei ihrem königlichen Geliebten, zu einer großen Doppelwohnung über dem

Merkur- und dem Apollonsaal kam. Sie war zuvor von ihrer Vorgängerin als Mätresse Ludwigs XV., der Duchesse de Châteauroux, bewohnt worden, die in einer Nachbarwohnung ihre Schwester und Vertraute, die Duchesse de Lauraguais, untergebracht hatte. Diese konnte ihre Position dazu nutzen, sich zur Dame d'atour der Dauphine ernennen zu lassen, eine Funktion, die es ihr erlaubte, ihr Appartement noch mehrere Jahre nach dem Aufstieg von Madame de Pompadour zu behalten. Beide Wohnungen teilten sich Treppe und Flur, und auch wenn Madame de Lauraguais eine untadelige Hofdame war, so stellte ihre Anwesenheit für die neue Favoritin des Königs doch eine unangenehme Erinnerung an die Vergangenheit dar. Während Madame de Pompadour selbst darauf wartete, eine prestigeträchtigere Wohnung im Erdgeschoss zu erhalten, wünschte sie in deren Wohnung ihre Vertraute, Madame d'Estrades, unterzubringen.

Man legte Madame de Lauraguais nahe, umzuziehen und sich neben der Dauphine im Prinzenflügel einzurichten. Die anvisierte Wohnung war jedoch vom Comte und der Comtesse de Rubempré-Mailly belegt. Daher schlug der Comte de Noailles im März 1748 die folgende Lösung vor:

»Die Wohnung von Mme la Duchesse de Lauraguais an Madame la Comtesse d'Estrades;
die Wohnung von M. le Duc de Lauraguais an M. le bailli de Froulay (Komtur des Malteserordens und folglich oft abwesend);
die Wohnung von M. le Comte und Mme de Rubempré an Mme la Duchesse de Lauraguais;
die erste freiwerdende Wohnung an M. le Duc de Lauraguais.«[19]

Der König stimmte dem Vorschlag zu, doch damit war die Angelegenheit noch nicht vollständig behoben. Der Duc de Lauraguais, so unbedeutend er auch war, konnte nicht einfach so herumgeschubst werden, und es war abzusehen, dass sich das Ehepaar Rubempré-Mailly dies ebenfalls nicht gefallen ließ.

Der Graf als Erster Stallmeister der Dauphine und die Gräfin als eine ihrer Gesellschaftsdamen besaßen die erforderlichen Voraussetzungen für eine gute Wohnung, so dass der Duc de Luynes schreiben konnte:»Da Monsieur de Rubempré großen Wert auf seine Wohnung legt, zum einen weil er sie hergerichtet hat, als auch aufgrund der Bequemlichkeit, die sie für seine Stellung und für seinen Dienst bedeutet, hat er gebeten, sie behalten zu dürfen, was ihm gewährt wurde.«[20]

Als im April der Marquis Des Marets, der Großfalkner, starb, ordnete der König an, dass seine Wohnung»an seinen Nachfolger überging, falls dieser keine hat, und wenn er bereits über eine verfügt, an Madame de La Rivière, Dame der Mesdames«.[21] Madame de Pompadour jedoch hatte ihren Geliebten schnell überzeugt, die Charge des Verstorbenen ihrem Favoriten, dem Duc de La Vallière, zu übergeben, der zu jener Zeit im Attikageschoss des ehemaligen Hôtel de la Surintendance wohnte, einem Anbau im Süden des Prinzenflügels. Da damit also die Wohnung des verstorbenen Marets – fünf Zimmer und zwei Zwischengeschosse in den Mansarden des Nordflügels und drei kleine Räume darüber – frei wurde, überarbeitete der Gouverneur seine Aufstellung so, dass sie neben den genannten Entwicklungen auch einer zweiten Vakanz aufgrund des plötzlichen Todes von Monsieur de Champagne Mitte Juni 1748 Rechnung trug. Am siebenundzwanzigsten des Monats erhielt er das königliche Einverständnis für eine neue Umzugsmaßnahme:

»Die Wohnung von Mme la Duchesse de Lauraguais an Mme la Comtesse d'Estrades;
jene von Mme la Comtesse d'Estrades an M. und Mme de Coigny;
jene von M. und Mme de Coigny an die Duchesse de Lauragais;
jene von M. le Duc de Lauraguais an Mme la Comtesse d'Egmont;
jene von Mme la Comtesse d'Egmont an M. le Duc de Lauraguais;
jene von M. des Marets an Mme la Marquise de la Rivière;
jene von Mme de Champagne an Mme la Marquise de Civrac;

29

jene von Mme la Marquise de Civrac an M. le Prince Constantin;

jene von M. le Grand Prieur an M. le Chevalier de Montaigu (Monsieur le Dauphin wünscht diesen Wechsel);

jene von M. de Bissy im Vorhof an M. de Crémille, um für seine Arbeit erreichbar zu sein.«[22]

Dass zehn Wohnungen auf diese Weise ihre Mieter wechselten, war keine Seltenheit. In diesem Fall war der Auslöser der Wunsch von Madame de Pompadour, ihre Freundin zur Nachbarin zu haben und über sämtliche Wohnungen im Attikageschoss oberhalb der *Grands Appartements* – der königlichen Privatgemächer – sowie über die Flure verfügen zu können, durch die der König zu ihr kam und die für die Öffentlichkeit mehr oder weniger unzugänglich waren. Neben dem Wunsch, seiner Mätresse zu gefallen, wollte der König auch eine Wohnung für die Marquise de Rivière finden, eine der Ersten, die die Stelle einer Gesellschaftsdame der Mesdames Henriette und Adélaïde übernommen hatte. Im selben Jahr wurden elf weitere adlige Damen in diesen neuen Dienst berufen, für die der Comte de Noailles zehn zusätzliche Wohnungen finden musste.

Noch komplizierter wurde die Situation, als die jüngsten Töchter des Monarchen, Mesdames Victoire, Sophie und Louise, aus dem Kloster zurückkehrten und zu ihren Diensten eine Reihe von Ämtern eingeführt wurde: eine Oberhofmeisterin, eine Hofmeisterin für die Garderobe und neun Gesellschaftsdamen. Noailles ließ für diesen halboffiziellen Hofstaat neun Wohnungen einrichten. In derselben Zeit trat eine neue Generation auf den Plan, die der Kinder des Dauphins. 1759 schrieb Noailles dem König: »Eure Majestät bezahlt in seiner Domäne Wohnungen für mehr als 80 000 Francs, und bei jeder Geburt eines Kindes von Frankreich steigt diese Ausgabe um weitere 8000 bis 10 000 Livres.«[23]

Wenn die Söhne des Dauphins Ludwig – Sohn Ludwigs XV. und Vater Ludwigs XVI. – sieben Jahre alt wurden, gingen sie gewöhnlich von der Obhut ihrer Gouvernanten, Untergouvernanten und Kammerfrauen in die eines Hofmeisters über, der von einer Reihe Vorleser und Lehrer verschiedener Disziplinen unterstützt wurde. Der – außerordentlich strapaziöse – Übergangsritus bestand aus einer öffentlichen ärztlichen Untersuchung des völlig nackten Kindes, das daraufhin aus der weiblichen Obhut in die männliche Erziehung wechselte. Die *gentilshommes de la manche* und die *menins* – adelige Gefährten und Mentoren des jungen königlichen Prinzen – überwachten und begleiteten ihn von nun an ständig, um ihm gute Manieren und Weltgewandtheit beizubringen. All dieses Personal musste untergebracht werden.

Noch prekärer wurde die Lage, als der Dauphin zwischen 1751 und 1757 in kurzer Folge vier Söhne bekam. So schrieb der Comte de Noailles dem König, als der Älteste, der Duc de Bourgogne, den Männern übergeben worden war und er nicht mehr ein noch aus wusste: »Um ein dauerhaftes Arrangement zu finden und nicht in größte Bedrängnis zu geraten durch die Vergrößerung, die nötig sein wird, wenn Monsieur le Duc de Berry [der zukünftige Ludwig XVI.], Monseigneur le Comte de Provence [der zukünftige Ludwig XVIII.] und Monseigneur le Comte d'Artois [der zukünftige Karl X.] in die Obhut der Männer übergehen, scheint es absolut unausweichlich, dass Eure Majestät die Güte hat, dem Comte de Noailles den Vorschlag zu gestatten, keine Unterkunft mehr zu gewähren, in welcher Größe auch immer [...], und alle, die frei werden, bis zur Heirat von Monsieur le Duc de Bourgogne in Reserve zu halten.«[24]

Ludwig XV. ließ sich von der beigefügten Liste von 23 Mitgliedern der *maisons honorifiques* – des Adels, der im Dienst des Herrschers und der königlichen Familie stand –, die alle ein Anrecht auf Unterkunft hatten, beeindrucken und stimmte diesem Vorschlag zu. Doch dadurch änderte sich nichts, und schon 1761 beklagte sich Noailles erneut, dass »die Anzahl der Unterkünfte mit jedem Tag ab- und die Bedürfnisse zunehmen«.[25]

Doch er war noch nicht am Ende seiner Mühen angelangt, denn im selben Jahr starb der Duc de Bourgogne, der sehr kränklich gewesen war. Der Duc de Berry, Dauphin seit 1765, wurde dem Brauch entsprechend von den Beamten des königlichen Haushalts bedient, was dem Gouverneur eine kleine

Ruhepause verschaffte. 1767 starb die sächsische Dauphine Maria Josepha, im folgenden Jahr die Königin. Die Beamten des Hauses behielten jedoch ihre Posten und Unterkünfte, um, wenn der Tag gekommen war, der zukünftigen Dauphine Marie-Antoinette zu Diensten zu sein.[26] Dann ließ Ludwig XV. neue Haushaltungen für den Comte de Provence und den Comte d'Artois einrichten, als diese 1771 und 1773 heirateten, ohne jedoch die Beamten der vormaligen Haushalte zu entlassen. Derjenige der Dauphine ging auf die Comtesse de Provence über, die der beiden Brüder wurden neu gegründet.

Die Wohnungsnot am Hof wurde noch verschlimmert durch den Abriss des Gouverneursflügels und den Bau der Oper am Ende des Nordflügels im Jahr 1770. Noailles sah sich nicht mehr in der Lage, die Beamten von Mesdames, den Töchtern des Königs, unterzubringen. Diese aber weigerten sich, die prekäre Wohnungssituation zur Kenntnis zu nehmen. Deshalb unterbreitete der Gouverneur dem König folgenden Vorschlag: »Der Comte de Noailles achtet den Willen von Mesdames uneingeschränkt, kommt aber nicht umhin, darauf hinzuweisen, dass angesichts des äußersten Wohnungsmangels die absolute Unmöglichkeit besteht, die Bediensteten von Monseigneur le Comte de Provence und Madame la Comtesse de Provence unterzubringen, und aus diesem Grund ersucht der Comte de Noailles Eure Majestät, bis zur Heirat von Monseigneur le Comte de Provence keine Wohnung mehr zu gewähren außer für die Bediensteten Eurer Majestät, und alle, die frei werden könnten, zurückzustellen.«[27]

Diese Strategie, bereits erfolglos vorgeschlagen, scheiterte erneut, da es keine präzisen, rein auf der Hierarchie der Bewerber beruhenden Zuordnungskriterien gab. Als der König einwilligte, den Oberkämmerer des Grafen von Provence sowie den Ehrenritter und die Kammerdame der Gräfin im Schloss unterzubringen,[28] musste sich Noailles einmal mehr auf den Ansturm höflicher Gesuche und Appelle an seine vermeintliche Freundschaft gefasst machen. Es bedurfte seiner sprichwörtlichen Gemütsruhe, um solchen Argumenten standzuhalten. »Madame la Marquise de Nesle«, berichtete er dem König, »hat beim

Comte de Noailles ihren ganzen Charme eingesetzt, damit ihr Mann, Erster Stallmeister der Comtesse de Provence, den Vorzug für eine Wohnung im Schloss bekommt.«²⁹

Die »schrecklichen Zustände« im Grand Commun

Bei dieser schier unlösbaren Wohnungssituation blieb nur eine Möglichkeit: auf den Grand Commun zurückzugreifen. Das riesige Gebäude hatte Anfang der 1770er Jahre jedoch eine dringende Renovierung nötig. Als 1772 vorgeschlagen wurde, mehrere Mitglieder der *maisons honorifiques* im Grand Commun unterzubringen, erinnerte der Kontrolleur der Königlichen Bauten, der mit dem *département des Dehors* von Versailles betraut war, sich also um die königlichen Gebäude außerhalb des Schlosses kümmerte, an dessen Baufälligkeit: »Da die Wohnungen [...] vollständig verfallen und seit der Gründung des Grand Commun mehrheitlich noch nicht bewohnt worden sind, sind große Instandsetzungen und Veränderungen unabdingbar, damit sie bewohnbar werden.« Die Wohnungen waren tatsächlich »in einer schrecklichem Verfassung, ganz ohne Fenster und Türen«. Er bat, für sechs von ihnen im nächsten Budget 6000 Livres vorzusehen, und fügte hinzu: »Es ist absolut unabdingbar, Geldmittel bereitzustellen, um sämtliche Korridore des Grand Commun auszubessern, die aufgrund des sich lösenden Holzes in einem außergewöhnlich schlechten Zustand sind. Ich meine, man müsste sie mit guten Platten aus hartem Stein ausstatten.«³⁰

Die Damen zogen den Grand Commun einer Unterkunft in der Stadt vor, die sie gezwungen hätte, jeden Tag Sänftenträger zu bezahlen, um ins Schloss zu gelangen. Das Wort *commun*, »gewöhnlich«, jedoch missfiel ihnen umso mehr, als das Gebäude in der Vergangenheit von Subalternen wie Untergouvernanten, Kammerzofen, Bediensteten oder Türstehern genutzt worden war. Im Gegensatz dazu garantierte noch das letzte

Rattenloch im Schloss die Nachbarschaft zu jenen, mit denen man zwar nicht auf einer Stufe stand, denen man sich aber zugehörig fühlen wollte: dem König, seiner Familie und dem Adel.

In den 1770er Jahren musste man sich jedoch mit dem Grand Commun abfinden, als Ludwig XVI. neben seinen Brüdern und deren Gemahlinnen auch seine Tanten, Mesdames Adélaïde, Victoire und Sophie, mit einem eigenem Hof ausgestattet hatte. Die Junggesellinnen bekamen Stallmeister, Hofkavaliere und geistliche Beamte zur Seite gestellt, die bisher allein den Schwestern des Herrschers vorbehalten waren. Um den Damen des Hofes diese bittere Pille zu versüßen, sollten sie im Grand Commun Unterkünfte bekommen, die viel geräumiger waren als jene, die sie sich im Schloss erhoffen konnten.

Als der Abbé Terray 1774 zum Generaldirektor der Königlichen Bauten ernannt wurde, verlangte er Informationen über die missbräuchliche Untervermietung von Wohnungen durch gewisse Beamte. Noailles ergriff die Gelegenheit, um zusammenfassend über all diese Probleme zu berichten: »Es ist gewiss möglich, dass in den Unterkünften im Grand Commun mehr Missbrauch herrscht als in denen des Schlosses, da diese nicht so genau überwacht werden und von weniger namhaften Personen bewohnt sind, doch seit durch den Bau der Oper und die Treppe durch Monsieur Gabriel Wohnungen verlorengegangen sind,[31] haben die 78 Personen mit Chargen, die ein Anrecht auf Logis haben, um eine Unterkunft im Grand Commun statt im Schloss gebeten. Und da die Wohnungen nicht zufriedenstellend waren, haben Mesdames sogar oft auf eigene Kosten für ihre Damen aus drei Unterkünften eine einzige gemacht. Der König hat zugestimmt: Es wäre unziemlich gewesen, mich dagegen aufzulehnen. Da die Bediensteten Seiner Majestät, die im Grand Commun wohnen, durch die Königlichen Bauten weder eine Instandsetzung noch den einfachsten Unterhalt erlangen konnten, haben sie sie auf eigene Kosten durchgeführt.«[32]

Dies war der traurige Fall der Marie Louise Bidé, Marquise de Bonac. Sie bekleidete das bescheidene Amt einer Gesell-

schaftsdame der Mesdames Clotilde und Elisabeth, der jüngsten Schwestern Ludwigs XVI., und hatte im Jahr zuvor eine Wohnung in der zweiten Etage des Grand Commun erhalten. Nach mehrfachem Wechsel gelang es ihr, in der ersten, der sogenannten Nobeletage, ein neues Appartement mit drei Räumen zu bekommen, wovon zwei einen Kamin hatten, sowie drei Zwischengeschossen, ebenfalls mit zwei Kaminen.[33] Da es sich in äußerst schlechtem Zustand befand, bat sie den Generaldirektor der Königlichen Bauten um eine Renovierung: »In Ihrer Abwesenheit, Monsieur, habe ich M. Trouard um die nötigen Ausbesserungen in der Wohnung gebeten, die mir der König im Grand Commun zugeteilt hat, die so dringlich und unentbehrlich waren, dass ich im Glauben war, er benötige keine besondere Anweisung von Ihnen, Monsieur, und außerdem schienen sie mir zu geringfügig, um die Ehre zu haben, mich direkt an Sie zu wenden und an Ihren Gerechtigkeitssinn zu appellieren für diese Wohnung, die seit achtzig Jahren ohne Unterbrechung von MM. de la Chambre belegt war, ohne dass irgendwelche Ausbesserungen durchgeführt wurden. Der Verfall ist erschreckend. Sie werden, Monsieur, aufgrund des beigefügten Berichts, der durch einen Inspekteur der Königlichen Bauten gemacht wurde, selbst urteilen können, dass ich nur um das dringend Nötige bitte, das in den Ausgaben des Königs eine Bagatelle bedeutet und nur gerecht ist, da ich eine Unterkunft im Grand Commun akzeptiert habe; hätte ich auf eine im Schloss gewartet, so wäre sie für jene, die sie vor mir bewohnten, auf eine Weise eingerichtet und angepasst worden, dass ich darin wohnen könnte. Ich habe nichts dergleichen verlangt. [...] Ich beschränke meine Bitte auf das unbedingt Notwendige.«
Als sie keine Antwort erhielt, versuchte sie es ein zweites Mal: »Gezwungen, bei der Rückkehr an den Hof meine mir zugewiesene Unterkunft zu bewohnen, war ich genötigt, bevor ich Ihre Antwort hatte, Maler, Tischler und Maurer anzustellen, die, in Ermangelung Ihrer Anweisungen, fordern, dass ich sie nach Fertigstellung ihrer Arbeit bezahle. Ich hoffe, dass Sie meinem gerechten Anliegen entsprechen und die Unmöglichkeit beachten, in der ich mich befinde, Ihnen Geld vorzuschießen, es sei

denn mit der größten Mühe, da weder meine Gehälter noch die Pensionen von Monsieur de Bonac bezahlt worden sind.«[34] Die Arbeiten ohne vorherige Genehmigung des Direktors der Königlichen Bauten zu beginnen war ein schwerer Fehler und stellte eine unverzeihliche Herausforderung seiner Autorität dar. Er unterließ es denn auch nicht, die »Änderungen« in Frage zu stellen, und weigerte sich, die Rechnungen zu begleichen. Mme de Bonac musste drei Jahre auf eine Teilerstattung warten. Immerhin konnte sie ihre Familie in der Wohnung unterbringen, die später an ihre Schwiegertochter ging, als sie ihre Charge zu deren Gunsten aufgab – Chargen waren zwar eigentlich nicht vererbbar, de facto wurden sie jedoch mit Zustimmung des Königs häufig innerhalb der Familie weitergegeben. Bleibt noch zu erwähnen, dass die Gebäudeverwaltung in der Tat eine gewisse Scheinheiligkeit an den Tag legte, denn als man anfing, die Damen des Hofs im Grand Commun unterzubringen, hatte der Kontrolleur die Arbeiten angeregt und festgehalten: »Ein Teil dieser Instandsetzungen wird mit Geld ausgeführt, das von den Mietern vorgeschossen worden ist, in den meisten Fällen mit dem Versprechen des Herrn Generaldirektor, das Geld erstattet zu bekommen.«[35]

Während sich Mme de Bonac in ihren neuen Räumlichkeiten einrichtete, wurde die Marquise de Flamarens zur Gesellschaftsdame von Madame Adélaïde ernannt. 1776 akzeptierte sie nach einer vierjährigen Wartezeit eine Unterkunft im Grand Commun. Sie hatte Glück, denn die Wohnung befand sich in der Nobeletage, hatte elf Zimmer, von denen allerdings einige kleine Garderoben oder niedrige Zwischengeschosse waren, und war von Grund auf renoviert worden.[36] Im Grand Commun stieß sie zu Mme de Bonac und einer weiteren Gesellschaftsdame von Mesdames Clotilde und Elisabeth, der Marquise de Sorans, die ebenfalls hier untergebracht waren. Letzterer wurde das Appartement der Familie Vassan zugesprochen, in der das Amt des *capitaine des levrettes de la chambre du Roi*, der sich um die Windhunde für die Jagd kümmerte, seit einem Jahrhundert vom Vater auf den Sohn übertragen wurde. Noailles begrüßte die Haltung des jungen Vassan: »Endlich habe ich einen ehrlichen Mann gefunden, der verständig ist in der Wohnungsfrage, Monsieur.«[37] Die betreffende Wohnung war »vorzüglich hergerichtet«, und die Inspektoren hielten fest, sie habe »drei Fenster in der Ecke zur Kapelle [...], zwei große Zimmer mit Kamin, zwei weitere kleine und ein Zwischengeschoss mit drei Zimmern und zwei Garderoben. [...] Sie ist im ersten Stock mit Balkon.« Die Gebäudeverwaltung musste nur noch die Spiegel einbauen lassen. Sieben Jahre später forderte die Comtesse dann doch mehr Luxus, einen Alkoven anstelle eines alten Kamins, »große Glasscheiben und Doppelfenster.«[38]

Im Laufe der Jahre geruhten weitere Gesellschaftsdamen Appartements in der zweiten Etage des Grand Commun und selbst im Attikageschoss zu akzeptieren, wo die Marquise d'Esterno, Dame der Comtesse d'Artis, sich mit zwei Kammern zufriedengeben musste, die zuvor von zwei Köchen benutzt worden waren. Sie wurden durch eine Renovierung angemessen eingerichtet und gingen später an ihre Nachfolgerin, die Vicomtesse de Damas.

Die Höflinge gaben den Traum von einer Wohnung im Schloss jedoch nie auf. M. d'Avaray und seiner Gemahlin, beide Beamte der Prinzenhäuser, gelang es schließlich, ein kleines Appartement im Dachgeschoss des Pavillon de la Surintendance zu bekommen. Das war aber nur möglich, weil ihre Unterkunft im Grand Commun groß genug war, um aufgeteilt zu werden. Sie ging zur einen Hälfte an die Marquise de Ganges und zur anderen an die Marquise de Montmorin de Saint-Hérem über, die beide im Dienst von Madame Sophie standen.

Unter Ludwig XVI. hatte der Wohnungsmangel immense Auswirkungen auf das Leben am Hof. Die Grandseigneurs waren nicht mehr gewillt, außerhalb ihrer Dienstzeit in Versailles zu bleiben, und wohnten zwei von drei Wochen in Paris. Im Übrigen wünschte der König auch nicht mehr die ständige Präsenz, die noch Ludwig XIV. verlangt hatte. Marie-Antoinette umgab sich mit einem kleinen Kreis Auserwählter, die sie den Damen des Adels vorzog, die ihr Amt qua Geburt innehatten. Die unverheirateten Töchter Ludwigs XV., Mesdames Tantes, wurden älter, und ihr Neffe hatte ihnen das Landhaus von Madame de Pompadour in Bellevue geschenkt, wo sie in der schönen Jahreszeit mit ihren Gesellschaftsdamen logierten, die genauso langweilig waren wie sie selbst. Madame Elisabeth blieb in Versailles, umgeben von Damen, die zu arm waren, um anderswo zu leben. Der Hof amüsierte sich kaum noch, und Mme de Chastenay hielt fest: »Der Hof war so sehr aus der Mode gekommen, dass Maman sich auf dem Ball der Königin gelegentlich auf dem zwölften Platz wiederfand, Prinzessinnen inbegriffen.«[39] Angesichts ihrer bescheidenen Herkunft tatsächlich ein überraschender Rang.

Die königliche Herrschaft hatte unter glänzenden Vorzeichen begonnen, doch nach und nach verlor der Hof seinen Charme, und das Pariser Leben wurde für den Adel immer reizvoller. Die strenge Etikette, die ständigen Rangkämpfe und eine überkommene Geisteshaltung befriedigten die mondäne Gesellschaft der neuen Generation nicht mehr. Der Comte de Ségur unterstrich in seinen Memoiren, die er nach der Französischen Revolution verfasste, den Kontrast zwischen dem intellektuellen Milieu der Hauptstadt und dem Klima, das in Versailles herrschte: »Noch nie gab es am Hof mehr Pracht, Eitelkeit und weniger Macht. Man schmähte nun die Macht von Versailles und hofierte stattdessen die *Encyclopédie*.«[40] Auch Mme de Genlis erinnerte sich lange nach dem Fall der Monarchie: »Es galt nun als schick, dem Hof die kalte Schulter zu zeigen und sich über ihn lustig zu machen. Man zeigte sich nur unter Klagen und Jammern bei Hofe; man wiederholte ständig, es gäbe nichts Langweiligeres als Versailles, und alles, was der Hof bejahte, wurde von der Öffentlichkeit verneint.«[41] Warum um alles in der Welt sollte man unter diesen Bedingungen in einer kleinen Wohnung leben, die, wie wir gesehen haben, oft auch noch in schlechtem Zustand und äußerst unbequem war?

Um dieser Situation abzuhelfen, wurden für das Schloss mehrere Renovierungspläne ausgearbeitet, doch die Architekten kümmerten sich vor allem um die großen Empfangssäle und die Königsgemächer. 1784 kaufte Ludwig XVI. für sechs Millionen Livres das Schloss des Herzogs von Orléans in Saint-Cloud für

Marie-Antoinette und im selben Jahr das Schloss und den Park von Rambouillet für sich selbst zum schwindelerregenden Preis von 16 Millionen. Er hatte vor, sie während der Renovierungen in Versailles als vorübergehende Residenzen zu nutzen. Damit verschärfte er die desolate Finanzsituation noch weiter und setzte sich zudem erheblichen Verschwendungsvorwürfen aus.

Die Reformen der 1780er Jahre – der Maison-Bouche und der Schlossküche, später der Stallungen und schließlich der Ämter für die Gemächer von König und Königin – begrenzten den Missbrauch, doch die Reduzierung von Personal und Ausgaben entfaltete ihre Wirkung nur langsam und wurde von der Öffentlichkeit kaum wahrgenommen. Als die Monarchie mit der nahenden Krise von 1787/88 ihren Glanz verlor und es schließlich sogar zum Staatsbankrott kam, entpuppte sich der Versuch, das Prestige dieses goldenen Käfigs wiederherzustellen, als Illusion.

2. Essen

Wie man bei Hofe speiste

Da hochrangige Persönlichkeiten genauso wenig wie gewöhnliche Sterbliche ohne Essen auskommen, waren die meisten Höflinge ständig auf der Suche nach einem freien Platz an einer Tafel. Tatsächlich konnte man in Versailles nur über die Runden kommen, wenn man ständig auf der Jagd nach Einladungen war, die man abhängig vom eigenen Rang innerhalb der Hierarchie erhielt. Wenn ein Gastgeber jemandem diese Gunst gewährte, ging der Geladene bei Annahme der Einladung eine Verpflichtung ein und lief dabei zugleich Gefahr, herablassend behandelt zu werden, indem man ihm einen rangniedrigeren Platz zuwies, als ihm eigentlich zugestanden hätte.

Zwar galten sämtliche Höflinge als Gäste des Königs, die Beamten aber waren seine *commensaux*, nach der lateinischen Etymologie des Wortes: seine Tischgenossen. Zu den Rechten und Vorrechten des Hofpersonals des Königs und der anderen Haushalte gehörte es, von ihrem Herrn versorgt zu werden.

Die Verpflegung am Hof, kurz *Bouche* genannt, hatte unterschiedliche Ausprägungen. Die hochrangigen Beamten erhielten eine *livrée*, eine großzügige Entschädigung, die es ihnen erlaubte, für Besucher, Freunde und Untergebene eine offene Tafel zu halten. Zwei Beamte der Krone, der Großkämmerer und der Großhaushofmeister des königlichen Haushalts, hielten, wenn der König in Versailles residierte, eine *table d'honneur*, eine Gästetafel, mit Haushofmeister, Sommeliers, Türstehern und Garçons. Die Prächtigste war jene des Großhaushofmeisters, bevor der Hauptmann der königlichen Leibgarde ihn im 18. Jahrhundert in seiner Gastgeberpflicht ablöste. 22 Plätze waren im Budget für das Diner, das am frühen Nachmittag serviert wurde, und das abendliche Souper vorgesehen. 17 davon waren für die Beamten des Königs reserviert, die fünf restlichen standen vornehmen Gästen offen – so manchmal Prinzen von Geblüt, die ohne ihr übliches Gefolge am Hof weilten. 1718 wurde ein silbernes Tafelservice für 24 Tischgäste bestellt. Es beeinhaltete auch eine wertvolle Goldschmiedearbeit, eine Besteckschatulle, die am Ehrenplatz der Tafel deponiert wurde, um symbolisch die Präsenz des Königs anzudeuten. Dieser Brauch wurde bis 1780 aufrechterhalten, verlor aber zunehmend an Bedeutung, während die Zahl der Gäste nach und nach fast vierzig erreichte; die meisten von ihnen waren Höflinge, die den König auf die Jagd begleiteten.

Die zweite *table d'honneur* war jene des Großkämmerers, der dafür über eigenes Personal verfügte. In seinem Budget waren zweimal täglich zwölf Gäste vorgesehen, doch die tatsächliche Anzahl konnte schwanken. Er empfing die »Persönlichkeiten von Rang, die sich beim König aufhielten«.[1] Kein königlicher Beamter hatte seinen festen Platz, doch der diensttuende Oberkämmerer durfte an diesem Tisch dinieren, wann immer er es wünschte. Alle anderen mussten explizit eingeladen werden, insbesondere dienstags, wenn die ausländischen Gesandten bei Hofe erschienen.

In den 1740er Jahren verzichtete der Großkämmerer gegen eine bedeutende Summe auf den Tischvorsitz, worauf der Marquis de Livry, Erster Haushofmeister des Königs, die *table d'honneur* in sein Appartement verlegte. Er erhöhte die Zahl der Gäste und etablierte das Ritual, sich nach dem Souper mit hohen Einsätzen im Glücksspiel zu versuchen. Zeuge davon sind die »fünf einbeinigen Tische aus Nussholz, mit grünem Stoff bedeckt«,[2] die die Beamten der Hausvogtei nach seinem Tod im Gesellschaftssaal fanden. Das Amt des Ersten Haushofmeisters ging abschließend auf den jungen Erben eines Financiers über, der jedoch aufgrund seiner Extravaganzen von seiner Familie entmündigt und eingesperrt wurde. Die Tafel wurde vorübergehend aufgelöst und erst 1769 in einem viel bescheideneren Stil wieder eingeführt, womit sie zu ihrer ursprünglichen Bestimmung zurückkehrte:

angesehenen Persönlichkeiten offizielle Gastfreundschaft anzubieten.

Eine Küche mit speziellem Personal, der *Petit Commun*, bereitete die Mahlzeiten für die beiden *tables d'honneur* zu. Auch wenn wir nicht mehr über die Menükarten verfügen, so wissen wir doch, dass die sechs Gänge, die dazugehörten, sich durch Üppigkeit und Vielfalt auszeichneten und Augen wie Magen gleichermaßen zufriedenstellten. Der Ablauf unterschied sich stark von allem, was wir heutzutage gewohnt sind. Die diskrete Aufwartung der Domestiken, die einen Gast nach dem anderen bedienen, der sogenannte russische Service, geht erst auf die Mitte des 19. Jahrhunderts zurück. Der französische Service, der von den europäischen Eliten im 18. Jahrhundert praktiziert wurde, war betont prachtvoll.[3] Die Hauptspeisen, die alle gleichzeitig auf dem Tisch präsentiert wurden, waren dekorativ symmetrisch angeordnet. In der Mitte waren die »Suppen« – oftmals Fleisch mit Sauce – aufgereiht, flankiert von Entrées und Hors d'oeuvres. Gereicht wurden vier verschiedene Suppen, zwei »gehaltvolle« – zum Beispiel mit Kapaun und Rebhuhn – und zwei »kleine« – zum Beispiel Taube – sowie jeweils vier kleine und große Entrées, die aus Schinken, Wurst oder Pastete bestanden und oft mit einer Sauce serviert wurden. Nachdem ein Almosenier ein Tischgebet gesprochen hatte, bedienten sich die Gäste selbst, wenn ihnen nicht ihre persönlichen Domestiken zur Hand gingen, die hinter ihnen standen und deren Hauptaufgabe darin bestand, ihnen die Getränke einzuschenken.

Beim französischen Service musste nach Abtragen des ersten Ganges sofort der zweite präsentiert werden, damit der Tisch nie vollständig leer war. Auf die Suppen folgten die Hauptgerichte, *rôti* (Gebratenes) genannt – Fleisch, Geflügel oder am Spieß gegarter Fisch –, wozu meist Gemüse gereicht wurde. Die *table d'honneur* des Großkämmerers bot fünf *rôtis*, die des Großhaushofmeisters des königlichen Haushalts sechs. Auf das Hauptgericht folgten zwei Arten von Zwischengerichten: Kalbsbries, Fleischhaschee an Gelee, Pasteten, Eier in jeglicher

Form, Spargel oder Pilze. Dann kamen die Salate und zwei Gänge Obst, zu Konfitüre eingekocht, getrocknet oder saisonfrisch. Zum Schluss gab es die *compotes:* Tartes, Kuchen und alle Sorten von Kleingebäck. Diese Desserts wurden im Haushaltsplan als »Ofengerichte« geführt.

Es versteht sich von selbst, dass die Tafel des Königs außerordentlich prachtvoll war, wenn er öffentlich mit Großem Gedeck, dem *grand couvert,* speiste, wie es in der Terminologie des Hofs hieß. Acht Suppen, zehn Entrées, vier *rôtis,* acht Zwischengerichte, zwei Salate, vier Sorten Obst und sechs *compotes.* Ludwig XIV., ein leidenschaftlicher Esser, speiste regelmäßig in der Öffentlichkeit. Ludwig XV., der etwas genügsamer war, tat dies nur, wenn das Protokoll es erforderte, und zog es in den ersten Jahren seiner Regierungszeit vor, seine Mahlzeiten mit der Königin einzunehmen, später sogar ganz privat in den Petits Appartements. Ludwig XVI. folgte seinem Beispiel, doch als ausgesprochener Familienmensch speiste er gern gemeinsam mit Marie-Antoinette, seinen Brüdern und Schwägerinnen. Das Grand Couvert verlor an Zulauf, und das erste Antichambre des königlichen Appartements, in dem der Tisch hergerichtet wurde, sah schließlich so aus, wie es der Marquis de Marigny im Juli 1771 in einem Brief an den Abbé Terray beschrieb: »Durch die Schwärze und Unreinheit von Decke und Täfelung [ist es] in einem so wenig schicklichen Zustand, dass eine Restaurierung unumgänglich ist. Also ließ ich durch M. Gabriel einen Kostenvoranschlag erstellen, bei dem sich die Ausgaben dieser Ausbesserungen auf ungefähr 9000 Livres beliefen, unter der Voraussetzung freilich, dass nach Abtragen der Holz- und Gipsarbeiten in den Mauern und im Gebälk nichts Verdorbenes zum Vorschein kommt.«[4]

Sosehr der Grand Couvert auch vernachlässigt wurde, die Küche des Königs und die Ämter des *Gobelet-Pain* und des *Gobelet-Vin,* die sich um Brot und Wein kümmerten, blieben mitsamt ihrem zahlreichen Personal bis zur Reform von 1780 erhalten. Die verschwenderische Fülle der königlichen Tafel war jedoch nicht nur dazu bestimmt, großen Eindruck zu machen; von dem, was nach dem offiziellen Mal übrigblieb, versorgten sich anschließend zuerst die Beamten und dann das subalterne Personal.

Die Gerichte, die nicht angerührt worden waren – der »Abtrag« *(desserte)* –, wurden an die neun Gentilshommes, die beim König im Quartalsdienst standen, sowie an fünf weitere Beamte verteilt. Zwei Tafeldiener *(serdeaux* genannt, eine Bezeichnung, die sich von *serveur d'eau,* »Wasserdiener«, ableitet) hatten die Aufgabe, sie vom Saal, in dem der König seine Mahlzeit eingenommen hatte, in den Speisesaal der Gentilshommes im Erdgeschoss des Grand Commun zu transportieren. Diese weite Halle, der *Serdeau,* befand sich in der Ecke der Rue de la Surintendance. Jeder Gentilhomme hatte das Recht, einen seiner persönlichen Bediensteten dorthin einzuladen, so dass die für die Tafel des Königs zubereiteten Gerichte nacheinander noch zwei weitere Tafeln bestückten. Das Essen war so verschwenderisch, dass die Bediensteten der Königlichen Küche sogar noch üppige Reste an kleine Ladeninhaber, die sogenannten Serdeau-Händler, weiterverkaufen konnten. Diese hatten die Erlaubnis, an der Wand des Grand Commun, an der Rampe, die zum Schloss führt, dem linken Flügel der Minister und in einer Straße in der Nähe der Chancellerie Schuppen aus Holz oder Gips mit Schieferdächern zu errichten. Die obere Hälfte der Wand, die auf die Straße hinausging, war oft mit Angeln versehen, mit Hilfe derer eine herunterklappbare Lade in einen Verkaufstisch verwandelt werden konnte. So wurden die letzten Reste von der Tafel des Königs kaskadenartig an die unteren Hierarchien, an Bürger, Soldaten und Domestiken, weitergereicht. Die Speisen wurden gegart, neu arrangiert, optisch aufpoliert und stets mit einer Sauce übergossen, um zu kaschieren, dass sie inzwischen alles andere als frisch waren.

Für die niederen Beamten, die den König in seinem Appartement, der Garderobe oder der königlichen Kapelle bedienten, gab es fünf sogenannte *tables secondaires* in drei ebenerdigen Sälen des Grand Commun, die im Gebäudeteil an der Rue de la Chancellerie, früher Rue de la Poste (die heutige Rue Pierre-de-Nolhac), untergebracht waren. In einer Küche des Grand

Commun, der *cuisine-commun*, einer großen Halle, die zwischen dem Hof des Grand Commun und der Rue des Récollets gelegen war und wegen der Hitze von Kaminen und Bratöfen den Spitznamen »Hölle« bekam, wurden die Mahlzeiten zubereitet. Die *table secondaire* des königlichen Großhaushofmeisters bot 22 Plätze für militärische und zivile Beamte. Wenn diese Gäste gespeist hatten, saß einer der Haushofmeister des Königs einem zweiten Service vor. Dank dieser zwei Services war der König sicher, stets sämtliche Beamten verfügbar zu haben, die er gegebenenfalls benötigte: Zwei der vier Türsteher der königlichen Gemächer speisten beim ersten und die beiden anderen beim zweiten Service.

Die beiden Tische boten die üblichen sechs Gänge, Qualität und Präsentation der Speisen und Weine aber waren natürlich weniger raffiniert als an der Tafel des Königs oder der *table d'honneur*. Von den Resten wurden 44 Beamte des Grand Commun versorgt, die im Dienst der Panneterie, der Echansonnerie, Fruiterie und Fourriere standen, also unter anderem für Brot, Wein, Obst und Holz verantwortlich waren, und alle in ihrem jeweiligen *office* speisten; die Reste ihres Mahls gingen dann an ihre 38 Gehilfen. Der zweite Tisch des Vorstehers des königlichen Haushalts und der Tisch des Haushofmeisters versorgten somit insgesamt 126 Personen.

Zwei weitere *tables secondaires* waren im Grand Commun eingerichtet. Der Tisch der Kammerdiener empfing die 22, manchmal auch 26 persönlichen Diener des Königs, jener der Almoseniers versorgte die zehn Geistlichen der Kapelle und des königlichen Haushalts sowie einen Hof-Reisemarschall, der für die regelmäßige Verlegung des Hofes nach Marly, Trianon, Fontainebleau etc. zuständig war. Zu jedem gehörten ein bevollmächtigter Haushofmeister sowie mehrere Domestiken, die wiederum von den Resten seiner Tafel ernährt wurden. Insgesamt wurden durch die Speisen aus drei Küchen mehr als 225 Personen versorgt. Das waren die Mehrzahl der niederen Beamten der *Chambre du Roi* – der »inneren Gemächer« des Königs –, Garderobe, Kapelle und der *Maison-Bouche* – der »Mundküche« – sowie diverse Offiziere der militärischen

Garden. Der Dauphin verfügte über eine analoge Einrichtung, deren Mitglieder durch den Service des Königs unterstützt wurden. Die Häuser der Königin, der Dauphine und der königlichen Kinder funktionierten nach demselben Muster: Maison-Bouche für die Tafel des Herrn oder der Herrin, *cuisine-commun* für die Beamten, dann die *tables secondaires*. Dies alles bildete eine riesige kulinarische Bürokratie, umfasste doch der Service des Königs 430 und jener der Königin 213 käufliche Ämter, deren Inhaber versorgt werden mussten. Als unter Ludwig XVI. der Bankrott drohte, musste dieses verschwenderische und zuweilen korrupte Heer an Beamten reduziert werden. Der Service des Königs wurde 1780 reformiert, jener der Königin 1787, da sich Marie-Antoinette lange dagegen gesträubt hatte. Die meisten Posten wurden aufgelöst, den Betroffenen eine Entschädigung in Aussicht gestellt, und es wurde nur noch ein Minimum an Köchen und Beamten bezahlt. Die Ämterkäuflichkeit wurde abgeschafft, und die Lebensmittel durften – um der Versuchung der Bereicherung Einhalt zu gebieten – nicht mehr weiterverkauft werden wie zuvor.

Die *tables d'hôte*

Den zahlreichen Commensaux, die an keinem der Tische einen festen Platz innehatten, gewährte der König eine Unterstützung in Form von Geld, *nourritures* genannt. Andere erhielten vom königlichen Hoflieferanten eine bestimmte Ration Fleisch, Fisch, Butter oder Öl, Brot und Wein. Diese Zuwendungen waren im Prinzip für diejenigen Beamten bestimmt, die, wie der Arkebusier – der königliche Waffenmeister –, Ämter ausübten, die es ihnen nicht erlaubten, an einer der *tables secondaires* Platz zu nehmen. Viele Beamte, die sich mit ihren großen Familien permanent in Versailles niedergelassen hatten, versuchten jedoch, diese Zuteilungen, die oft groß genug waren, um eine ganze Hausgemeinschaft zu ernähren, in Form von Naturalien zu erhalten. Als die Maison-Bouche und die *cuisine-com-*

mun reformiert und die *tables secondaires* abgeschafft wurden, erhielten die meisten Beamten 5 Livres pro Tag anstelle der bisherigen 1 bis 3 Livres, eine durchaus großzügige Erhöhung.

Die Hoteleinrichtungen in Versailles, egal ob groß oder klein, besaßen eine *table d'hôte*, einen Gästetisch. Offenbar ging es dort nicht immer sehr zivilisiert zu, will man Louis-Sébastien Mercier Glauben schenken, der in »Mein Bild von Paris« schreibt: »Mit unermüdlichen Kinnladen ausgestattet, fangen sie beim ersten Zeichen an zu schlingen [...]. Je schwerfälliger ihre plumpe Zunge beim Reden bleibt, desto flinker wird sie, wenn es darum geht, dem Magen die größten und leckersten Happen zukommen zu lassen. Mit der Gefräßigkeit antiker Fabelwesen fallen sie über die Speisen her und räumen in Minutenschnelle ganze Tafeln ab.«[5] Man konnte sich aber auch separat bedienen lassen, auf dem Zimmer oder in einem speziellen Kabinett. Giangiacomo Casanova berichtet von unzähligen Beispielen dieser für den vorüberreisenden Gast zwar angenehmen, für die meisten Beamten, die eine tägliche Zuwendung bekamen, aber unerschwinglichen Mahlzeiten, die außerdem, wie anzunehmen ist, für eine Frau ohne Begleitung unzugänglich waren.

Dieses Verbot galt jedoch nicht für den Chevalier d'Éon, der im Januar 1785 in Begleitung seiner Kammerfrau im Hôtel de Modène in der Rue Vieux-Versailles in Frauenkleidern abstieg. Die Unterkunft kostete den illustren Transvestiten nur 4 Livres, die Abendessen 3 Livres plus Wein – 1 Livre 5 Sols – und das Brot – 3 Sols. Das Souper nicht eingerechnet, musste er also jeden Tag 8 Livres und 8 Sols aufwenden. In einem bürgerlichen Hotel in Versailles zu wohnen, kostete um 1750 zwischen 10 und 16 Livres pro Tag.[6]

Wenige Jahrzehnte zuvor suchte eine Gesellschaft, die nicht zu den feinsten gehörte, eines Abends eine Herberge in der Rue Saint-François auf, um zu feiern. Sie bestand aus zwei Angestellten des königlichen Fuhramtes, einem Concierge aus Porchfontaine, einem Garden des Königs und einem seiner Freunde. Alle hatten einen Bärenhunger und großen Durst. Die

Rechnung für ein Abendessen aus Hühnerfrikassee mit Pilzen, flankiert von sechs Tauben, Brot, Dessert und sechs Flaschen Bourgogne, belief sich auf 13 Livres 2 Sols, das heißt 2,5 Livres pro Kopf. Die Gäste, beflügelt durch den Bourgogne, bestellten drei Flaschen Champagner, und als dafür weitere 12 Livres auf die Rechnung gesetzt wurden, erhitzten sich die Gemüter so sehr, dass die Polizei gerufen werden musste.

Die kleinen Beamten, besonders jene, die nur ein Quartal pro Jahr dienten, hatten keinen Platz an der Tafel des Königs und erhielten für ihre Verpflegung, wie bereits erwähnt, eine Entschädigung in Form von Geld. Wahrscheinlich nahmen sie ihre Mahlzeiten bei einem Speisewirt oder in Privathäusern ein. Die Zimmer, die sie mieteten, waren ein wichtiger lokaler Wirtschaftsfaktor, und wenn der Hof Versailles verließ, sei es vorübergehend oder für längere Zeit wie zwischen 1716 und 1722 nach dem Tod Ludwigs XIV., sanken Einkommen und Wohlstand in der Umgebung des Schlosses.

Die Läden, die die Reste des Serdeau verkauften, die kalt verzehrt oder zu Hause aufgewärmt wurden, waren Vorläufer unseres modernen Imbiss oder Take-away. Darüber hinaus gab es die Speisewirte, die eine etwas gehobenere Küche anboten und deren Dienste zum Beispiel die beiden Schwestern de Nesle, Mme da La Tournelle und Mme de Lauraguais, in Anspruch nahmen.

Zu Beginn seiner Liaison mit Mme de La Tournelle ließ der König seine Mahlzeiten zu ihr liefern, doch die Favoritin war der Ansicht, dass ihr Status das Privileg von Küche und Karosse erforderte. Der Duc de Luynes, der die Affäre mit großem Interesse verfolgte, bemerkte 1743: »Mme de La Tournelle widerstrebt es weiterhin, dass der König sein Abendessen zu ihr bringen lässt; sie sagt, nichts wäre ihr lieber, als mit ihm zu essen, sobald er sie entsprechend ausgestattet habe.« Tatsächlich ließen die Schwestern »ihre Mahlzeiten beim Speisewirt holen, da beide nichts als die Suppe haben, die ihre Frauen in der Garderobe zubereiten«.[7]

Die Speisewirte spielten das ganze Jahrhundert hindurch eine wichtige Rolle, viele versorgten sich dort mit warmen Mahlzeiten: Unter den 20 000 Livres Schulden, die die Comtesse Dillon bei ihrem Tod 1782 hinterließ, fanden sich »fünfzig Livres, Sieur Rousseau geschuldet, Speisewirt zu Versailles«.[8]

Konnte man im Schloss keine eigene Küche bekommen, so war es in der Stadt umso leichter. Wie bereits erwähnt, hatte Ludwig seine Höflinge zum Bauen ermutigt, und fast alle Commensaux erhielten zu diesem Zweck ein Grundstück. Die Besitzer dieser vornehmen Häuser hatten das Recht, ihre Tore mit dem angesehen Titel »Hôtel de …« zu schmücken. Andere begnügten sich damit, Räumlichkeiten für ihre Diener, Küchen und Pferde zu mieten. Pferdeställe waren in der Tat notwendig, und ihre Bauherren ersuchten die Königliche Gebäudeverwaltung ständig um die dafür unentbehrlichen Wasserzuleitungen. Außerdem wurden dringend Küchen gebraucht, um die Diener und deren Maître zu ernähren, wenn dieser im Schloss im kleinen Kreis ein Diner gab. Der Duc de Saint-Simon zum Beispiel hat sein Versailler Hôtel wohl nie bewohnt, da es ihm mit seinen 700 Metern Entfernung vom Schloss zu abgelegen schien, um seinem Rang zu genügen. Es ist sogar wahrscheinlich, dass manche Diners des herzoglichen Paares vor dem Jahr 1710, also bevor die Herzogin zur Oberhofmeisterin der Duchesse de Berry ernannt wurde und in dieser Eigenschaft ein Appartement mit Küche erhielt, in der Avenue de Saint-Cloud zubereitet und ins Schloss gebracht wurden.

Glücklich, wer eine Küche hat

Nichts konnte eine Wohnung im Schloss mit eigener Küche aufwiegen. Doch eine solche Bequemlichkeit war in den ursprünglichen Plänen nicht vorgesehen. Die einzige Küche, die vor dem 18. Jahrhundert im Prinzenflügel existierte, mit Ausnahme derjenigen, die für den Service des Königs, der Königin oder der königlichen Familie bestimmt waren, ging auf die Cour des Apothicaires hinaus, unterhalb des Pavillon de la Surintendance, der später Pavillon de Monsieur genannt wurde. Sie war Teil des ursprünglichen Pavillons, der beim Bau des Südflügels ins Schloss integriert wurde, kurz bevor der Hof sich 1682 endgültig in Versailles einrichtete.

Im Nordflügel schien in der Originalkonstruktion von 1689 eine große Küche mit breiten Kaminen für die Rotisserie vorhanden gewesen zu sein. Sie war zur Versorgung der Prinzen bestimmt, deren Appartements sich hier oder in der nördlichen Hälfte des Zentralbaus befanden, und wurde später für eine größere Anzahl Benutzer in mehrere kleine Küchen aufgeteilt.

Ganz in der Nähe, unterhalb des Flügels, der die Appartements zum Garten mit jenen verband, die zur Rue des Reservoirs hinausgingen, befand sich die Küche, die später vom Duc de Saint-Simon benutzt wurde. Alle anderen Küchen des Schlosses mit Ausnahme dieser drei und derjenigen im Ministerflügel waren in Räumen untergebracht, die zuvor anderen Zwecken gedient hatten, oder in separaten Buden, die entlang der Innenhofmauern errichtet wurden.

Ab 1740 wird in der Korrespondenz der Gebäudeverwaltung immer häufiger die Existenz von Küchen erwähnt. Viele von ihnen waren regelrecht improvisiert, entweder illegal errichtet oder »toleriert«. Der Comte de Noailles, der (infolge seiner Beförderung zum Feldmarschall) seit 1775 den Titel Maréchal Duc de Mouchy führte, verlor schließlich die Geduld. Er hatte fünfzig Jahre am Hof verbracht, seine Familie lebte sogar seit dem Jahr 1661 in Versailles und hatte eines der ersten Häuser an der Place d'Arme erbauen lassen – was er nochmals in Erinnerung rief, als er der Gebäudeverwaltung einen Bericht über den Missbrauch der Küchen und Aufwärmküchen übergab: »Zur Zeit der Herrschaft Ludwigs XIV. gab es kaum welche im Schloss. M. le Maréchal de Noailles [sein Urahne], der zweiundzwanzig Kinder hatte, von denen zwölf sämtliche Mahlzeiten zu Hause einnahmen, besaß nur in seinem Haus eine Küche. Die Träger brachten zur Essenszeit einen oder zwei Tragbehälter mit den Speisen, die dann im Antichambre aufgewärmt wurden. So währte es lange zu Zeiten des seligen Königs, aber man wurde nachlässig, und schließlich haben sich die Galerien in Küchen für den ganzen Hof verwandelt, obwohl die, die dort logieren, alle Küchen haben. M. le maréchal und Mme la maréchale de Mouchy wären nie auf den Gedanken gekommen, sich solche Aufwärmküchen errichten zu lassen, und haben sich mit ihrer Küche zufriedengegeben [die zuvor Mme de Saint-Simon gehörte]. M. le Prince de Dombes und M. le Comte d'Eu haben nie etwas anderes als ihr Antichambre benutzt und hatten doch ihre Küchen im Vorhof. Es schien mir geraten, sie vollständig aufzulösen und in den Nischen der Galerien nur Holzkisten zuzulassen, die keine Unsauberkeit verursachen.«[9]

Wessen Aufgabe war es nun, dieses Problem zu lösen? In einem Briefwechsel mit dem Gouverneur aus dem Jahr 1775 schlug der Comte d'Angiviller, Generaldirektor der Königlichen Bauten, eine Aufgabenteilung vor: »Was die Aufwärmküchen, Küchen und Kohlenlager betrifft, welche die Galerien verseuchen, überlagern sich unsere Funktionen in gewisser Weise. Alles, was beweglich ist, bleibt unter Aufsicht der Polizei oder der täglichen Sauberkeitsinspektion durch die Angestellten, die Ihnen unterstehen und im Dienste des Gouvernements arbeiten, sämtliche Einrichtungen, die entlang von Mauern errichtet sind, gehören in meinen Bereich.«[10]

In seiner Antwort ergreift Noailles die Gelegenheit, um ein weiteres Problem anzusprechen, bei dem er, wie es sich für einen guten Höfling gehört, Partei für die Damen ergriff: »Es obliegt dem Herrn Generaldirektor, den königlichen Befehl auszuführen, die Aufwärmküchen, Waschküchen, Kohlekisten, Gestelle für Sänften und ganz allgemein all jenes entfernen zu lassen, was den Durchgang behindern, die Wände beschädigen und die Galerien verunreinigen kann, und zwar so sehr, dass die Damen des Hofes sogar ihre Kleider einbüßen.«[11] Darauf schlug der Direktor dem Gouverneur eine gemeinsame Anstrengung vor gegen »diese empörende Unsauberkeit, erst recht, wenn man die Erhabenheit des Ortes bedenkt. Ich habe mich Ihnen gegenüber stets in diesem Sinne geäußert und Sie auf den Vorteil aufmerksam gemacht, den ich darin sah und noch immer sehe, wenn Sie und ich gemeinsam vorgehen, um dem König eine Bittschrift vorzulegen, auf deren Grundlage Seine Majestät uns ausdrückliche Befehle erteilen kann, so dass sich niemand um deren Ausführung drücken kann.«[12] Es sei absolut notwendig, fügte er hinzu, »dass Seine Majestät diese auf unwiderrufliche Weise erteilt, von eigener Hand ohne jede Möglichkeit, sie zu umgehen«.[13]

Dem Gouverneur ging es in erster Linie um die Sauberkeit, dem Gebäudedirektor um die Brandgefahr. Aus Angst vor Feuer waren die meisten Küchen im Erdgeschoss untergebracht, wo man den besten Wasserzugang hatte. Daher waren die meisten von ihnen rund um den Hof der Oper im Nordflügel und um jenen des Prinzenflügels aufgereiht.

Die provisorischen Holzschuppen, die überall aus dem Boden schossen, waren ein wirkliches Problem, wie die Inspektoren der Gebäudeverwaltung 1769 in der Cour de la Bouche, die sich in der Nähe der königlichen Küche befand, feststellten: »Die schon seit mehreren Jahren verfallene Küche der Witwe Mme la Comtesse de Tessé [...] wurde nach Verständigung des M. le Comte de Noailles abgerissen, da die Umgebung durch die Entleerung der Becken und die faulenden Abfälle verseucht wurde [...]. Und da sie sich außerdem unter der Balustrade der Prinzengalerie befand, war es nötig, diese Küche mit Blei abzudecken. Auf ihr hatten sich solche Mengen übelriechenden Materials angehäuft, dass man gezwungen war, es durch Ausräumer beseitigen zu lassen, da die Dachdecker sich weigerten, diese Aufgabe zu übernehmen. Diese Küche war nur als Aufwärmküche für M. le Duc de Villeroi eingerichtet worden, die der König ihm aufgrund der Entfernung seines Hôtel de ville nicht verweigern wollte, war doch vor ihm nie die Rede davon gewesen.«[14] Die mit Kohleöfen ausgestatteten Holzschuppen stellten nicht nur eine Brandgefahr dar, sondern minderten auch die Sicht und die Helligkeit in den Fluren. Die anderen Küchen waren ins Attikageschoss verbannt worden, wo sich die Gerüche durch die Lage in luftiger Höhe leichter verflüchtigten. So befanden sich die Privatküchen des Königs für die Petits Appartements im Attikageschoss des Zentralbaus. Die Duchesse de Châteauroux erhielt die Erlaubnis, zur Versorgung ihrer Wohnung dort eine kleine Küche anzufügen. Andere Höflinge durften sich in den Nischen über den Grands Appartements behelfsmäßige Küchen einrichten.

Bis auf diese Ausnahmen waren Küchen im Zentralteil des Schlosses untersagt: Zwei nicht bewilligte Installationen wurden rasch wieder beseitigt. Eine von ihnen war provisorisch im Labyrinth des Erdgeschosses errichtet worden, das ursprünglich »Peristyl« genannt wurde und unter Ludwig XIV. als Durchgang vom Marmorhof zum Garten diente. Der Gouverneur hatte auf diese Belästigung aufmerksam gemacht: »Es gibt [...] im Korridor der Petits Appartements der Königin einen Raum, der der *femme de garderobe aux habits* von Madame Victoire als Küche dient; die Kohle, deren Geruch sich im Flur verbreitet, belästigt den König und die Königin. Um diese Unannehmlichkeit zu beheben, sehe ich kein anderes Mittel, als die Küche zu beseitigen und sie lediglich als Rechauffoir für das Frühstück der Königin zu benutzen und um das Wasser zu erwärmen, wenn Seine Majestät in seinem Gemach ein Bad nimmt.«[15]

Einen Garderobendiener in die Schranken zu weisen war nicht schwer: Sich mit der großartigen Duchesse de Brancas anzulegen war eine ganz andere Sache. Die ehemalige Oberhofmeisterin der Töchter Ludwigs XV. bewohnte eine Flucht von Zimmern, die zum Appartement der Dauphine im Erdgeschoss gehört hatten, dort, wo das Zentralgebäude des Schlosses auf den Prinzenflügel trifft, und hatte in einem der Vorzimmer eine Küche installieren lassen. Als aber der König von Dänemark für die Dauer seines Besuchs in dieser Wohnung einquartiert wurde, beeilten sich die Gebäudeinspektoren, diese »schändliche Sache«[16] zu entfernen.

Im Attikageschoss des Prinzenflügels sind in sechs der elf Appartements zum Garten hin Küchen erwähnt, es ist aber anzunehmen, dass auch die fünf anderen über welche verfügten, genauso wie drei von den sechs, die vom Attikageschoss des Nordflügels zum Garten hinausgingen; eine weitere diente als Aufwärmküche. Nicht selten wurde einfach ein breiter Korridor mit einer Zwischenwand abgetrennt, um eine kleine Küche zu installieren, in die oft nur durch ein Fenster zum öffentlichen Durchgang hin Licht fiel.

Die Aufwärmküchen wurden im Allgemeinen mit Kohle befeuert, was für die Domestiken gefährlich war, da sie in den geschlossenen Räumen zu ersticken drohten. Zugleich hatte das jedoch den Vorteil, dass nur wenig Rauch produziert wurde.

Noailles aber bekämpfte sie mit Entschlossenheit. 1775 schrieb er dem König: »Es herrscht eine lebhafte Diskussion zwischen M. le Marquis de La Suze und Mme la Comtesse de Narbonne über eine Küche, die sich innerhalb der Wohnung des M. le Grand Maréchal [M. de La Suze] befindet und die die Kammerdame von Madame Adélaïde nicht abzugeben bereit ist. Dem Maréchal de Mouchy [...] graut vor den neun Aufwärmküchen, die in den Galerien errichtet wurden und einen unziemlichen Schmutz verursachen.« Er empfahl, Mme de Narbonne »einen kleinen Raum in einer der ursprünglichen Küchen zum Hof hinaus« zur Verfügung zu stellen.[17]

Zuvor hatte der Comte de Rouillé, dessen Wohnung sich in der Nähe jener des M. de La Suze befand, um eine Küche über dem genannten Hof gebeten, die ihm der Gebäudeinspektor bewilligte: »Er versichert mir, dass es sich dabei um eine dringende Angelegenheit handelt, da die Gefahr besteht, im Schloss einen Brand auszulösen, wenn er sich weiterhin einer Aufwärmküche bedient ... Er bietet mir im Übrigen an, die Kosten für die Ausgaben selbst zu übernehmen.«[18]

Der hungrige Hofstaat
von Versailles

Die meisten Küchen waren in den Appartements von Damen der *maisons honorifiques* untergebracht. Sie durften erwarten, dass sie im Schloss oder, wenn dies absolut unmöglich war, in einem der großen Appartements des Grand Commun einquartiert wurden, wofür oft mehrere kleine Wohnungen zusammengelegt werden mussten. Ihre Pension betrug zwischen 4000 und 6000 Livres, und sie ernährten sich, zumindest grundsätzlich, auf eigene Kosten. Oft jedoch erhielten sie Zuwendungen in Form von Geld, die *livrées*, was sie dazu verpflichtete, eine offene Tafel zu halten. Einer Prinzessin der Familie Condé, Mlle. de Clermont, wurden 30 000 Livres zugesprochen, der Prinzessin von Lamballe 50 000 Livres, eine Summe, zu der noch ein Zuschlag von 85 000 Livres aus der königlichen Schatzkammer kam, doch die Erste galt als geizig, und die Zweite glänzte auch nicht gerade durch Sinn für Gastfreundschaft.

Unter Ludwig XV. bekam die Oberhofmeisterin der Königin, die Duchesse de Luynes, eine Pension von 12 000 Livres und empfing fast jeden Abend Gäste. Ihre Soupers wurden von der Hofjugend als todlangweilig empfunden, aber immerhin konnten die Palastdamen sicher sein, dort stets einen Platz zu finden. Maria Leszczyńska, die regelmäßig an ihrem Tisch aß, war der Schwiegertochter von Mme de Luynes, der Duchesse de Chevreuse, nicht sehr gewogen, die 1751 die Charge der Oberhofmeisterin von dieser übernahm und die Tradition dieser überaus langweiligen Gastlichkeit fortsetzte. 1751 schrieb der Marquis d'Argenson:»Im Übrigen gibt es nichts gegen Mme de Chevreuse zu sagen, es sei denn, dass sie alles andere als geistreich ist, doch sie ist brav. Sie und ihr Mann sind sehr reich und großzügig. Ihr Haus ist mindestens ebenso gut geführt wie das ihrer Schwiegermutter; es heißt, es gebe dort das einzige Souper in ganz Versailles.«[19]

Die Oberhofmeisterinnen der anderen weiblichen Häuser beschwerten sich meist lauthals, wenn der Gouverneur sich unterstand, ihnen eine Wohnung ohne Küche vorzuschlagen, und wie Mme de Narbonne drängten sie darauf, eine solche in der Nähe ihrer Unterkunft zu haben. Die einfachen Gesellschaftsdamen hatten weniger Chancen, dass dieser Wunsch erhört wurde, und mussten sich nach Einladungen außerhalb umsehen. Ihre Zahl schwankte je nach Rang des Hauses, in dem sie wöchentlich wechselnd in kleinen Gruppen, die *semaines* hießen, ihren Dienst taten. Eine Oberhofmeisterin beschäftigte zum Beispiel nie mehr als vier von ihnen gleichzeitig.

Da die Abwechslung die Würze des sozialen Lebens ist, suchten diese Damen sich außerhalb dieses festen Rahmens Einladungen zu verschaffen. Der Comte Dufort de Cheverny stellte fest: »Die Hofdamen, die unter dem Dach von Versailles beherbergt waren [...], taten sich an den Tafeln der Minister, des Ersten Haushofmeisters des Königs und des Ersten Haushofmeisters der Königin, an jener von M. de Beringhen oder des Duc de Gesvres gütlich.«[20] Besagter Beringhen, Erster Stallmeister des Königs, war mit der Wartung der Kutschen und der anderen Fahrzeuge beauftragt, sein Amtssitz befand sich bei den kleinen Stallungen. Er und sein nomineller Vorgesetzter, der Großstallmeister, der bei den großen Stallungen wohnte, verfügten über zwei der größten Küchen von Versailles und lebten mit einem eigenen Haushofmeister sowie fließendem Wasser auf wahrhaft fürstlichem Fuße.

Was M. de Gesvres, den Königlichen Oberkämmerer, betrifft, so machte er sich zum Gespött von ganz Paris, als er einen Prozess wegen übler Nachrede anstrebte, da ihm Impotenz nachgesagt wurde. Die Brüder Goncourt nannten ihn einen Waschlappen, und ein Zeitgenosse beschrieb ihn mit den Worten: »Der Duc de Gesvres benahm sich in der Öffentlichkeit ganz wie eine Frau; zu Hause traf man ihn entweder mit einem Fächer spielend an oder am Webstuhl mit einer Tapisserie beschäftigt. Er mischte sich gerne in alles ein und hatte den Charakter eines frivolen Frauenzimmers. Dennoch fand er, als er ein bestimmtes Alter erreicht hatte, ohne seinen Lebensstil zu ändern, großes Ansehen: Er erfreute sich am Hof eines großen Zulaufs.«[21] Zur Versorgung seiner Tafel verfügte er über eine kleine Küche im Attikageschoss des Alten Flügels. Um das Charakterbild dieses Originals mit einer kleinen Anekdote abzuschließen: Seine Familie betrieb in Paris einen Spielsalon, dessen Erträge ihm sein extravagantes Leben finanzierten, bis Ludwig XV. im Jahr 1741 das Casino schließen ließ und ihn zum Ausgleich mit einer Abfindung von 100 000 Livres und einer jährlichen Pension von 20 000 Livres bedachte. Das war nur ein Sechstel seiner ursprünglichen Einnahmen, und allein die Geldleiher ermöglichten es ihm, nicht von seiner Verschwendungssucht ablassen zu müssen.

Wollte man in edler Gesellschaft dinieren, war es das Beste, an einem der Tische der vier Staatssekretäre zu »nassauern«, den Vorstehern der Kriegs- und Marinedepartements, der Auswärtigen Angelegenheiten und des königlichen Haushalts, wobei Letzterer gewöhnlich auch für die religiösen Angelegenheiten zuständig war. Jeder von ihnen hatte eine großzügige Wohnung in einem der nicht mit dem Schloss verbundenen Flügel am nördlichen und südlichen Ministerhof. Im Untergeschoss gab es Küchen, die auf die anliegenden Straßen hinausgingen, auf der Hofebene waren die Antichambres und Büros der Minister untergebracht, deren Sekretäre im Attikageschoss arbeiteten. In der ersten Etage verfügten diese hohen Persönlichkeiten über weiträumige, elegante Empfangssalons, in der zweiten waren die Privaträume für ihre Familien. Alle hielten offene Tafel, wenn sie in Versailles residierten, und wenn ein Polizeibericht von 1775 festhielt, dass »die Minister keine offene Tafel mehr halten, sondern ihre Gesellschaft durch Billets zu Tische bitten«, dann handelte es sich um Diners in Paris.[22]

Der Comte Dufort de Cheverny, der keinen Stammplatz an einer Tafel hatte, bewertete diejenige des Duc de Choiseul, der 1758 zum Außenminister ernannt wurde, als die beste von allen: »Noch nie hat ein Minister die Repräsentation so weit getrieben. Zu dieser Zeit dinierte man genau um zwei Uhr, und sämtliche anwesenden Ausländer, sämtliche Höflinge waren bei ihm zugelassen. Der große Tisch umfasste 35 Gedecke, und ein weiterer stand bereit. Ein Kammerdiener zählte die Ankommenden, und sobald die Zahl 35 überstieg, wurde ein zweiter Tisch aufgestellt. Sein außerordentlich reiches Geschirr war wunderbar, ganz in Silber gearbeitet, was ihm einen blendenden Glanz verlieh. Er hatte mich gebeten, ihm stets die Ehre zu geben, wenn es einen zweiten Tisch gab; dieser wurde in einem separaten Raum errichtet, und oft zogen sich die Gesandten, die große Menschenansammlungen nicht mochten, dahin zurück.«[23]

Später wurde Dufort Stammgast von Choiseuls Cousin und Nachfolger, dem Duc de Praslin:»Ich hatte die Gewohnheit, jeden Montag bei der Duchesse de Praslin zu soupieren, wo sich der ganze Hof sowie die Gesandten einfanden, die wegen des Levers des Königs am nächsten Morgen nicht allzu früh aufbrechen wollten. Sobald man im zweiten Antichambre ankam, wurde man von einem Kammerdiener im Auftrag von Madame la Duchesse eingeladen, zum Souper zu bleiben. Man spielte zu fünft Trischak, und ich gehörte zu den Stammgästen. Es wurde nur um 10 Ecus [30 Livres] gespielt. Ein Kammerdiener tauschte die schmutzigen Ecus gegen andere, die blankgescheuert worden waren. Es wurde die ganze Nacht bis drei Uhr morgens gespielt; dann gingen diejenigen, die keine Stammgäste waren, und es blieben nur einige Damen des Hofs.«[24]

Leute von Rang, die sich auf Durchreise in Versailles befanden, waren an der Tafel der Minister stets willkommen. Der Duc de Croÿ, der mehrmals im Jahr vorbeikam, um die Unterstaatssekretäre des Kriegsministers über die Angelegenheiten seines Kommandos in Calais zu konsultieren, dinierte mit 40 Gästen bei M. de Vergennes, und der Fürst von Montbarrey gab Diners mit 160 Gedecken.[25] Wenn der König sich im Schloss von Marly aufhielt, wurde die Tradition der ministeriellen Gastfreundschaft dort fortgesetzt. Anlässlich eines Diners bei Montbarrey in den ersten Jahren der Herrschaft Ludwigs XVI. hielt Croÿ fest:»Wir waren so viele, wie im Pavillon nur Platz finden konnten ...«[26] In Versailles fügte er hinzu:»Ich ging wie alle am Freitag dinieren, um am Sonntagabend zurückzukommen, an den übrigen Tagen waren die Minister nicht dort.«[27]

Ohne diese segensreiche Ministertische hätte Croÿ nicht gewusst, an wen er sich hätte wenden sollen. Als er im Februar 1781 ein paar Monate nach der Reform der Maison-Bouche und am Tag nach einer Kabinettsumbildung in Versailles eintraf, musste er allerdings eine Enttäuschung hinnehmen: »Ich kam mir ganz verloren vor. Meine beiden üblichen Diners, nämlich bei M. de Sartine und M. de Montbarrey, gab es nicht mehr. Der Tisch des M. de Créquy [Erster Haushofmeister des Comte de Provence] war aufgelöst worden, andere genauso. M. de Ségur, mein neuer Minister, war unauffindbar, von der Gicht gequält, und ich wusste wirklich nicht mehr wohin.«[28]

Galadiners und Prachtbuffets

Am begehrtesten waren während der Herrschaft Ludwigs XV. Einladungen in die Petits Appartements des Königs. Der *Bien-Aimé*, kein großer Freund öffentlicher Diners, ließ Ende der 1730er Jahre über seinen inneren Kabinetten und in der Nähe des Appartements seiner Mätressen ein regelrechtes kleines Paradies errichten: eine Küche im Attikageschoss, zwei Speisesäle – einen für den Winter und einen für den Sommer – sowie einen Salon, in dem die Gäste Karten spielten, während der König, wie es hieß, eigenhändig den Kaffee zubereitete. Bei der Rückkehr von der Jagd versammelten sich die Anwärter auf eine Einladung im Schlafzimmer des Königs. Vor dem Souper verlas der Türsteher im Entrée zum Ratskabinett oder am Fuße der Privattreppe des Königs die Liste der glücklichen Auserwählten. Die Favoritin des Tages nahm am runden Tisch des Königs Platz, die Gäste wurden, eher nach Gunst als mit Rücksicht auf ihren Rang, in entsprechender Entfernung zu ihm platziert. Wenn nötig, wurden noch ein oder zwei weitere Tische dazugestellt. Da der König gerne seine Jagdgefährten einlud, waren die Männer in der Mehrzahl. Viele von ihnen mussten im Stehen essen, den Teller in der Hand, was aber den Vorteil hatte, mit dem Souverän sprechen zu können, ohne explizit an seinen Tisch gebeten worden zu sein. Noch weniger streng war die Etikette auf militärischen Feldzügen und in den Landhäusern.

Nahm der König seine Mahlzeit allein ein, was meist beim Souper der Fall war, wurde der Service *petit couvert*, das kleine Gedeck, genannt. Ludwig XIV. ließ in seinem Schlafgemach einen Tisch herrichten und gewährte ein paar Höflingen und Beamten der Kammer und des Mundschenkenamts Zugang. Allein Monsieur, wie man den ältesten Bruder des Königs, Herzog Philipp von Orléans, nannte, hatte die Erlaubnis, sich beim *petit couvert* in Versailles an den Tisch des Königs zu setzen. Beim *grand couvert*, der öffentlichen Zeremonie, dinierte der König mit der Königin und eventuell weiteren Familienmitgliedern, zuweilen auch mit einem Kardinal, der bei dieser Gelegenheit aus seinen Händen den Kardinalshut entgegennahm. Vor dem königlichen Tisch waren im Halbkreis Taburette aufgereiht; Prinzessinnen, Herzoginnen, Gemahlinnen der Marschälle Frankreichs, Hofdamen, deren Ehemänner den Titel eines Grand d'Espagne hatten, wurden darauf vor den weniger angesehenen Höflingen und vor der Masse der Zuschauer ihrem Rang entsprechend platziert. Diese spektakulären Mahlzeiten wurden seltener, als Ludwig XV. sich in die Petits Appartements zurückzog, und ein Besucher bemerkte Mitte des Jahrhunderts, dass die dort Anwesenden nicht unbedingt zu den Vornehmsten gehörten.

Gleich nach der Thronbesteigung schloss Ludwig XVI. sein kleines »Paradies« im Attikageschoss und verscheuchte die letzte Mätresse seines Großvaters, Mme Du Barry, aus den Petits Appartements. Der Mentor des Königs, der alte Comte de Maurepas, und sein Erster Kammerdiener teilten sich nun die Räumlichkeiten. In den darauffolgenden Jahren wurden mehrere Zimmer von den inneren Kabinetten in der ersten Etage abgetrennt, die *Petits Cabinets* genannt wurden. Unter Ludwig XVI. wurden am Ende dieser Privatwohnung des Königs auch ein Speisesaal und ein angrenzendes Buffet für die informellen Mahlzeiten eingerichtet, die *Salles Neuves*, die Neuen Säle. Hierhin lud der König seine Jagdgefährten ein, die zwanglos um einen großen Tisch saßen. Das Menü wurde durch den *contrôleur de la seconde section* der Maison-Bouche des Königs präsentiert. 1776 schätzte Thierry de Ville d'Avray, *contrôleur des Petits Cabinets*, dass der König acht Mal pro Monat ungefähr vierzig Personen zum Souper einlud, das in Versailles oder in seinen Landhäusern, vor allem in dem winzigen Pavillon von Saint-Hubert gereicht wurde, wo er während seiner Jagden gern haltmachte.[29] In letzterem Fall waren die Teilnehmer der Gesellschaft fast ausschließlich männlich. Königin Marie-Antoinette wünschte ihrerseits die Großen an den Hof zu ziehen. 1780 unterrichtete der Graf von Mercy, der österreichische Gesandte, die Kaiserin Maria Theresia von einer Initiative ihrer Tochter, die er als lobenswert erachtete: »Ihre Majestät ist nach einigem Nachdenken über die Vergangenheit zum Schluss gelangt, sie müsse sich ernsthaft und wirksam der Mittel annehmen, Versailles seinen alten Glanz wiederzugeben, und er wird nicht auf sich warten lassen, wenn die Königin weiterhin an den Prinzipien festhält, die sie sich zu eigen gemacht zu haben scheint. Die beiden wöchentlichen Soupers, die in den Kabinetten wieder aufgenommen wurden, ziehen viele Leute an. Wird die Wahl der zugelassenen Personen nicht zu sehr von der Gunst bestimmt, werden diese Mittel die allergrößten Wirkungen zeitigen. Dieser Bemerkung erlaube ich mir eine weitere anzufügen, die nicht minder wichtig ist, um die Präsenz bei Hofe auf Dauer zu verbessern, nämlich diese, dass die Spiele um hohen Einsatz für immer aus den Räumen der Königin verbannt werden müssten.«[30] Marie-Antoinette jedoch kümmerte sich wenig um diese Erwägungen, ließ den König bald mit den Jägern soupieren und nahm ihre Mahlzeiten in Gesellschaft ihres kleinen Freundeskreises im Trianon ein.

Weder die Höflinge noch die Palastdamen waren an der Tafel des Königs zugelassen, wenn er mit dem Grand Couvert bei der Königin in Versailles dinierte. Speiste er mit seinen Brüdern und deren Frauen, waren die Beamten der Maison-Bouche der Prinzen und Prinzessinnen anwesend, doch wenn der Tisch in die Salles Neuves oder das Antichambre der Königin gebracht wurde, waren zahlreiche Domestiken nötig, da sämtliche präsentierten Gerichte für jedes Mitglied der königlichen Familie in deren eigenen Küchen zubereitet und von den jeweiligen persönlichen Beamten serviert wurden. Als der Comte de Provence sich im Pavillon de la Surintendance niederließ, wurden diese improvisierten Soupers zum Alptraum für die vielköpfige Belegschaft, die sich gegenseitig auf die Füße trat. 1787 fand man dafür eine Lösung: Entlang des Korridors, der das Schloss mit dem Nachbargebäude verband, errichtete man eine Reihe von Aufwärmküchen. Der Inspektor Heurtier bestätigte: »Der König wurde auf die Bedrängnis aufmerksam, welche die Leute aus dem Küchendienst verursachen und im öffentlichen Korridor jedes Mal empfinden [...], wenn die königliche Familie sich bei Madame [der Comtesse de Provence] versammelt, um dort zu soupieren. Seine Majestät beschloss, hier Abhilfe zu schaffen. Es wäre möglich, über den Offices der Mesdames Rechauffoirs einzurichten, mittels derer die Leute der Bouches im Dienste der königlichen Familie ihre Arbeit freier verrichten könnten, ohne behindert zu werden und ohne dass jemand zu Schaden kommt [...]. Ich denke auch, dass diese Rechauffoirs mit Leichtigkeit zu bedienen wären [...] und dass sie errichtet werden könnten, ohne dass das Tageslicht des Flurs beeinträchtigt würde.«[31]

Die strenge Etikette galt für die Königin genauso wie für den König. Maria Leszczyńska dinierte regelmäßig in der Öffentlichkeit, während sie von ihren Damen bedient und vom Hof beobachtet wurde. Casanova erzählte, dass die polnische Prinzessin einen großen Appetit hatte und es nicht sehr schätzte, wenn man aufzählte, was sie alles vertilgt hatte.[32] Man war also nicht sehr überrascht, als sie es schließlich vorzog, die Mahlzeiten diskreter mit ihrer Oberhofmeisterin Mme de Luynes einzunehmen.

Marie-Antoinette, die überhaupt nichts für Zeremonien übrighatte, dinierte nur widerwillig vor Publikum und begnügte sich bei ihrem Spatzenmagen mit einem Hähnchenflügel und einem Glas Wasser. Wie die Privatgemächer Ludwigs XV. waren auch die ihren mit einem Speisesaal im Attikageschoss ausgestattet. Sie ließ dort nur ein paar Damen aus ihrem Gefolge zu, und dasselbe galt für das Schloss Marly oder den Pavillon Saint-Hubert. Die Mehrzahl der Höflinge hoffte auf eine Einladung in diesen privaten Bereich und war sehr enttäuscht, wenn ihr »Sire, Marly?« mit Schweigen bedacht wurde. Dabei fehlte es dort nicht an Platz, das Schloss von Marly bot für die Königsfamilie, die Höflinge und die hohe Dienerschaft 140 Unterkünfte. Ganz anders sah es im Grand Trianon aus, wo man eng aufeinander saß, wie es eine *Aufstellung der Personen, die sich für die Reise des Königs nach Trianon vom 4. bis zum 10. Januar anempfahlen* [Jahr unbekannt], zeigt, die der Comte de Noailles vorbereitet hatte. Unter der Rubrik »Zum Nächtigen« schrieb der Gouverneur dem König: »Es sind sechs Schlafstätten zu vergeben, dazu jene des M. le Premier [= Erster Stallmeister], was insgesamt also sieben macht. Man könnte fünf vergeben und die sechste und siebte, wenn Eure Majestät zustimmt, abwechselnd für vier weitere Seigneurs reservieren.« In aller Bescheidenheit boten sich dafür der Duc de Fleury und der Comte de Saint-Florentin an, die »einzig den Wunsch haben, sich auf der Reise dem König zu präsentieren«.

Der König gab seine Einwilligung und fügte der Liste noch den Marquis de Marigny hinzu. Die sieben Höflinge hingegen, die um das »Souper am Dienstag« ersuchten, bekamen abschlägigen Bescheid, während die vier Kandidaten »zum Souper am Mittwoch« den *bon du Roi*, die königliche Zustimmung, erhielten. Noch glücklicher konnten sich der Duc de Nivernais und der Graf von Hessenstein schätzen, die den Mittwoch und den Donnerstag zugesprochen bekamen. Von den fünf weiteren Kandidaten für den Donnerstag sahen vier neben ihrem Namen das ersehnte Kreuzchen, das das Einverständnis des Königs anzeigte, der Comte de Guerchy hingegen wurde durch den Fürsten von Beauvau ersetzt. Für das »Souper am Freitag« schließlich bestätigte der König drei Namen und fügte noch den des Marquis de Lujac hinzu. Für den letzten Abend im Trianon gingen neun Personen ins Rennen, von denen schließlich fünf mit dem König speisen durften.[33]

Alles in allem gab es 44 Gesuche, an der Reise teilzunehmen,

die ausnahmslos von Männern vorgelegt wurden: 34 von ihnen wünschten zu den Soupers eingeladen zu werden, zwölf
gingen leer aus, 22 konnten sich zu den Privilegierten zählen.

Im Oktober 1682 verkündete der Marquis de Sourches, kurz
nachdem sich der Hof in Versailles niedergelassen hatte, das
Festprogramm, mit dem Ludwig XIV. seinen Hof zu beschäftigen gedachte: dreimal wöchentlich Theateraufführungen, am
Samstag Ball und an den übrigen Abenden *Appartement*. Ab
sechs Uhr nachmittags versammelten sich die Höflinge in den
Salons, die zum Nordparterre hinausgingen. In dem einem
wurde zur Musik eines Orchesters aus Violinen und Oboen getanzt, ohne die Verpflichtung, bei der Partnerwahl die strikten
Formalien der Hofbälle befolgen zu müssen. Die beiden nächsten Salons waren für das Spiel der Königin – zu dem sich Ludwig XIV. hin und wieder gesellte – sowie des Dauphins und seiner Frau reserviert. Die mit grünen Teppichen bedeckten Tische
waren für die anderen Spieler bestimmt. Der vierte Salon verfügte über einen Billardtisch, und im fünften, stellte Sourches
fest, »gab es ein herrliches Buffet mit Erfrischungen, wo jeder
essen und trinken konnte, was er begehrte […]. Das Reizende
daran war der Sinn für Freiheit und Bequemlichkeit, den der
König bewies, der bei diesen Anlässen keinerlei Zeremonien
wünschte.«[34]
Man kann sich vorstellen, welchen Glücksfall dieser Überfluss an Gerichten und Getränken für die ausgehungerten Höflinge darstellte, die ohne ordnungsgemäße Einladung dastan-
den. Doch zu ihrem Pech wurden die Feste im 18. Jahrhundert
immer seltener. 1751 verkündete der Marquis d'Argenson das
Vergnügungsprogramm zum Anlass der Rückkehr des Hofes:
»Es wurde beschlossen, dass diesen Winter in Versailles keine
Vorstellungen stattfinden; was der Jahreszeit geschuldet ist,
wird in Fontainebleau durchgeführt werden. In Versailles wird
es nur ein Feuerwerk zur Ankunft des Königs geben, und Ihre
Majestäten werden dreimal Appartement mit Musik halten.«[35]
Der Glanz der Hoffeste, den schon Ludwig XV. nicht sehr
schätzte, verblich unter Ludwig XVI. noch mehr, und die »Ap-

1 Versailles vor dem Umbau mit den 1662/63 angebauten Pavillons und den Seitenflügeln, von denen der südliche bei den späteren Umgestaltungen erhalten blieb. Gemälde von Pierre Patel (1668).

2 Das Schloss der Schlösser: Versailles, die Hauptresidenz Ludwigs XIV., nach Vollendung des Umbaus durch Louis Le Vau und Jules Hardouin-Mansart (Ende 17. Jh.).

3 Der Sonnenkönig in voller Pracht: Ludwig XIV. im Krönungs-
ornat. Gemälde von Hyacinth Rigaud (1701/02).

4 Königin Maria Theresia von
Spanien (1669). Die fromme Ehefrau
Ludwigs XIV. stand schon bald im
Schatten seiner wechselnden Mätressen.

5/6 Rivalinnen um die Gunst des Königs: Die Marquise de Montespan
(links) und die Marquise de Maintenon, die letzte Mätresse und in
morganatischer Ehe die zweite Gemahlin Ludwigs XIV.

7/8 König Ludwig XV., *le Bien-Aimé* – der »Vielgeliebte« (1748) und seine Gemahlin, Königin Maria Leszczyńska, die Tochter des polnischen Königs Stanislaus (1740).

9 Die berühmte Madame de Pompadour, die Geliebte Ludwigs XV. (ca. 1750). Sie wurde zum Inbegriff der Mätresse.

10 Ludwig XVI., der letzte König des Ancien Régime (1781).

11 Königin Marie-Antoinette, die Tochter der österreichischen Kaiserin Maria-Theresia, im Jahr 1783. Sie teilte neun Monate nach ihrem Gemahl dessen Schicksal unter der Guillotine der Französischen Revolution.

12 Tischdekoration beim »Fest des königlichen Vergnügens«
Ludwigs XIV. in Versailles am 18. Juli 1668.

13 Festliches Diner der königlichen Familie, das Ludwig XIV. zur
Hochzeit seines Enkels, des Herzogs von Berry, am 6. Juli 1710 in
Versailles gab.

14 Bei den abendlichen Vergnügungen Ludwigs XIV., den »Appartements«, wurde musiziert, getanzt und gespielt. Hier der Dauphin am Kartentisch (1694).

15 Bei den Appartements wurden in ungezwungener Atmosphäre Speisen und Getränke gereicht (1696).

16 Der prachtvolle Spiegelsaal, Ort unzähliger Bankette und Bälle. Durch die direkt vor den Spiegeln platzierten Leuchter erstrahlte der Saal bei Festlichkeiten in vollem Glanz.

17 Das Schlafzimmer des Königs, Schauplatz der Zeremonie des *Lever* und *Coucher* von Ludwig XIV. bis Ludwig XVI.

partements« wurden so selten, dass der schwedische Gesandte es für nötig befand, Gustav III. von jenen zu unterrichten, die im Januar und Dezember 1781 stattfanden.[36] Das allmähliche Verschwinden der Prachtbuffets musste für die zahlreichen niederen Beamten, die zu ihrer Verpflegung nach Auswegen suchen mussten, schmerzhaft zu spüren gewesen sein. Die Damen der niederen weiblichen Haushalte wie jene der Mesdames de France erfuhren offenbar ein noch schlimmeres Schicksal. Da sie während des ganzen Jahres von drei Wochen nur eine im Dienst waren, erhielten sie keine Entschädigung, um sich zu verpflegen. Ihre Ämter waren nicht angesehen genug, um ihnen ein Appartement mit Küche einzubringen, und nur wenigen ermöglichte ihre Herkunft, ihr *esprit* oder ihre Schönheit, oft zum Diner gebeten zu werden.

Zudem hatten die Chargen mit der Zeit an Anziehungskraft verloren. Die Familie der jungen Victorine de Chastenay wünschte diese mit dem zweiten Sohn der Marquise de Sérent zu vermählen, die wiederum Anstrengungen unternahm, um ihre Charge als Dame d'atour der Schwester Ludwigs XVI., der wohlwollenden Madame Elisabeth, an die Versprochene abzutreten. 1788 hatte diese Anstellung für ein neunzehnjähriges Mädchen jedoch so wenig Reiz, dass sie die Allianz, auf die sie ihren Aufstieg gründete, zurückwies: »Ich konnte die Vorstellung nicht ertragen, mich in den Dienst von Prinzen zu stellen mit der Notwendigkeit, dort auf eigene Kosten zu leben. Mein Heim auf einer Gunst aufzubauen erschien mir als eine abscheuliche Sache.«[37]

3. Wasser

Die Springbrunnen des Königs

Die Gesamtkosten für den Ausbau des ehemaligen Jagdpavillons Ludwigs XIII. zur Hauptresidenz seines Nachfolgers wurden auf 70 Millionen Livres geschätzt, von denen mehr als 39 Millionen allein in die Wasserversorgung des Schlosses, der Gärten und der Stadt Versailles flossen.[1] Als das Schloss zwischen 1664 und 1689 baulich erweitert wurde, verschlangen die Installationen in diesem Bereich nahezu die Hälfte aller Ausgaben.

Ludwig XIV. hatte von Anfang an eine große Vorliebe für Fontänen, und er wurde nicht müde, seinen Palast um immer noch mehr Teiche, Springbrunnen und alle möglichen architektonischen und bildhauerischen Schöpfungen rund um das Thema Wasser zu bereichern. Er schmückte damit seine Gärten, die er selbst so sehr bewunderte, dass er sogar einen Führer für Besucher verfasste.[2] Die hydraulischen Schöpfungen mehrten seinen Ruhm, und zum Erhalt von Prestige und Macht organisierte er Vorführungen für die Gesandten und die Repräsentanten der Provinzkorps, die dafür eine finanzielle Unterstützung bewilligt hatten.[3]

Das Gelände, auf dem die Gärten angelegt wurden, war ursprünglich durch die natürliche Entwässerung der umliegenden Hügel überschwemmt und so zu einem gesundheitsgefährdenden Sumpf geworden. Man korrigierte die Natur, indem man mehrere Teiche zu einem künstlichen See, dem Grand Canal, zusammenfasste. Später bestand die wichtigste und kostspieligste Aufgabe darin, genug Wasser hierhin umzuleiten – erst aus der Umgebung von Versailles, später musste das Wasser aus immer weiterer Entfernung herbeigeschafft werden –, um den unbändigen Appetit des Souveräns nach Fontänen zu befriedigen. Vor der Erfindung der Recyclingpumpe bestand das größte technische Problem darin, den Druck, der durch die höhere Lage der Reservoirs entstand, so zu nutzen, dass genug Wasser herbeigeführt werden konnte, um die hohen Springbrunnen und diversen anderen Vorrichtungen zu versorgen. In den ersten Jahren stammte das Wasser im Wesentlichen aus einem großen Weiher, der sich nordöstlich in der Nähe des Château de Clagny befand. Das erste Reservoir wurde über der Grotte von Thesis errichtet. 1667 wurden die drei Lehmbecken, die man auf Pierre Patels berühmtem Gemälde vom Schloss sehen kann (s. Bildteil: Bild Nr. 1), durch zwei weitere ersetzt, die nördlich davon errichtet wurden und eine Kapazität von 170 000 Litern aufwiesen. 1672 wurde das Wasser in weiteren überwölbten Reservoirs unter dem Nordparterre und dem Wasserparterre gesammelt. Die 3400 Kubikmeter sorgten nun für ausreichenden Druck, um die unterhalb liegenden Fontänen zu versorgen. Im hinteren Teil des Gartens wurde das Wasser durch Windmühlen mit der Bezeichnung *de retour* in die Höhe gehievt.[4]

In den 1660er und 1670er Jahren wurde das bestehende System durch Wasserläufe und weitere Reservoirs ergänzt. Im Süden und Nordwesten kamen zusätzliche Leitungen hinzu, um das verfügbare Volumen zu erhöhen. Ein zeitgenössischer Experte schätzte, dass das gesamte System aus Weihern und Rinnen mehr als neun Millionen Kubikmeter Wasser fasste.[5] Doch man benötigte immer noch mehr, und so wurden dem König zwei gigantische Projekte unterbreitet. Das erste wurde zu einem technischen Triumph, das zweite zu einem sowohl finanziellen wie menschlichen Desaster.

Die »Maschine von Marly« hievte das Wasser aus der Seine mittels eines gigantischen Apparats von Pumpen auf die Höhe von Versailles.[6] Konstruiert von einem Militäringenieur aus Liège, enthielt dieses Wunderwerk 14 Schaufelräder, die zwischen einer Insel und der Hauptströmung des Flusses angebracht waren. Die Wasserräder trieben 253 Pumpen an, die das Wasser über einen Höhenunterschied von 154 Metern bis auf das Niveau von Marly anhoben, das sich in einer Entfernung von 1236 Metern befand. Als die Maschine 1686 fertiggestellt war, konnte das Wasser dank einer Reihe von Reservoirs, Leitungen und Aquädukte bis nach Versailles geführt werden. Ein halbes Jahrhundert später, 1737, antwortete der Gärtner von Marly auf eine Frage des Duc de Luynes aufrichtig, dass die Maschine oft defekt sei und ihre Leistung sich gegenüber früher um 30 Prozent reduziert habe.[7] Diese Tendenz setzte sich über das ganze Jahrhundert fort, und 1738 schätzte man, dass dieses Meisterwerk der Ingenieurkunst nicht mehr als 2500 Kubikmeter Wasser pro Tag lieferte; 1785 sogar nur noch 1000 Kubikmeter.

Ludwig XIV., dem seiner eigenen Größe entsprechend nichts unmöglich schien, schwebte vor, Wasser aus der Eure durch einen Kanal und einen langen, hohen Aquädukt über ein sumpfiges Tal hinweg nach Versailles umzuleiten.[8] Laut Saint-Simon hatte er dieses Projekt ersonnen, um Madame de Maintenon zu gefallen, deren Landgut bewässert werden musste. Andere sahen darin eine List, um eine Truppenkonzentration für einen neuen Krieg zu vertuschen. Alle aber hielten das Unternehmen für nahezu »pharaonisch« – nach Racine, dem königlichen Historiographen, waren 30000 Männer damit beschäftigt; Mme de Sévigné schätzte ihre Zahl gar auf 40000. Die genaue Anzahl ist schwer zu bestimmen, doch man weiß, dass das Unternehmen nicht nur Unsummen verschlang, sondern auch unzählige Menschenleben kostete. Der Marquis de Sourches berichtete, der König habe sich gezwungen gesehen, die Männer aus 36 Bataillons, die zum Bau herangezogen worden waren, in ihre Garnisonen zurückzuschicken; 20000 von ihnen litten unter Fieber, an dem viele schließlich starben.[9]

Die Epidemie von 1687 erfasste nicht nur die Soldaten. Viele Grandseigneurs und zwei Prinzen von Geblüt waren davon befallen, und der König erwog, seine Herbstreise nach Fontainebleau abzusagen. Schließlich fuhr er doch, da laut Sourches »die Luft dort besser ist als in Versailles, wo sie immer äußerst schlecht ist«. Die meisten Zeitgenossen schrieben das Übel der mangelhaften Entwässerung der Gärten zu. Glaubt man den Aussagen Saint-Simons, konnte man mit diesem »Abwasser«

nicht einmal die Pferde tränken, und ein italienischer Beobachter meinte, dass die »fauligen« hydraulischen Installationen die Luft verpesteten.

Noch im 18. Jahrhundert stuften der Arzt des Königs und der Stadtverwalter das Wasser als gesundheitsschädlich ein.[10] In den 1770er Jahren stellte Marmontel, der damalige Sekretär der Gebäudeverwaltung in Versailles, fest: »Die einzige Unbequemlichkeit, die ich erfahren habe, war der Mangel an Promenaden. Hätte man das für möglich gehalten? Diese herrlichen Gärten waren in der schönen Jahreszeit unbegehbar. Vor allem, wenn die große Hitze kam, strömten die Wasserbecken, der schöne Kanal, die marmornen Bassins mit ihren Statuen, in denen die Bronze zu atmen schien, schon von weitem übelriechende Dämpfe aus.«[11] Das bösartige Fieber der Jahre 1730 bis 1734, das die Bevölkerung der Königsstadt dezimierte, wurde dem Mangel an Flusswasser zugeschrieben, der die Einwohner von Versailles zwang, das ungesunde Wasser aus den Brunnen zu trinken.

Um der Situation abzuhelfen, gab der Duc d'Antin, Oberintendant der Königlichen Bauten, eine neue Rohrleitung aus Sandstein in Auftrag, um das Wasser von Marly nach Versailles zu bringen, doch diese musste wegen mangelhafter Ausführung in den Jahren 1734–44 durch eine Leitung von vier Daumen (10,8 Zentimeter) Durchmesser[12] ersetzt werden, die sich ihrerseits als mangelhaft herausstellte. Zehn Jahre später machte sie einem Rohr mit doppeltem Durchmesser und 975 Metern Länge Platz, das das Wasser dank eines Höhenunterschieds von 45 Metern aus dem Fluss zu einem ersten Sammelbecken auf den Höhen der Picardie brachte und von dort in ein zweites auf dem Montboron, einem Hügel östlich der Stadt. Jedes dieser Reservoirs enthielt 228 096 Oxhofts (170 000 Liter), und die Leitungen, die von dort abzweigten, endeten im *Château d'eau*, im Wasserturm.

Der Verbrauch war immens. Ein Stich des Wasserturms aus dieser Zeit trägt die Legende: »Wenn alle Springbrunnen in Betrieb sind [...], verbrauchen sie innerhalb von drei Stunden 69 000 Oxhofts [514 000 Liter] Wasser. Dieses Reservoir enthält 4224 Oxhofts [31000 Liter] Wasser, und wenn die Fontänen sprudeln, leert es sich in 41 Minuten und füllt sich in 39. Das Wasser dazu kommt durch drei Leitungen von einem Fuß und durch zwei weitere von 18 Daumen Durchmesser von der Anhöhe von Montboron. Auf ein Signal, das neben dem Fenster des Pavillons platziert ist, und wenn genanntes Fenster gleichzeitig weiß verhüllt wird [...], öffnet der Wächter, der auf dem Hügel Wache hält, sämtliche Ventile. Das Reservoir hat fünf Fuß Tiefe; das Becken besteht aus verzinnten Rotkupferplatten. Es liegt auf dreißig Säulen aus hartem Stein und berührt nirgendwo sein Gehäuse.« So sah die Anlage in der Beschreibung des Architekten aus; doch dadurch, dass immer wieder Rohre angebohrt, öffentliche Brunnen abgeschöpft und vor allem zahlreiche Abzweigungen zu Privatpersonen eingerichtet wurden, die über kein fließendes Wasser verfügten, verringerte sich die Zeit, in der der Wasserturm gefüllt war, nach und nach beträchtlich.

Im Süden der Stadt speisten drei große Leitungen – zwei davon mit einem Durchmesser von 50, die dritte von 33 Zentimetern,[13] die das Wasser den Reservoirs des Hirschparks entnahmen – die Reservoirs unter dem Prinzenhof und versorgten diesen Flügel des Schlosses. Durch Abzweigungen wurden auch die neuen Jägerhäuser bedient sowie die Hôtels der Königlichen Garden und der Leichten Reiterei, der Gemüsegarten des Königs, die Ménagerie und schließlich das Grand Trianon.[14]

Das Trinkwasser wird knapp

Das Wasser aus den großen Lehmbecken des Hirschparks, die von den Teichen im Süden der Stadt gespeist wurden, nannte man aufgrund der darin abgelagerten Sedimente »weißes Wasser«. Im Gegensatz dazu kam das Wasser, das durch die Maschine von Marly lief, schon fast Flusswasser gleich. Keines von beiden jedoch war sauber genug, um es gefahrlos trinken zu können. Trotz des enormen finanziellen Aufwands konnte nur eine relativ begrenzte Wassermenge beschafft werden, und als sich der Hof in Versailles einrichtete, suchte man nach einer befriedigenden Lösung. 1682 wurde die Königliche Akademie der Wissenschaften aufgefordert, die Quellen zu überprüfen, und zog mehrere in Betracht. Zur Wasserversorgung am besten geeignet schien eine Quelle im Wald von Marly in der Nähe von Rocquencourt zu sein, die hoch genug lag, damit das Wasser ohne den Einsatz von Pumpen auf das Parterreniveau des Schlosses gebracht werden konnte. Da für den Aquädukt auf 3,5 Kilometer Länge jedoch ein 28 Meter breiter Graben ausgehoben werden musste, stiegen die Kosten für dieses Unternehmen auf 578 741 Livres. Obwohl auch diese Installation nicht den Erwartungen entsprach – sie hatte nur einen äußerst begrenzten Durchfluss und war mit der Zeit nahezu blockiert –, blieb sie bis zum Jahr 1866 in Betrieb.[15]

Colbert sah sich in seiner Funktion als Oberintendant der Königlichen Bauten mit der Aufgabe konfrontiert, eine wachsende Bevölkerung mit einer ausreichenden Menge an frischem Wasser zu versorgen. Die Akademie wurde beauftragt, das der Stadt gelieferte Trinkwasser zu analysieren. »Das Wasser von Versailles«, versicherten die Wissenschaftler, »ist von bester Qualität«, fügten aber vorsichtshalber hinzu: »Um sich ganz von seiner Qualität zu überzeugen, kann man sich daran orientieren, dass die Einwohner es schon so lange verwenden, was bestimmt das beste Urteil bezüglich der Wasserqualität erlaubt.«[16]

Die ersten Trinkwasserbrunnen wurden 1671 errichtet, zehn weitere folgten bald. Die Kontrolle der Ventile befand sich in dem Haus des Brunnenmeisters, das 1683 in der südwestlichen Ecke der Stallungen der Königin in der Rue de la Pompe erbaut wurde.[17] Als besonders gelungenes Beispiel für die Bauweise, wie sie Ludwig XIV. den Bewohnern der Königsstadt vorschrieb, bestand sie aus echtem oder falschem Ziegelstein und Sandstein, aus einer Etage und Mansarden unter einem Schieferdach. Das Haus, das man noch heute in der Rue Carnot 11 sehen kann, vermittelt davon einen guten Eindruck. Im Hintergrund des Gebäudes befanden sich, unter der zweifachen Aufsicht des Gouverneurs von Versailles und des Generaldirektors der Königlichen Bauten, die Leitungen und Reservoirs mit dem Trinkwasser aus den Quellen von Bailly und Le Chesnay, die in den ersten Jahren die Bewohner der nördlichen Avenue de Paris belieferten.

Im 18. Jahrhundert wurde die Versorgung mit Trinkwasser mehr und mehr zum Problem. Um 1733 erhielt die Stadt 80 Kubikmeter täglich, was gegen 1738 auf 160 und nach 1744 auf 260 Kubikmeter anstieg. Das war so wenig, dass hohe Beamte der Gebäudeverwaltung im Frühling die Alarmglocken läuteten:»In Versailles droht das trinkbare Wasser auszugehen.«[18] Sie hielten es für unumgänglich, Flusswasser von Marly bis zu einem»Sammelbecken in Versailles zu transportieren, wo es aufgebessert werden kann« – eine Lösung, die es nötig machte, ein weiteres Reservoir auf der Anhöhe der Picardie zu errichten, was aber natürlich einige Zeit in Anspruch nahm, während ein heißer Sommer die Situation weiter verschlimmerte. Im August drängte Noailles die Gebäudeverwaltung zur Eile und versicherte sie der Dankbarkeit von 70 000 Stadtbewohnern, die gezwungen waren, auf das Schweizerbecken zurückzugreifen – das so heißt, weil es von einem Regiment der Schweizergarde ausgehoben worden war – oder 12 bis 14 Sols für 30 Liter Trinkwasser zu bezahlen.

Notfallmaßnahmen wurden verlangt, denn vor dem nächsten Frühling war keine ernsthafte Verbesserung zu erwarten, und sämtliche Weiher um Versailles waren trockengefallen. Die Reservoirs von Montboron wiesen nur noch einen Wasserstand von drei Metern auf, der wiederum jeden Tag um 16 Zentimeter fiel. Im September mussten die Leitungen zu den Hôtels der Gendarmen und des Großhaushofmeisters, zur Leichten Reiterei und zu den Stallungen der Königlichen Garden umgeleitet und die Zufuhr zu den kleinen und großen Stallungen gedrosselt werden. Dem Gärtner des königlichen Gemüsegartens wurde mitgeteilt, dass er nur noch zweimal wöchentlich drei Stunden lang mit Wasser beliefert werde und die Orangerie gar nichts mehr bekomme. Im Oktober stellte der Oberbrunnenmeister Denis die Verwaltung vor eine schwere Entscheidung: Entweder musste das Wasser für die Privathäuser, die über eine Zuleitung verfügten, oder das für die Stallungen und Jagdgebiete des Königs abgestellt werden. Die neue Vorrichtung lieferte ihr klares Wasser nur dank der unermüdlichen Arbeit des Brunnenmeisters auf dem Hügel der Picardie. 1771 machte der Kontrolleur darauf aufmerksam, dass sein Untergebener, der seit 1766 kein Gehalt und keine Spesen mehr erhalten hatte, seiner Aufgabe nicht mehr nachkommen könne, und schrieb über das neue Reservoir: »Seit seiner Errichtung ist das Wasser dank der Wachsamkeit und Arbeit des genannten Masson, Brunnenmeister, stets rein und gut, und niemand beklagt sich, aber die Steine und Vorzisternen müssen in eigens dafür hergestellten Trögen jeden Monat gewaschen, gebürstet und wieder eingesetzt werden, und jedes Jahr muss das Becken vom Schlamm befreit und gesäubert, außerdem müssen die Dichtungen der Wände gereinigt werden, um Gerüchen vorzubeugen. Nur dank dieser Maßnahmen kommt das Wasser in Versailles so schön und klar an, als käme es von einem Sandbrunnen.«

Der Gegenstand des Bittgesuchs – 800 von den ausstehenden 7400 Livres zu bezahlen – war bescheiden, doch ein Satz sorgte für Beunruhigung: »Ich habe die Ehre […], Sie auf die Notwendigkeit und die Möglichkeit hinzuweisen, dem absoluten Mangel für die ganze Stadt vorzubeugen, eine Unannehmlichkeit, die mich zittern macht, da die neuen Einrichtungen Versailles vollständig von der Maschine von Marly abhängig gemacht haben, die leicht Schaden nehmen kann oder zumindest langwierige Reparaturen erfordern könnte.« Im darauffolgenden Juni legte der Kontrolleur nach: »Meine Pflicht zwingt mich, Sie von den Klagen zu unterrichten, die in Versailles täglich über das Trinkwasser eingehen, das sich aufgrund der mangelnden Reinigung auf eine Weise mit Geruch erfüllt, dass es nicht mehr trinkbar ist. Die Ärzte lassen verlautbaren, dass ein Teil der Krankheiten in Versailles von der schlechten Qualität dieses Wasser herrührt. Jeden Tag erreichen mich Bitten, diesem Umstand abzuhelfen.«

Die Bedrohung für die öffentliche Gesundheit ermöglichte es Masson schließlich, eine Zahlung von 900 Livres zu bekommen.[19] Im Jahr darauf stellte der Kontrolleur dann eine Maßnahme zur Lösung des Problems vor: nämlich den Zufluss des Wassers aus den Quellen im Norden der Stadt zu verbessern. Tatsächlich erreichte der einst mächtige Strom, der die Reservoirs des Brunnenmeisterhauses füllte, nur mehr die Durchflussrate eines Rohrs von vier Zentimetern Durchmesser. Durch Sanierung des Leitungsnetzes, in dem das Quellwasser gesammelt wurde, und Reinigung der Aquädukte konnte die Versorgung der Stadt mit Trinkwasser sichergestellt und das Schloss aus der Abhängigkeit der Maschine von Marly befreit werden.[20]

Wie viel Trinkwasser benötigte die Stadt überhaupt? Die meisten Morgengetränke, die Suppe der kleinen Leute, der Kräutertee, der Schwarztee, der gerade in Mode kam, der Kaffee, die teure Schokolade und die *bouillon de santé*, aus der gewöhnlich das Frühstück des Königs bestand, erforderten Wasser, das aus Hygienegründen abgekocht wurde. Zu den Mahlzeiten und manchmal auch tagsüber wurde hingegen Wein getrunken. Die sechs von den 27 durch die Gebäudeverwaltung bewilligten Baracken, die sich auf einer Länge von 150 Metern entlang der Rue de la Chancellerie erstreckten, wurden im Jahr 1736 von Schankwirten geführt, die siebte von einem Weinhändler. Das war durchaus keine ungewöhnlich hohe Konzentration, denn der Polizeikommissar schätzte im selben Jahr die Zahl der Schankwirte insgesamt auf 800.[21]

Der durstige Einwohner von Versailles war aber auch dem Bier nicht abgeneigt. So hatte die Witwe Verdier eine Brauerei am Ende der Avenue de Paris, neben dem Torgitter zum sogenannten Petit Montreuil. Sie kümmerte sich nicht um die Proteste und wiederholten Petitionen der Nachbarn wegen des Gestanks der Abwässer, die in die öffentliche Kanalisation der Nebenstraßen geleitet wurden, und auch Noailles ergriff ihre Partei: »Ich komme nicht umhin, Sie darauf hinzuweisen«, schrieb er an den Direktor der Königlichen Bauten, »dass die

Einrichtung dieser Brauerei für die Einwohner von Versailles genauso wie für die Interessen des ganzen Gebietes nützlich und notwendig ist.«²² Bier für das Volk bedeutete Steuern für den König! Der brennende Durst der Versailler Bevölkerung war tatsächlich die Haupteinnahmequelle, aus der der Gouverneur den Unterhalt für Pfarrhäuser, Schulen, Krankenhäuser, Krankenstuben und die Armenhilfe bestritt. Zum Beispiel belegte die Steuerverwaltung 1754 die Getränke, die in die Stadt eingeführt wurden – 182 240 Liter Schnaps, 19 698 Liter Wein, 996 960 Liter Apfel- und Birnenmost, schließlich 445 617 Liter Bier –, mit einer Abgabe von 113 503 Livres.²³

Die Springbrunnen in den königlichen Gärten, die eine große Menge Wasser verbrauchten, wurden im 18. Jahrhundert nicht mehr oft in Betrieb gesetzt. Waren der Wasserturm und die Reservoirs am Ende des Nordflügels gefüllt, konnte der größte Teil des nach Versailles gelieferten Wassers für Toilette, Küche und Pferdeställe genutzt werden. Da aus den meisten Verteilerbrunnen aber ständig Wasser austrat, versickerte bereits eine große Menge auf den Straßen. Als auf dem neuen Markt des Hirschparks ein Brunnen errichtet wurde, wies der Kontrolleur der Königlichen Bauten darauf hin, wie unzufrieden man damit war; die ganze Umgebung war überschwemmt, und im Winter wurden die Straßen zu Eisflächen:»Seit der neue Brunnen des Marché Neuf das Viertel mit Wasser versorgt, ist das gemeine Volk erregt darüber, und wenn es könnte, würde es ihn zerstören.«²⁴ Die Leute warfen sogar Steine hinein, so dass der Brunnen mit einem Schutzgitter ausgerüstet und durch einen Gardisten bewacht werden musste.²⁵

Die Fluten, die sich auf die öffentlichen Wege ergossen, waren jedoch nicht ganz ohne Nutzen in einer Zeit, in der der Inhalt der Nachttöpfe genauso auf den Straßen landete wie die Exkremente von allen möglichen frei herumlaufenden Tieren und die Küchenabfälle. Mit einer Ausnahme: Die schmutzige Streu aus den Ställen wurde im Allgemeinen an die Gärtner verkauft. Hausmeister wurden per Verordnung angehalten, den»Unrat« vor ihren Häusern zu beseitigen und an der Hauswand aufzuschichten, damit er von einem städtischen Angestellten auf einen Karren geladen und abtransportiert werden konnte. Diese Vorschrift wurde jedoch nur ungenügend umgesetzt, und 1779 war das Problem so akut geworden, dass der Generaldirektor der Königlichen Bauten folgende Anordnung aushängen ließ:»Untersagt wird allen Privatpersonen, tote Tiere oder anderen verseuchten Unrat auf die öffentlichen Wege zu werfen und die Haufen der Straßenputzer auf dem Pflaster zu zerstreuen.«[26] Meist beschränkte man sich darauf, den Abfall in die Abflussrinne in der Straßenmitte zu schieben, von wo der Regen und das ausgeflossene Wasser ihn in die öffentlichen Abwasserkanäle trieb, die, wenn sie überfüllt waren, die Keller überschwemmten und den Wein und das Holz zerstörten, die dort gelagert wurden.

Der Gestank belästigte aber auch die Höflinge, die durch die Schlossgärten flanierten, denn die Abfälle von den Straßen im Norden und Süden der Stadt mündeten in zwei unterirdische Abwasserkanäle, wovon der eine am Gittertor an der Ecke Rue de l'Orangerie und Rue de la Surintendance, der andere an der Ecke Rue des Reservoirs und Rue de la Pompe entlanglief. Bis 1737 floss das städtische Abwasser in den Grand Canal, eine regelrechte Kloake. In diesem Jahr wurde ein Vertrag über den Bau eines unterirdischen Kanals unterzeichnet, der die Abwässer über Villepreux, also am Grand Canal vorbei, in die Seine führen sollte. Ein kostspieliges Unternehmen: Die Kosten für diesen 7000 Meter langen Kanal schätzte man auf 600 000 Livres. Wenn sich der König im Sommer und Herbst in Compiègne und Fontainebleau aufhielt, wurde der Kanal trockengelegt und gereinigt.[27]

1765 wurde nach jahrelangen Protesten wegen der ungenügenden Kanalisation in der Rue de l'Orangerie ein fataler Planungsfehler entdeckt. Als der Inhalt des Abwasserkanals dort bei einer Panne austrat, wurde offenbar, dass die neue, 1737 eingerichtete Kanalisation diesen nicht aufnehmen konnte, da sie einen Fuß zu weit oben verlief.[28]

»Das Baden ist überflüssig und äußerst schädlich«

Im 17. Jahrhundert spielte das Wasser in der persönlichen Hygiene nur eine untergeordnete Rolle. Der Autor eines Ratgebers aus dem Jahr 1655 versicherte: »Das Baden, ist es nicht aus medizinischen Gründen von höchster Dringlichkeit, ist nicht nur überflüssig, sondern für die Menschen zudem äußerst schädlich. Das Baden erschöpft den Körper und schwemmt ihn auf, was ihn empfindlich macht für die Einwirkungen der schlechten Luft [...]. Das Baden füllt den Kopf mit Dämpfen.«²⁹ Als Randbemerkung sei gesagt, dass die Aufnahme des Bades in den Rang der als notwendig erachteten Hygienepraktiken relativ jung ist. 1954 verfügte in Frankreich nur eine von zehn Wohnungen über ein Badezimmer, eine Badewanne oder eine Dusche. Noch 1968 war dies bei der ländlichen Bevölkerung nur bei 17 Prozent der Fall.³⁰

Drei Jahrhunderte früher, im Jahr 1640, empfahl ein Ratgeber Personen von Rang, sich täglich die Hände und möglichst ebenso oft das Gesicht zu waschen.³¹ Als sich im 18. Jahrhundert Lady Mary Wortley Montagu, ein eleganter Blaustrumpf, bei einem mondänen Diner von einem Nachbarn Bemerkungen über ihre schmutzigen Hände anhören musste, forderte sie ihn lachend auf, sich herunterzubeugen, um sich erst einmal ihre Füße anzuschauen! Bei den meisten Höflingen beschränkte sich die tägliche Toilette darauf, sich einmal mit dem Schwamm über die Haut zu fahren, mehr erschien als geradezu exzessiv und ermüdend. Die *aqua simplex*, das ordinäre Wasser, kam oft erst nach diversen Toilettenwässerchen an die Reihe, deren Parfüm die Körpergerüche jedoch kaum zu überdecken vermochte.

Dies alles hing vom persönlichen Geschmack des Einzelnen und von der Toleranz der Umgebung ab. Von Madame la Princesse, der Gemahlin des Oberhaupts des Hauses Condé, hieß es, sie habe »einen Achselgeruch, der schon von weitem zu bemerken war«.³² Liselotte von der Pfalz bedeckte sich mit so stark parfümierten Pudern, dass die Dauphine in Ohnmacht fiel, wenn sie sich nur in ihrer Nähe aufhielt.[33] Ludwig XIV. hatte als Kind gelernt, sich Gesicht, Hände und Mund zu waschen, und integrierte diese Praxis auch ins morgendliche Lever.[34] Da er keinen sehr starken Bartwuchs hatte, ließ er sich später von seinen Barbieren nicht mehr täglich rasieren.[35] Als alter Mann begann er den Tag mit einer kurzen Körpermassage, da er nachts stark schwitzte, was wahrscheinlich an der dicken Decke lag, die ihm sein Arzt gegen die Gicht verschrieben hatte.[36] War diese rudimentäre Toilette beendet, begann, nach Rang und Amt geordnet, der Eintritt der Höflinge. Das Ritual des Lever war Gegenstand allgemeinen Interesses, und jede einzelne Etappe ermöglichte es dem König, einem Höfling – als Gradmesser seiner Gunst – das begehrte Privileg zu gewähren, ihm das eine oder andere Kleidungsstück zu reichen. Der offizielle Almanach des Hofes, der *État de France*, kodifizierte Rolle und Vorrechte jedes einzelnen Akteurs dieses Zeremoniells, doch von einem königlichen Bad ist nirgendwo die Rede, auch nicht im Privaten. Dieses Stillschweigen war bestimmt nicht der Sorge um das Feingefühl eines Mannes geschuldet, der sein Hemd fast jeden Tag seines Lebens in der Öffentlichkeit übergestreift hatte.

Das Baden wurde eher als ein sinnlicher denn als ein hygienischer Akt betrachtet, und so ließ auch Ludwig XIV. auf dem Höhepunkt seiner Manneskraft unter seinen Staatsgemächern ein prächtiges Bäderappartement einrichten. Die erste zarte Liebe zu Madame de Vallière hatte den unschuldigen Charme einer Schäferidylle. Ein junger, gutaussehender, starker König und ein hübsches, charmantes, schüchternes Fräulein suchten die Zweisamkeit und das Vergnügen, beieinander zu sein, umgeben von einem kleinen Kreis von Freunden, die, wie die Ritter von einst, zum Zeichen ihrer Verbundenheit den begehrten blauen Justaucorps erhielten, der es ihnen erlaubte, ohne Einladung beim König zu erscheinen.[37] Im Alter von dreißig Jahren änderten sich die Ansprüche des Sonnenkönigs, und die religiös begründete Scheu und Befangenheit der schüchternen jungen Frau waren der üppigen Sinnlichkeit und dem scharfen

Verstand jener nicht gewachsen, die in seinem Bett nun auf sie folgen sollte. Der Aufstieg von Madame de Montespan Ende der 1660er Jahre fiel zusammen mit dem Projekt, das Schloss Ludwigs XIII. durch ein neues Ensemble von Gebäuden zu ummanteln. Das Bäderappartement, das Ludwig XIV. ihr bei dieser Gelegenheit schenkte, war in gewisser Weise ein Monument der sinnlichen Leidenschaft des Königs. Es gab darin eine große Wanne, die für die Freuden des Badens zu zweit bestimmt war. Bereits im Jahr 1671 begonnen, wurde es erst 1680 fertiggestellt. Sein üppiges Dekor aus Intarsien, Marmor und Fresken konnte es beinahe mit dem Spiegelsaal aufnehmen, der sich eine Etage höher befand. Von einem breiten Flur in der Mitte der Nordfassade zweigten zwei nach Westen ausgerichtete Salons ab, die Fenster des zweiten gingen auf das Nordparterre und das Wasserparterre hinaus. Unterhalb des Saals befand sich ein Zimmer, das als unentbehrlich galt, um sich nach der entkräftenden Wirkung des heißen Wassers etwas zu erholen. Das Bäderkabinett schließlich war mit einer achteckigen Badewanne in einer Länge von etwas mehr als drei Metern und einer Tiefe von ungefähr einem Meter aus massivem Marmor ausgestattet, mit Stufen und Sitzen an den Seiten. Später wurden auf der Seite zum Innenhof, wo sich auch ein großes Wasserheizgerät befand, zwei weitere kleine Badewannen hinzugefügt, die möglicherweise zum Abbrausen bestimmt waren. Die Anordnung des Ganzen erinnert an die elegante Ausführung eines Jacuzzi, und die Anwendungen mit Kräutern und Essenzen würde man heute wohl als Aromatherapie bezeichnen.

Doch leider erlosch die Leidenschaft, die dieses Dekor inspiriert hatte, noch bevor es fertiggestellt war. Als Mme de Montespan ihr Appartement in der Nähe des Königs am oberen Ende der Gesandtentreppe verließ, um das Bädergemach zu beziehen, war die königliche Liaison bereits zu Ende. Ludwig XIV., der sich den Vierzigern näherte, hatte sich nun der Religion zugewandt und ließ sich von der prüden Madame de Maintenon umgarnen. Er tauschte seine leidenschaftliche, ungestüme aristokratische Mätresse ein gegen eine Kaminfeuer-

Glückseligkeit und die anheimelnde Frömmelei der Gouvernante seiner illegitimen Kinder.

Als Madame de Montespan den Hof endgültig verließ, ging das Bäderappartement auf ihren Sohn, den frischvermählten Duc du Maine über. Dieser königliche Bastard, dem Madame de Maintenon näherstand als seine eigene Mutter, nahm ein Gesuch, das die Verlassene unglücklicherweise wie ein Ultimatum formuliert hatte, beim Wort: Als er ihr Hab und Gut nach Paris schickte, ließ er ihre Möbel vor aller Augen durch die Fenster auf die Terrasse tragen, statt den diskreteren Weg über die Innenhöfe zu wählen.[38]

Einige Jahre später übernahm sein jüngerer Bruder, der Comte de Toulouse, das Appartement, auf den wiederum 1749 dessen Sohn, der Duc de Penthièvre, folgte. Da wurde die Marmorwanne aus ihrer Fassung entfernt, und weil sie zu breit war, um durchs Fenster zu passen, wollte man sie erst zerschlagen. Schließlich brauchte es nicht weniger als 22 mit Seilen und Rollen ausgerüstete Männer, um sie zu bewegen und in die Eremitage zu transportieren, den Rückzugsort von Madame de Pompadour. Dort blieb die Wanne dann bis zum Jahr 1934, als sie in den Garten der Orangerie gebracht wurde.[39]

Die Sitzbäder Ludwigs XV.

Im Lauf des 18. Jahrhunderts setzten sich anpruchsvollere Hygienevorstellungen durch, so dass der englische Reisende Arthur Young 1790 festhalten konnte: »Was die Sauberkeit betrifft, so sind die Franzosen reinlicher mit ihrem Körper und die Engländer mit ihrem Haus [...]. Ein Bidet ist in Frankreich in allen Wohnungen üblich, ebenso ein Waschbecken, um sich die Hände zu waschen, was ein Zug an persönlicher Sauberkeit ist, den ich mir in England verbreiteter wünschte.«[40]

Diese Fortschritte hatten auch Versailles erreicht, und als Ludwig XV. 1722 ins Schloss zurückkehrte, musste sofort dafür gesorgt werden, dass er sein Bad nehmen konnte. Bei einer

Erweiterung ihrer Privaträume ließ die Königin Maria Lesz-czyńska 1728 eines dieser inzwischen üblich gewordenen inti-men Gemächer einrichten, die mit einer tragbaren Badewanne ausgestattet waren. Jene des Königs bestand im Gegensatz zu der seines Urgroßvaters Ludwig XIV. aus Kupfer und befand sich in einem eher funktionell eingerichteten Raum mit Delfter Fliesen.[41] Das Bad der Königin war feminin-elegant dekoriert. Neben beiden Badegemächern waren die unvermeidlichen Kammern mit Ruhebett untergebracht sowie ein Zwischengeschoss, wo das Wasser erhitzt wurde.[42] Da sich die benötigte Menge hei-ßen Wassers in Grenzen hielt, konnten die Diener es in Eimern herbeischaffen, während für die riesige Badewanne Ludwigs XIV. auf die Reservoirs zurückgegriffen werden musste. Das heiße Wasser wurde als Erstes in die Badewanne geschüttet, um das Kupfer zu erhitzen, das kalte wurde anschließend hinzuge-fügt. Eigenartigerweise scheint Ludwig XV. nie vollständig in sein Bad eingetaucht zu sein, er nahm eher eine Art Sitzbad: Er setzte sich in der Wanne auf einen Stuhl, bekleidet mit Bade-kleidern und darüber hinaus geschützt durch eine Art Zelt, während die durch die Türen dringenden Luftzüge durch Wand-teppiche abgehalten wurden.[43]

Das erste öffentliche Bad in Versailles wurde Mitte der 1670er Jahre unter dem Aushängeschild »Königliche Bäder« durch Claude Roger, Kammerdiener des Duc d'Orléans, im Zentrum der Stadt in der Rue Dauphine, der heutigen Rue Hoche 7, er-öffnet.[44] Im Schloss benutzten die Höflinge offenbar vor allem Waschschüsseln, Kannen und ein paar wenige tragbare Bade-wannen. Im 18. Jahrhundert kamen private sanitäre Einrich-tungen zunehmend in Mode, und auch die Appartements von Mitgliedern der königlichen Familie, insbesondere jene der Prinzessinnen, verfügten immer öfter über ein Bad. So wurde 1747 beim Umbau des Prinzenflügels in den Appartements der Mesdames de France ein solches eingerichtet,[45] und in ihren neuen Gemächern im Erdgeschoss des Zentralbaus des Schlos-ses teilten sie sich ein Bad zur Cour des Cerfs hinaus.[46] Auch

Madame de Pompadour ließ sich eines einrichten, als sie eine Reihe von Zimmern im Erdgeschoss zum Nordparterre hin renovieren ließ.[47] Viele Höflinge jedoch mussten ohne den Genuss von Wasser auskommen. Als 1765 die Comtesse Dufort den Marquis de Marigny, Generaldirektor der Königlichen Bauten, um die Einrichtung eines Bades bat, bekam sie zur Antwort: »Da kein Beispiel bekannt ist, dass irgendjemandem, mit Ausnahme der königlichen Familie, ein Bad eingerichtet wurde – und sogar einige Prinzen von Geblüt haben am Hof nie eines besessen –, kann ich es nicht auf mich nehmen, Mme la Comtesse zu gewähren, was sie verlangt, ohne von Seiner Majestät autorisiert worden zu sein [...], und der König wird es mit Sicherheit nicht erlauben. Es wäre dies ein gefährliches Exempel.« Fünf Tage später beschied der Direktor einem Untergebenen: »Seine Majestät will nicht, dass für irgendeine Person ein Bad eingerichtet wird, es sei denn für die königliche Familie. Sie hat es mir ausdrücklich verboten.«[48] Die Höflinge ließen es sich gesagt sein.

Mit der Thronbesteigung von Ludwig XVI. wurde das Baden Bestandteil des Alltags. Marie-Antoinette wusch sich jeden Tag bei ihrem Lever die Beine und badete oft. Nachdem sie das Badezimmer der Maria Leszczyńska in eine Bibliothek umgewandelt hatte, ließ die junge Königin in ihrem Schlafzimmer eine teilweise bedeckte Badewanne für Sitzbäder einrichten, die wie ein riesiger Schuh aussah und daher *bain chausson* genannt wurde. Sie nahm darin unter den Augen ihrer Dienerinnen ein bescheidenes Frühstück mit Kaffee oder Schokolade ein, schamhaft bekleidet mit einem bis zum Hals zugeknöpften Flanellkleid, das sie hinter einer Draperie auszog.[49]

Im Laufe des Jahrhunderts verlor das Bad seinen außergewöhnlichen Status und wurde sogar von den Ärzten empfohlen. Die Bestandslisten der Höflingsappartements lassen auf das Vorhandensein von diversem sanitären Zubehör schließen. So ließ sich Mme de Saulx-Tavannes über einem ihrer Gemächer ein »Badekabinett« und »eine Badewanne aus Rotkupfer auf einem Buchenholzsockel« einrichten und mit den nötigen

Utensilien ausstatten: »einem kleinen Gurtenstuhl, einem kleinen Wandschirm, zwei Sesseln und zwei Eckschränkchen aus Birnbaumholz.« Der Heizkessel war in einer schmalen Garderobe darunter untergebracht. In einer weiteren Garderobe innerhalb ihres Kabinetts benutzte sie »ein Bidet, ausgestattet mit einem Fayencebecken und einem mit Pferdehaar gepolsterten Deckel aus Maroquin«.⁵⁰

Der Bischof von Chartres, Erster Almosenier der Königin, verfügte neben seinem Kabinett über den Appartements der Königin über eine kleine Garderobe. Als der Hausvogt 1780 nach seinem Tod eine Inventarliste aufstellte, verzeichnete er darin »ein kleines Bidet aus Buchenholz mit Weißblechbecken, eine Klistierspritze aus Zinn, eine Schlafbank und einen Nachtstuhl aus selbigem Holz mit einem Porzellanbecken«.⁵¹ *Mens sana in corpore sano* war also offenbar die Devise des orthodoxen Prälaten.

Am Hof hingegen waren diese Einrichtungen mangels Platz nur recht einfach, zumeist sogar mobil und provisorisch. Abgesehen davon wurden sie zunehmend luxuriöser ausgestattet. Im Jahr 1760 ließ der Duc de Chevreuse in seinem Schloss in Dampierre und seinem Landhaus in Passy Badezimmer einrichten. Damals wurde gerade die Gesandtentreppe abgerissen, und der Duc nutzte dies aus, um sein Bad mit Marmor und Dekorationen im Premier Style von Versailles auszukleiden.⁵²

Die öffentlichen Bäder, die zu dieser Zeit entstanden, konnten nicht mit so viel Eleganz aufwarten. Sieur Dauges, Kammer- und Badediener des Königs, mietete ein Haus in der Rue du Vieux-Versailles mit der Absicht, »darin Bäder einzurichten zum Gebrauch für die Seigneurs und Damen des Hofes«. Für sein Projekt bat er um die Einrichtung einer besonderen Wasserleitung. Zehn Jahre später schlug Sieur La Bouche, der sich selbst als *baigneur*, als »Bademeister«, bezeichnete, vor, das Gebäude zu übernehmen, doch da er darin auch möblierte Zimmer anbieten wollte, wurde seinem Gesuch nicht entsprochen. Für den Generaldirektor der Königlichen Bauten war die Brandgefahr in einem Gebäude, das an den Gemäldesaal des Königs und seine eigene Residenz grenzte, zu groß. La Bouche fand einen anderen Ort in der Rue de Maurepas, in einem

neuen, etwas weiter entfernten Viertel.[53] Doch er gab seinen
Traum von einem öffentlichen Bad im Stadtzentrum nicht auf,
und so ersuchte er 1787 zu diesem Zweck um die Gewährung
von 544 Quadratmetern im Garten des Großhaushofmeisters,
der gerade für das Publikum geöffnet worden war. Bei seiner
Eingabe warf er all seine Reputation in die Waagschale: »Die
gute Ordnung, der Anstand und die Sauberkeit, die stets bei
ihm herrschen, haben die Herren und die Damen des Hofs angezogen, die ihn mit ihrem Beifall beehrt haben […], doch da
dieses Etablissement, das am Ende der Stadt sehr weit entfernt
vom Schloss, den militärischen Häusern und dem *ancien quartier* gelegen ist, haben die ganze medizinische Fakultät und die
Einwohner den Sieur La Bouche aufgefordert, einen neuen
Plan vorzulegen.« Der umfangreiche Entwurf, der dem Antrag
beilag, vermerkte: »Bäder zu unterschiedlichen Tarifen, Män-
nerkorridor, Damenkorridor, Zimmer für die ausländischen
Kurgäste.«

Die angegebenen Preise waren relativ hoch, für den gewöhnlichen Versailler Bürger unerschwinglich. Laut den Randbemer-
kungen waren vorgesehen: »zwei Korridore für Personen, die
zum Preis von 2 bis 8 Sols bedient werden; zwei getrennte Korridore für beide Geschlechter zum Preis von 1 bis 4 Sols, ohne
Wäsche«. Da der Militärhaushalt in der Regel nur für die Uni-
formen aufkam, »wird La Bouche ihnen die nötige Wäsche ohne
jeden Aufpreis zu 1 Livre 4 Sols bereitstellen. Am Ende jedes
Korridors gibt es zwei Badesäle, wo man umsonst empfangen
wird, wenn man ein von einem Arzt, Chirurgen oder Pfarrer un-
terzeichnetes Billet vorweisen kann, und die für diese zwei Säle
bestimmte Wäsche wird einzig diesem Zweck dienen. Es gibt
auch aufsteigende Duschen für beide Geschlechter, Dampf- und
Räucherbäder, Schwitzstuben sowie absteigende Duschen. Da
nicht in Versailles domizilierte Personen Sieur La Bouche oft um
eine Unterkunft bitten, um sich der ihnen von der Fakultät ver-
ordneten Behandlung unterziehen zu können, ist die Einrichtung
von mehreren Einzelzimmern erforderlich.« Das ambitionierte
Projekt wurde jedoch mit einer Absage beschieden, da es zu viel
öffentlichen Grund und Boden beansprucht hätte.[54]

Nachttöpfe und Leibstühle

In den Prinzenappartements befand sich oft in einer entlegenen Ecke ein Ort, um sich zu erleichtern, doch bis Mitte des 18. Jahrhunderts gab es dafür keinerlei Abflusssystem. Das Schloss Longford in England besaß im Gegensatz dazu schon 1678 eine Spülvorrichtung, die Regenwasser verwendete.[55] Im Lauf der Jahrhunderte war der britische Innovationsgeist für solche Erfindungen berühmt geworden, so dass die selten anzutreffenden Toiletten dieses Typs in Frankreich *cabinets à l'anglaise*[56] hießen. Den Raum, in dem sie untergebracht wurden, nannte man *cabinet des affaires*.

Auf den Plänen der Architekten findet man dafür oft die beschönigende Bezeichnung »Garderobe«, die sich generell auf eine etwas größere Abstellkammer, halb Anrichte, halb Wäschekammer, bezieht. Der Nachttopf war das wesentliche Utensil darin, und bei den meisten Höflingen war diese Keramikschüssel in einen mehr oder weniger bequemen und eleganten Sitz, den »Leibstuhl«, eingefügt. Entweder sah er aus wie ein einfacher Kasten mit gepolsterter Sitzfläche oder wie eine Art Thron, unter den der Topf geschoben wurde. Er wurde meist in Abgeschiedenheit benutzt, doch Liselotte von der Pfalz berichtet, dass ein Höflingspärchen die Gewohnheit hatte, galant zu plaudern, während es dem Ruf der Natur Folge leistete.[57]

Die nächsten Angehörigen Ludwigs XIV. hatten Zugang zu seinem *cabinet des affaires*, und auch die Duchesse de Bourgogne empfing ihre Damen, während sie auf dem Stuhl saß – was wenig überrascht bei einer Frau, die bei anderer Gelegenheit nicht zögerte, sich in Anwesenheit des Königs ein Klistier verabreichen zu lassen. Der frappierendste Fall war jedoch jener des Duc de Vendôme. Er war für seine nachlässige Hygiene bekannt und schockierte den Emissär aus Parma, indem er ihn nicht nur auf seinem Leibstuhl sitzend empfing, sondern sich auch noch »vor seinen Augen den Hintern abwischte«. Der Diplomat ergriff die Flucht, der junge und ambitionierte Abbé Alberoni hingegen war nicht ganz so zartfühlend. Als sich die

Brüskierung wiederholte, rief der zukünftige Kardinal und Premierminister von Spanien begeistert aus: »O *culo d'angelo!*« – »Was für ein Engelshintern!«[58] Die Schmeichelei muss dem alternden Homosexuellen Vendôme sehr gefallen haben, förderte er doch danach Alberonis Karriere.

Ein Gelehrter aus dem 19. Jahrhundert zählte in Versailles unter der Herrschaft Ludwigs XIV. 274 Leibstühle.[59] Dieser Komfort war den Mitgliedern der Königsfamilie vorbehalten; 200 von ihnen waren mit rotblauem Damast bezogen und hatten Sitze aus Maroquin; 60 hatten abnehmbare Deckel, und ein paar andere waren auf skurrile Weise verkleidet wie jener, der die Form eines Stapels von Folianten hatte, die den Titel »Reise in die Niederlande« trugen. Das eigentliche Problem aber blieb die Entsorgung des Inhalts. Zwei Beamte des Königs mit dem Titel *porte-chaise d'affaires*, »Leibstuhlträger«, hatten die Aufgabe, ihm die Tücher zu reichen, die man anstelle von Toilettenpapier verwendete, und den Topf zu leeren. Dies taten sie jedoch erst, nachdem die königlichen Ärzte geruht hatten, »diese letzten Armseligkeiten, die uns die Mutter Natur auferlegt hat«, zu begutachten. Die Leibstuhlträger hatten also häufig eine nicht sonderlich angenehme Viertelstunde zu überstehen, bevor sie sich mit ihrer Ladung in Richtung Abwassergrube bewegen konnten. Einem Gerücht zufolge wurden Protestanten und Jansenisten beschuldigt, einen Leibstuhlträger bestochen zu haben, um die Geheimnisse des königlichen Nachttopfs in Erfahrung zu bringen.[60]

Während der Regentschaft Ludwigs XV. wurde in den Privatgemächern des Königs ein Kabinett eingerichtet, das über eine Toilettenspülung verfügte. Unter Ludwig XVI. wurde dieser kleine Raum zum Lieblingsaufenthaltsort eines Angorakätzchens, dem es gefiel, sich schnurrend in dem angenehm kühlen Becken aus Marmor und Keramik zu räkeln. Und so nahmen die Dinge ihren Lauf: Als der König auf seinem Stuhl Platz nehmen wollte, wurde das Tier fuchsteufelswild und schlug den Monarchen in die Flucht, der – in der einen Hand die Culotte haltend – zornig nach seinen Dienern klingelte.

Im 18. Jahrhundert gelang es einigen Höflingen, von der Gebäudeverwaltung kleine separate Räume zur Einrichtung einer »Garderobe« zu bekommen. Bei den Saulx-Tavannes war dieser Rückzugsort laut Inventar möbliert mit »einem Leibstuhl und einem Bidet, das Ganze in Nussbaumholz mit einem Fayencebecken, die Sitze waren mit Pferdehaar gepolstert und mit rotem Maroquin überzogen«. Auf einem »Nachttisch, ebenfalls aus Nussbaumholz mit Marmorplatte«, gab es »fünf Töpfe aus unterschiedlichem Fayence«, das Fenster auf die Cour de l'Apothicaire war mit einem Mousselin-Vorhang bespannt, und ein Potpourri aus Ton bezeugte den ausgesuchten Geschmack der Comtesse.[61]

Nicht sehr verbreitet waren die Orte, an denen man die »Armseligkeiten der Mutter Natur« entsorgen konnte. Die Nachttöpfe der Schlossbewohner und ihrer Bediensteten wurden in kollektive Latrinen, sogenannte *lieux publiques*, geleert, die, mit Doppelsitzen ausgestattet, nichts von Geschlechtertrennung wussten und den Benutzern keinerlei Diskretion boten. Die meisten befanden sich in den Attikageschossen neben den öffentlichen Treppen, wo, zumindest im Prinzip, eine natürliche Belüftung für den Abzug der Gerüche sorgte. Doch leider hatten diverse Pannen und Überschwemmungen dazu geführt, dass die übelriechenden Flüssigkeiten in den Fußboden und von dort ins Mauerwerk, den Gips der Zwischenwände und die Holzbretter einsickerten. Als einem Mitglied des Finanzrats eine Wohnung in schlechter Lage zugeteilt wurde, schrieben die Inspektoren der Gebäudeverwaltung: »Das Schlafzimmer ist durch die Nähe zu den Aborten, die sich im dahinterliegenden Korridor befinden, verunreinigt; durch die Spalten in den Zwischenwänden dringt der Geruch in dieses Zimmer und macht es unbewohnbar.« Die hochstehende Persönlichkeit protestierte ihrerseits: »Diese Unterkunft [...] ist nicht nur wegen des Gestanks aus einem öffentlichen Abort unbewohnbar, der sich auf der Rückseite des Zimmers befindet und in dessen Wand es Fenster zu geben scheint, die den Geruch durchlassen, sondern auch aufgrund des Zustands, in dem sich die Dielenbretter befinden.«[62]

Dieses »Zimmer des Grauens« befand sich im Pavillon de la

Surintendance am südlichen Ende des Schlosses. Im Nordflügel, der einige Jahre später erbaut wurde, waren laut Plan verbesserte Abtritte vorgesehen. Zwei zentrale Schächte im Mauerwerk erlaubten es, auf jedem Absatz der öffentlichen Treppe vier Sitze einzubauen. Auf den unteren Stockwerken war die Durchlüftung jedoch nur durch den allgemeinen Durchgang gewährleistet, und Voltaire, der in der Nähe logierte, beschrieb den Ort als »das übelriechendste Scheißloch von ganz Versailles«. Er beklagte sich über die fehlende Tür und forderte, dass man die Abflussrinnen so ausrichten solle, dass die Gräben durch das Regenwasser gereinigt werden konnten.[63] Diese Maßnahme reichte jedoch nicht aus, denn die in gewünschter Richtung verlegten Rohre waren sofort durch alle möglichen Abfälle verstopft.

»Die Leute p ... in alle Winkel«

Nirgendwo war die Situation so kritisch wie in der Küche der Königin, jedenfalls wenn man dem Gebäudeinspektor Glauben schenkt: »Ein Rohr aus den Latrinen des Schlosses ist oft verstopft und außerdem voller Risse, so dass es leckt und den ganzen Küchenbereich der Königin vergiftet. Ich habe geraten, diese Latrine auf der Stelle zu schließen, und glaube, dass diese Latrine auch in Zukunft geschlossen bleiben sollte.«[64] Damit war das Problem behoben, der Mangel an Toiletten aber nur noch schlimmer geworden; es gab bei weitem nicht genug für die große Menge von Höflingen und Domestiken. Dieser Zustand führte dazu, dass diejenigen, die ein dringendes Bedürfnis verspürten, sich in den Gängen, auf den Treppen und Höfen erleichterten. Dies war insbesondere im Prinzenflügel der Fall, und 1702 beklagte sich Liselotte von der Pfalz, die am Ende der Galerie residierte: »An eine schmutzige Sach kann ich mich hier am Hof nicht gewöhnen, nämlich dass alle Leute in den Galerien vor unsern Kammern in alle Winkel p ... und dass man nicht aus seinem Appartement gehen kann, ohne jemandes p … zu sehen.«[65] Die Dinge hatten sich bis 1745 so wenig geändert, dass man die Arkaden der Galerie mit Gitterstäben versehen musste, um die Leute daran zu hindern, dort ihre Notdurft zu verrichten.[66] Doch das war noch nicht das Schlimmste: Die Domestiken entleerten die Nachttöpfe aus dem Fenster. 1775 sah sich der Gouverneur gezwungen, dem Marquis de Montesquiou, der Comtesse de Bruegnon, der Fürstin von Guistelle und Seiner Eminenz dem Kardinal du Luynes zu drohen, die Fenster ihrer Appartements vergittern zu lassen, sollte diese Praxis nicht aufhören. Jeder der Gerügten stritt diese Vorwürfe ab und beteuerte die Untadeligkeit der eigenen Dienerschaft. Die Fürstin von Guistelle fügte hinzu, dass sie sogar selbst dadurch in Mitleidenschaft gezogen worden sei, die Blumen auf ihrem Balkon hätten von oben einiges abbekommen.[67]

Die Warnung des Gouverneurs schien Wirkung gezeigt zu haben, doch er wusste, dass der Zustand andauern würde, solange man das Grundproblem nicht löste. Bis dahin musste er sich mit der Instandhaltung der vorhandenen Toiletten begnügen. Das gelang nicht immer. 1773 richtete der Sekretär des Comte de Noailles eine Beschwerde an die Gebäudeverwaltung:»In den Abtritten des Versailler Schlosses sind Reparaturen durchzuführen, da diese zum Teil so sehr heruntergekommen sind, dass sie nicht mehr zu reinigen sind und Unfälle befürchtet werden müssen …« Der Gouverneur unterstützte das Gesuch:»Ich bitte um Verzeihung, Monsieur, Sie mit einer Kleinigkeit dieser Art behelligen zu müssen, doch liegt es im Interesse sämtlicher Herren und Damen am Hofe und selbst der Königsfamilie, die oft incommodiert ist.«

Ein paar Monate später schlug er vor, im Garten Latrinen zu errichten:»Eine hinter dem Boskett des Dauphin, und die andere in der Nähe des Ballsaals. Jeder Graben hätte zwölf voneinander getrennte Brillen und eine verschließbare Tür. Das ist das einzige Mittel, dem Schloss, dem es an Aborten fehlt, zu Sauberkeit zu verhelfen und gleichzeitig der Zerstörung der neuen Anpflanzungen im Garten vorzubeugen.«[68] Der Vorschlag wurde abgelehnt, und Angiviller antwortete Noailles:»Ich muss

Ihnen gestehen, dass ich große Schwierigkeiten für die Errichtung zweier Abtritte im Garten sehe. Sie wissen um die schreckliche Unsauberkeit, die in solchen Etablissements schon beim geringsten Zulauf herrscht, und Sie können sich mit Leichtigkeit vorstellen, was bald aus einem öffentlichen Ort wie dem Park von Versailles geworden wäre. Die ganze Sorgfalt eines Bediensteten, der sich um eines dieser Kabinette kümmerte, würde wohl nicht ausreichen, um die Sauberkeit aufrechtzuerhalten, und im Übrigen kann die Art von Zuflucht, der sie Vorschub leisten, nur zu Unordnung führen – wie es das traurige Beispiel mit den Sänften zeigt, das im Schloss überall zu beobachten ist. Doch um mich einzig auf die Sauberkeit und den Anstand in den Gärten zu beschränken: Würde es nicht bedeuten, beides zu verletzen mit der von Ihnen gewünschten Einrichtung solcher Orte, die sich in nächster Nähe zu den Promenaden befänden? Ich füge hinzu, dass diese Etablissements weder Ihre noch meine Vorstellungen befriedigen könnten, da es eine zu große Anzahl von Menschen gibt, denen gegenüber die besten Vorkehrungen unnütz sind.«[69]

Darauf führt der Gouverneur ein unschlagbares Argument ins Feld: »Ich betrachte diese Etablissements als absolut unverzichtbar angesichts der großen Zahl von Personen, die nicht wissen, wo sie ihr Geschäft verrichten sollen, und beschließen, sich in den Gängen, den inzwischen geschlossenen Galerien oder vor aller Augen im Park zu erleichtern.«[70] Der Etat wurde bewilligt, doch eine neue Toilette entstand nicht.[71] Die potentiellen Benutzer wurden also vom Direktor der Königlichen Bauten nicht besser behandelt als die Touristen, die noch vor nicht allzu langer Zeit im Prinzenhof in endlos langen Schlangen anstanden, um gegen Entgelt schmutzige, unappetitliche Toiletten benutzen zu dürfen.

Da sich am Bedürfnis naturgemäß nichts änderte, blieb das Problem bestehen. Im Jahr 1780 regte der Fürst von Poix, Sohn und Nachfolger Noailles' an, vor jeder der Abtrittsgruben einen Bediensteten zu postieren, quasi einen Vorläufer unserer heutigen »Toilettenfrau«. Er wurde mit den Einwänden des Gebäudedirektors konfrontiert, die ihm begründet schienen: »Nach dem Bericht, der mir übergeben wurde [...], ist es nicht möglich, an jedem Ort der Erleichterung Männer aufzustellen, denen man nur zwölf Sols gäbe; sie würden jene, die diesen Ort aufsuchten, behelligen, und es gibt viele Arme, die lästig würden. Soll dieser Dienst mit der erforderlichen Sorgfalt und Achtung durchgeführt werden, kommt man nicht umhin, jedem der Tagelöhner, die von fünf Uhr morgens bis neun Uhr abends auf ihrem Posten sein müssen, mindestens zwanzig Sols pro Tag zu bezahlen. Da es 29 Abtrittgruben gibt, stimmen Sie mit mir überein, dass diese Erhöhung der jährlichen Ausgabe für die Domäne, die bereits zu sehr belastet ist, zu groß ist [...], doch werde ich der Person, die mit dem Dienst der Auskehrer beauftragt ist, empfehlen, die Aufmerksamkeit zu verdoppeln, bis ein neues Arrangement gefunden ist.«[72] Die ökonomischen Bedenken hatten also schließlich über die Geruchsbelästigung gesiegt!

4. Heizung

Der frierende Hofstaat

Im offiziellen Verzeichnis der Unterkünfte im Schloss wurden Räume und Zwischengeschosse in jeder Größe aufgeführt, von der einfachen Kammer bis hin zu den Prinzengemächern, einschließlich der Zahl der Kamine, durch die sie beheizt wurden. Die meisten wichtigen Räume waren damit ausgestattet, doch im 18. Jahrhundert kamen noch zahlreiche Öfen hinzu, um die Beheizung zu verbessern. Inklusive der Ministerflügel zählte der *État* aus dem Jahr 1783 im Schloss 1169 Kamine.

Meist wurde statt der in England gebräuchlichen Kohle, die von den Franzosen gerne zum Kochen, vor allem in den erwähnten Aufwärmküchen benutzt wurde, Holz verwendet. Das Brennholz wurde den meisten Beamten durch die Domäne oder den Haushalt des Königs ohne Berechnung geliefert. Wenn die Söhne und Töchter Frankreichs in das Alter kamen, um eine eigene Haushaltung zu führen, richteten ihre Diener »Holzämter« ein, die sogenannten *fourrières*, die Brennholz und anderes Heizmaterial bereitstellten. Colbert hatte ursprünglich bestimmt, dass sämtliche Gäste des Schlosses damit versorgt werden sollten,[1] doch als Versailles offizielle Residenz des Königs wurde, überdachte er seine Großzügigkeit noch einmal. Es gibt dafür keine Belege, doch es ist anzunehmen, dass die Höflinge, die kein Amt innehatten, das ihnen das nötige Brennholz sicherte, sich bei einem Händler eindeckten, wahrscheinlich bei Sieur Pépin, einem Protégé des Comte de Noailles.

Die *fourrière* des königlichen Haushalts lieferte Scheite und Reisigbündel sowie Kohle für die Küchen und Offices. Sie umfasste zwanzig Vorsteher, also fünf pro Quartal, sowie fünfzehn Gehilfen. Auch wenn diese sich sämtlicher Privilegien von Beamten des königlichen Haushalts erfreuten, besaßen sie nur wenig Prestige, da sie nicht viel mehr als Vermittler zwischen Hof und Lieferanten waren. Sie erzielten aus der Differenz zwischen dem vom königlichen Budget abhängigen Holzpreis und dem Marktpreis einen Gewinn, den sie unter sich aufteilten, wobei die Winterquartale natürlich am meisten einbrachten.

Die Hauptarbeit wurde von Garçons verrichtet, die das Holz aus den Lagern des Untergeschosses im Grand Commun holten. Zwei von ihnen trugen den Titel *garçon de la Fourrière;* der glanzvollste Teil ihrer Charge bestand darin, das Holz ins Schlafzimmer des Königs zu bringen und am Morgen das Feuer anzufachen. Sie bekamen 60 Livres im Jahr für das Werkzeug, 144 für ihre Bürsten und Lappen sowie jedes Jahr ein Gewand im Wert von 120 Livres.[2] Ludwig XV. war meist bereits aufgestanden und hatte sein Zimmer verlassen, bevor sie es betraten. Der Duc de Luynes schrieb 1737: »Als der König vor ein paar Tagen bei seinem Souper von der großen Kälte sprach, die in seinem Schlafzimmer herrscht und ihn manchmal sogar zwingt, sich ins Kabinett zu begeben, wenn er am Morgen aufsteht, bevor man gekommen ist, hatte ich die Ehre, ihm zu sagen, es schiene mir, er könnte sein Kabinett, da er es wärmer finde, öfter benutzen. Darauf antwortete er mir: ›Wenn ich aufstehe, bevor man hereingekommen ist, zünde ich mein Feuer selbst an und muss niemanden rufen. Wenn ich in mein Kabinett hinüberginge, müsste ich rufen; man muss diese armen Leute schlafen lassen, ich hindere sie nur oft genug daran.‹«[3]

War diese Rücksichtnahme schuld daran, dass der junge Monarch sich in jenem Jahr eine Erkältung einfing?[4] Jedenfalls führte er seine Gesundheit als Grund an, um die Nächte in seinem inneren Kabinett zu verbringen, und reservierte das zugige, zwei Etagen hohe königliche Schlafzimmer allein für das Zeremoniell des Lever und Coucher. Als sich diese Gewohnheit etabliert zu haben schien, baten die Ersten Kammerdiener um einen Keller ganz in der Nähe, um dort ihre Holzvorräte unterzubringen. Die Apotheker, denen dieser Raum ursprünglich zugedacht war, erhielten im Tausch dafür einen Schuppen im Hof neben ihrem Labor.[5]

Die Königliche Domäne von Versailles lieferte Holz und An-
zündreisig für die Staatsappartements und eine Reihe von Begünstigten aus mehreren Beamtenkorps und so unterschiedlichen Personen und Institutionen wie den Schwestern der
Charité de Marly oder dem Ersten Gondoliere des Grand Canal. Die Aufstellung bestand im Jahr 1742 aus insgesamt 130
Namen, begann selbstverständlich mit dem Schlossgouverneur
und schloss mit den Parkettbohnern. Der Gesamtumfang dieser mal größeren, mal kleineren Lieferungen war beachtlich:
985 Bündel Brennholz und 78 430 Bündel Reisig.[6] Zur damaligen Zeit kostete ein Bündel Eichenholz 37 und ein Bündel
Buchenholz 39 Livres. Der Vertrag wurde, nach einer Art öffentlicher Versteigerung, mit einem Günstling Noailles' für 34
Livres pro Bündel und 10 Livres für tausend Stück Reisigbündel abgeschlossen, was ungefähr 36 000 Livres entsprach.[7] Der
État aus dem Jahr 1756 erwähnt 1266 Bündel Brennholz und
81 750 Bündel Reisig.[8]

Das Holz, das unter der großen Treppe des Zentralhofes im
Prinzenflügel gelagert wurde – der dementsprechend Cour du
Grand Escalier, Hof der großen Treppe, hieß –, war vermutlich für die Küchen von König und Königin reserviert. Die
Grands Appartements, insbesondere jene, die eine der wenigen
Privatküchen besaßen, stapelten das Holz in den Untergeschos-
sen von Nord- und Prinzenflügel. Die übrigen Holzkisten befanden sich in den Appartements des Attikageschosses, wahrscheinlich, um zu vermeiden, dass die Scheite jeden Tag über
die engen Treppen hinaufgetragen werden mussten, und weil
die weiträumigen Dachböden für einen anderen Gebrauch un-
geeignet waren.

1757 bat der aus dem Amt scheidende Außenminister, der
vorübergehend im Nordflügel logierte, den Inspektor der Gebäudeverwaltung um »einen Ort, um einen kleinen Vorrat an
Holz anzulegen; es gibt dafür keinen Platz in der Wohnung, der
zu einem solchen Gebrauch bestimmt werden könnte, und Sie
können sich gut vorstellen, wie schwierig es ist, dieses jeden Tag
von draußen kommen zu lassen. Ich wäre Ihnen sehr verbunden, wenn Sie mir, falls dies möglich ist, als Ersatz einen Keller

oder wenigstens eine Travée in der Galerie zur Verfügung stellen und Monsieur l'Écuyeur entsprechenden Befehl erteilen könnten, damit die Kiste in der kalten Jahreszeit bereitsteht.«[9] Er erhielt eine Absage mit der Begründung, dass die Arkaden der Galerie stets offen bleiben müssten, und wurde gebeten, sich zwecks Bewilligung eines Kellers an den Schlossgouverneur zu wenden.

Die Comtesse de Clermont-Gallerande hatte mehr Glück. Als sie im November 1764 ein Appartement bewohnte, dessen große Fenstertüren zum Nordparterre führten, schrieb sie dem Direktor: »Das Herannahen des Winters führt mir die dringende Notwendigkeit einer Holzkiste vor Augen.«[10] Ihre Bitte wurde von Marigny wohlwollend aufgenommen. Er schrieb an seinen Kontrolleur: »Leiten Sie das Gewünschte so schnell wie möglich in die Wege und dringen Sie auf größte Eile, um ein solches Möbel zu beschaffen, solange es die jetzige Jahreszeit erlaubt. Mme de Clermont in ihrer exponierten Lage braucht es dringender als alle anderen.«[11]

Die Fürstenwohnungen zum Garten hin waren trotz ihres großen Holzvorrats durch Kamine schlecht beheizbar, da in diesen weiten, hohen Räumen sämtliche Wärme nach oben entwich und die riesigen Fensterzargen zudem ungehindert die kalte Luft durchließen. Sogar die robuste Liselotte von der Pfalz, die in ihrer Jugend in ihrem Palais in Heidelberg die Fenster weit öffnen ließ, beklagte sich darüber, dass ihr Appartement aufgrund der undichten Fenster eiskalt war.[12] So stand denn auch in einem der ersten Gesuche an den Oberintendanten der Gebäudeverwaltung, als der Bau des Nordflügels abgeschlossen war, die Bitte, die Fenster mit einer Doppelverglasung zu versehen.[13]

Die Bewohner der Appartements im Attikageschoss hätten im Prinzip von der aus den unteren Stockwerken aufsteigenden Wärme profitieren können, doch wurden sie vor allem durch den Rauch der Schornsteine belästigt.[14] Das lag vor allem daran, dass man auf Wunsch Ludwigs XIV. bemüht war, mit allen Mitteln die Harmonie und Symmetrie der klassischen Fassade zum Garten zu erhalten. Da die Brüstungen und die Dekortrophäen weder hoch genug waren, um die Schornsteine zu verdecken, noch die Schornsteine einen ausreichenden Durchmesser hatten, um einen guten Abzug zu gewährleisten, wurde der Rauch vom Wind in die Wohnungen zurückgetrieben. Saint-Simon war nicht der Einzige, der äußerte, der Palast wirke vom Garten aus, als hätte es gebrannt.[15] So verwundert es nicht, dass die Höflinge, die ständig in diesem Qualm leben mussten, nicht gut auf die Kamine zu sprechen waren. 1781 beklagte sich die Marquise d'Onnisan, die im Attikageschoss des Nordflügels logierte: »Mein Schlafzimmer ist der einzige Raum, der nicht mit Holz vertäfelt ist, und da der Kamin schrecklich raucht, werden die Möbel permanent geschwärzt. Um diese Unannehmlichkeit zu vermeiden, weiß ich mir keine bessere Abhilfe, als die Wohnung jedes Jahr zu weißen. Mein Zimmer wäre so weniger düster, weniger trist.«

Da sie keine Antwort erhielt, probierte sie es im folgenden Jahr noch einmal: »Erinnern Sie sich [...], dass ich Sie seit vier Jahren vergeblich wegen meines Schlafzimmers anspreche. Erlauben Sie mir, Ihnen noch einmal die Dringlichkeit zu unterbreiten. Mein Zimmer ist klein und traurig und schwarz von Rauch.« Neuer Versuch im Jahr 1783: »Der Grund, der mich zwingt, Sie jedes Jahr aufs Neue zu belästigen [...], um Sie zu bitten, Sie möchten veranlassen, dass meine Wohnung geweißt wird, besteht noch immer. Sie ist ständig voller Rauch, was sie traurig und düster macht.« Schließlich kamen die Maler, doch an dem Grundproblem des schlecht ziehenden Schornsteins konnten auch sie nichts ändern.[16]

Ihrer Nachbarin, der Comtesse de Chabannes, schwebte vor, die Kamine durch Öfen ersetzen zu lassen: »Ich bin äußerst kälteempfindlich, und Sie würden mir [...] einen großen Dienst erweisen, wenn Sie die Güte hätten zu veranlassen, dass man sich dem Bau meiner Öfen nicht mehr länger verweigert [...]. Ich sehe einen großen Vorteil darin, die Kamine zu verschließen, aus denen sehr kalte Luft dringt.«[17]

Zu allem Überfluss ließen die Kamine auch noch den Regen durch. Die Comtesse de Tessé, die im Attikageschoss des Nordflügels logierte, hielt es für »absolut erforderlich, zwei Schorn-

steinöffnungen zu verschließen, durch die es ständig hereinreg-
net, so dass das Holz des betreffenden Parketts vermodert, sich
die Stuckarbeiten lösen und sogar das Antichambre gefährdet
ist.«[18]

Im Grand Commun litt man auf allen Stockwerken unter den
Kaminen. Mme de Bussy aus der ersten Etage fand ein offenes
Ohr bei den Inspektoren, die konstatierten, das Appartement
sei »vom Rauch schwarz wie eine Küche«,[19] und Renovierungs-
maßnahmen anordneten. Die Vicomtesse d'Aumale stimmte in
den Klagegesang ein: »Mein Appartement war einen ganzen
Teil des letzten Winters lang unbeheizbar aufgrund des schrecklichen Rauchs.«[20] Die Comtesse de Castellane versuchte ihre
Würde zu retten, indem sie von sich in der dritten Person sprach:
»Sie wird so durch Rauch belästigt, dass sie sich in ihrer Wohnung im Grand Commun gar nicht mehr aufhalten kann.« Mit
dem Einbau eines Abzuglochs erhielt sie zumindest eine Atem-
pause.[21] Mit weniger Erfolg versuchte Mlle La Baune, eine der
Kammerfrauen der Königin, die im zweiten Stock lebte, Mitleid
zu erwecken: »Gerührt, Monsieur, von der Güte, mit der Sie mir
die Ehre einer Antwort erweisen, bitte ich Sie in diesen Tagen,
mir den Kamin meines Schlafzimmers instand setzen zu lassen,
er ist der einzige, über den ich verfüge – er verursacht so schrecklichen Rauch, dass ich den ganzen Winter mit offenem Fenster
im Rücken verbringen muss, was meiner Gesundheit gar nicht
zuträglich ist.«[22]

Im Jahr 1765 präsentierte dann ein Erfinder eine Maschine,
die »verhindern [sollte], dass die Kamine rauchten«. Marigny
interessierte sich für die Idee und befahl seinem Untergebenen
L'Écuyer, die Maschine zu testen, einmal im Schloss, ein zweites Mal in Saint-Hubert, was jedoch leider kein überzeugendes
Ergebnis brachte.[23]

Verfügten die Höflinge über ein gutgeschnittenes Appartement, konnten sie sich in einen kleinen, intimen Raum zurückziehen, wo ein schönes Feuer für angenehme Wärme sorgte.
Der Duc de Saint-Simon hatte das Glück, im Arbeitskabinett jeder seiner beiden Wohnungen einen Kamin zu haben. Die erste
lag in einem Zwischengeschoss, wo er, wenn man ihm glauben

darf, mit dem Duc de Chevreuse über die zukünftige Regierung Frankreichs diskutierte. In der zweiten Wohnung hatte der Memoirenschreiber außer dem Kabinett, in dem sein Schreibtisch unverrückbar am Boden festgenietet war, später noch ein Hinterzimmer, einen geheimen Rückzugsort, den er seine »Boutique« nannte, wo er seine Besucher empfing.[24]

Ein Feuer in seinem Kamin zu haben war natürlich das vorrangige Ziel, gleich danach kam jedoch dessen äußere Erscheinung. Er war der Mittelpunkt jedes Zimmer und legte Zeugnis ab von Rang und Namen seines Besitzers. Der Kamin der untersten Kategorie hatte nur einen Mantel aus Holz mit einem kleinen Sims. Kardinal de Choiseul-Beaupré, der eine der bescheidensten Wohnungen zugewiesen bekam, verfügte zumindest über »einen bemalten Kamin mit einem Marmorsims«, doch befand sich dieser so nah an der Treppe zum Zwischengeschoss, dass die angrenzende Tür durch die Funken angesengt wurde.[25]

Auf der nächsthöheren sozialen Stufe stand der Kamin aus Stein – meist aus dem Steinbruch von Liais –, der besonders wegen der geringeren Brandgefahr gefragt war. Doch nur wenige Höflinge gaben sich auf Dauer mit der schlichten Schönheit des Natursteins zufrieden. Voltaire sprach sich in aller Kürze für eine »Verkleidung aus Stein; [da] Angst vor Feuer«[26] aus. Seine Geliebte, die Marquise du Châtelet, erreichte zumindest etwas Dekor: »Einen Steinkamin mit Marmorbemalung anstelle einer Holzverkleidung, die Feuer fangen kann.«[27] Doch dieser falsche Marmor war alles in allem nur eine bürgerliche Nachahmung der berühmten Erzeugnisse der königlichen Steinbrüche.

1782 bat die Duchesse de Fitz-James um einen dekorativen Kamin aus flämischem Marmor, musste sich aber mit gewöhnlichem Stein zufriedengeben. Sie ließ sich jedoch nicht entmutigen und erneuerte ihre Bitte vier Jahre später mit großer Entschlossenheit.[28] Eine solche bewies auch Mme de Chalons, als sie einen Marmorkamin verlangte, »der für mein kleines Schlafzimmer sehr vorteilhaft wäre, das einen großen Dekorationsbedarf aufweist«. Die einfache Antwort lautete: »Bewilligung, falls das Magazin liefern kann.«[29]

Nur wenige Höflinge konnten auf einen Kamin aus frisch behauenem Stein hoffen. Die meisten erhielten durch das Magazin der Königlichen Bauten ein aufgearbeitetes Exemplar, denn die Kamine wurden bei einer Wohnungsrenovierung zur Pflege und Reparatur ins Marmormagazin gebracht, um den Bedürfnissen und der Nachfrage entsprechend wieder eingesetzt zu werden.

Wie sehr die Kamine an den sozialen Status ihrer Besitzer gekoppelt waren, zeigt das Beispiel der bescheidenen Mme de Maulde. Sie musste ihr Appartement wegen des Baus der königlichen Oper räumen, konnte aber dadurch getröstet werden, dass man ihr die Erlaubnis gab, den Marmormantel ihres Kamins in ihrer neuen Residenz in Saint-Germain einbauen zu dürfen.[30] Das Appartement ihres Nachbarn, des Fürsten von Beauvau, wurde bei dieser Gelegenheit kurzerhand abgerissen, die Gebäudeverwaltung ließ jedoch eine ganze Reihe von Kaminen aus dessen ehemaligem Appartement ins Magazin transportieren: »Ein Kamin von grünem Marmor aus Campan mit Konsole, quadratische Vorderseite mit Skulpturen in der Mitte; ein weiterer aus Campan mit großen Bordüren und quadratischer Konsole; ein weiterer behauener Kamin aus dem Languedoc; [...] einer aus Campan mit eckigen Pilastern [...] sowie zwei Steinkamine [...], ein Kamin Giotto.«[31]

Die Eleganz eines Kamins war ein Gradmesser für die Gunst, in der sein Besitzer stand, sie fand ihren Ausdruck in der Menge und Beschaffenheit des jeweils verwendeten Steins. Mme d'Antin zum Beispiel, die gebeten wurde, ihr Appartement für die Mätresse des Königs zu räumen, wurde mit einem Kamin aus der Königlichen Bibliothek entschädigt.[32] Der Generaldirektor der Königlichen Bauten, der Marquis de Marigny, behielt sich jedoch das beste Stück vor: einen Kamin, der als »türkischblau«[33] beschrieben wurde.

Die »falschen« Kamine

Mitte des 18. Jahrhunderts konnten die Heizprobleme der Höflinge durch den Einbau von Öfen, die es in unterschiedlichen Ausführungen gab, teilweise gelöst werden. Die meisten Öfen bestanden aus Metall. Die Vicomtesse de Choiseul beabsichtigte, »einen kleinen preußischen Kamin« einzurichten. Ein paar Jahre zuvor hatte der Kontrolleur des Schlossdepartements L'Écuyer dem Direktor der Königlichen Bauten auf eine Anfrage geantwortet, dass »der Einbau von Nancy-Öfen in den Königshäusern aufgrund der Brandgefahr nicht erlaubt werden sollte. [...] Ich erachtete es als meine Pflicht, mich dem Einbau eines solchen im kleinen Kabinett von Mme la Comtesse de Tessé der Jüngeren [...] zu widersetzen, nicht aus dieser Angst, sondern in Erachtung der Konsequenzen, die es hätte, wenn sie mit irgendjemandem darüber spräche, insofern Sie, Monsieur, ihr die Bewilligung erteilen wollten, und auch, da der betreffende Kamin, der aus Eisen ist, in einen bereits bestehenden gewöhnlichen Kamin eingebaut werden sollte, von dem sie wegen des Rauches keinen Gebrauch machen kann und in den ein Blechrohr eingeführt werden müsste, das ganz nach oben führt, wie man sie für die Öfen macht.«[34] L'Écuyer war sich der Gefahr bewusst, die von solchen Öfen ausging, denn war erst einmal einer bewilligt, vergaßen die Höflinge häufig sämtliche Beschränkungen und Vorsichtsmaßnahmen.

Der Concierge des Schlosses verlangte seinerseits einen »Keramikofen für seinen Speisesaal, da man in diesem Raum den Kamin wegen des Rauches nicht benutzen kann. Dieser Ofen wird den doppelten Vorteil bieten, den Speisesaal und das Kabinett zu beheizen.«[35] Und auch die Duchesse de La Vauguyon bat den Direktor der Gebäudeverwaltung, »dafür zu sorgen, dass der Ofen des Vorzimmers beide Räume beheizen kann«.[36]

Solche Kachelöfen, die Nützlichkeit und Ästhetik miteinander verbanden, waren in Nord- und Osteuropa weit verbreitet. Das am wenigsten elegante Modell der gusseisernen Öfen, das aufgrund der Verbesserungen, die der Amerikaner Benjamin

Franklin – einer der Gründungsväter der Vereinigten Staaten und zugleich Schriftsteller, Naturwissenschaftler und Erfinder – an dem europäischen Grundmodell vorgenommen hatte, »Franklinofen« genannt wurde, tauchte in Versailles erst ab 1778 auf, wie aus einem Brief des Generalinspektors Heurtier an den Generaldirektor hervorgeht: »Der Franklinofen ist gestern bei M. le Duc de Villequier vorgeführt worden. Ich glaube, dass er bis auf die Dekoration, die zu wünschen übrig lässt, seinen Zweck erfüllt. Es wäre möglich, diese Öfen zu unserem Gebrauch herzurichten, und ich beabsichtige, Ihnen so bald wie möglich ein entsprechendes Modell vorzustellen.«[37]

Als Franklins Berühmtheit ihren Zenit erreicht hatte, wollte jeder einen solchen Ofen haben. Heurtier schrieb: »Monseigneur le Comte d'Artois hat mich gebeten, im Kamin seines neuen Kabinetts in Versailles einen von M. Franklin erfundenen Regler einzusetzen, um den Rauch abzuhalten [...]. Diese Methode, die Ihnen bestimmt bekannt ist, da sie auf physikalischen Prinzipien beruht, besteht darin, die Innenluft des Zimmers mit der Kapazität des Kaminrohres stets im Gleichgewicht zu halten mittels einer Eisenklappe, die er Regler nennt und die man nach Belieben bedienen kann, so dass man, wenn das Luftvolumen sich vergrößert hat, die Öffnung des Kamins verkleinern kann. Hierbei setzt man sich weder der Brandgefahr aus, noch ist eine große Gipskonstruktion vonnöten.«[38]

Doch der Franklinofen hatte nicht nur Vorteile. Seine empfindliche Stelle war das Metallrohr, das ihn mit dem Schornstein verband. War es kurz, bestand wenig Brandgefahr – doch die Sorgen der Höflinge waren nicht die der Gebäudeverwaltung. 1762 wollte die Comtesse de Marsan, die die wichtige Charge der Gouvernante der Kinder Frankreichs bekleidete, das Rohr ihres Ofens durch die weitläufige Prinzengalerie im Südflügel führen lassen. Der Inspektor berichtete dem Direktor von dem Gespräch, das er mit ihr darüber geführt hatte: »Ich habe ihr dargelegt, dass dies noch nie erlaubt worden sei, weil es sich nachteilig auf die Dekoration des Treppeninnern auswirken würde und das Rußwasser auf die Passanten tropfen könnte, sowie wegen der Konsequenzen, die ein solches Beispiel hätte, das bestimmt ausgenutzt würde. Sie antwortete, dass das, was für die Kinder Frankreichs getan würde, nicht auch anderswo erlaubt werden müsse, und dass das betreffende Rohr nur im Winter eingesetzt werde; darauf habe ich ihr versichert, die Ehre zu haben, Ihre Befehle zu empfangen, was sie nun mit Ungeduld erwartet, da sie sehr entschlossen scheint, nicht nachzulassen. Da es dafür keinen anderen Ort gibt, möchten Sie, wenn es Ihr Wille ist, Monsieur, mit dem König sprechen, seine Entscheidung würde sämtlichen neuen Gesuchen einen Riegel vorschieben, die sie zu diesem Gegenstand weiterhin machen könnte.«

Der König bestätigte das Verbot, doch Mme de Marsan war in der Tat eine entschiedene Person. 1766 versuchte sie ihr Glück bei einem anderen Inspektor, der den Direktor sichtlich ungehalten über ihre Vorgehensweise unterrichtete: »Bestimmt wird sie die Weigerung, die ihr in jenem Jahr durch Sie beschieden war, Ihrem Mangel an gutem Willen zuschreiben und dies weitererzählen. Wie sie M. Gillet gesagt hat, will sie Madame la Dauphine bitten, ein Wort für sie einzulegen, was für Sie, Monsieur, sehr unangenehm sein wird.« Wieder stimmte der König der Ablehnung der Gebäudeverwaltung zu, aber nicht einmal der Monarch war fähig, einer solch hartnäckigen Frau die Stirn zu bieten, und schließlich wurde ihr ein mobiler Kohleofen bewilligt.[39]

Für diese Lösung entschied man sich auch, als die Prinzessin von Lamballe einen mit Abzugsrohr ausgestatteten Ofen installieren wollte, um ihr Badewasser zu erhitzen. Die Gebäudeverwaltung führte dagegen ästhetische Gründe ins Feld und berief sich auf die erhöhte Brandgefahr: »Die einzig mögliche Vorgehensweise birgt viele Nachteile. Die Wand müsste in einer Ecke aufgebrochen werden [...], um ein Ofenrohr einzusetzen, das von den Fenstern des ersten Stocks bis zum Dach des Schlosses aufsteigen würde, was eine äußerst unangenehme Wirkung erzeugen und zu einer Fülle von Gesuchen derselben Natur Anlass geben würde.« Bedrängt von der Entourage der Prinzessin, schrieb ihr der Direktor der Königlichen Bauten, das von ihr vorgeschlagene Projekt »bestünde aus einem Kamin, in den

man durch Durchbohren der Schlossmauer ein Ofenrohr ein-
baute, das über die gesamte Höhe der Schlossmauer verlängert
werden müsste, um es über das Dachgesims zu führen. Eine solche Lösung war aufgrund der damit verbundenen Schädigungen und Gefahren strikt untersagt worden.« Diese Erklärung
schien die Prinzessin genauso wenig überzeugt zu haben. Ihre
Diener schlugen vor, nur Kohle zu verwenden und ein Rohr aus
Kupfer und Weißblech zu installieren, das die Optik weniger
stören würde. Die Gebäudeverwaltung blieb skeptisch: »Die
Bediensteten würden doch Holz verfeuern, und ein Brand würde
mit Sicherheit nicht auf sich warten lassen. Um dies zu verhindern, wurde eine Einrichtung gebaut, in der nur Kohle oder in
einem Ofen entfachte Glut verwendet werden kann.« Tatsächlich war der Ofen am Ende viel zu klein für Holz – schlussend-
lich hatte der Wunsch der Prinzessin, ein warmes Bad zu haben,
über alle Sicherheitsbedenken gesiegt.[40]

Die Rohre, die die Höflinge durch Mauern und Fenster legen
lassen wollten, wurden als »falsche Kamine« bezeichnet. Meist
verweigerte die Gebäudeverwaltung ihren Einbau mit dem Argument, sie würden die Fassade der königlichen Residenz ver-
unstalten. Die Höflinge besuchten sich ständig gegenseitig in
ihren Räumlichkeiten, und wenn eine Comtesse die Erlaubnis
bekam, ein Rohr durch ihr Fenster führen zu lassen, war sofort
eine Marquise zur Stelle, die dasselbe wollte. Die Architekten
des *département du Château* konnten sich durchsetzen, allerdings zum Preis einiger Konzessionen, etwa an die Hartnäckig-
keit von Mme de Marsan oder an die Gunst, derer sich die fri-
vole Prinzessin von Lamballe bei der Königin erfreute.

Ihre Kollegen vom *département des Dehors*, die mit den zahlreichen königlichen Gebäuden in der Stadt betraut waren, hatten mehr Mühe, das Verbot durchzusetzen. Im Jahr 1761 zählte
der Kontrolleur der Außengebäude 54 falsche Kamine im Grand
Commun und 24 oder 25 in den kleinen Stallungen, darunter
einen im Appartement des kommandierenden Stallmeisters,
M. de Croismare le Jeune: »Ich war heute Morgen bei den kleinen Stallungen«, schrieb er dem Generaldirektor der Königlichen Bauten, »um mich über die Möglichkeiten zu informie-

ren, beim Neffen von M. de Croismare einen falschen Kamin zu entfernen, ohne ihn zu belästigen. Dies wurde zu seiner Zufriedenheit ausgeführt. Ich schmeichle mir umso mehr, da ich weiß, dass er die Ehre hat, sich zu Ihren Freunden zu zählen.« Er unterließ es jedoch nicht hinzuzufügen: »Ich war sehr überrascht, eine Installation vorzufinden, die ich als kühn zu bezeichnen wage – hundertmal gefährlicher als die Missstände, die ich zur Abwendung der Brände in den kleinen Stallungen zu beseitigen suche –, nämlich den Einbau einer Tür zwischen einem Speicher und der Unterkunft von M. de Croismare; ungefähr 25 Fuß von diesem Speicher entfernt hat man einen Holzschuppen errichtet, der von dem großen Speicher nur durch das Gebälk getrennt ist. Dieser Anbau wurde vor ungefähr sechs oder sieben Monaten ohne Ihre Anordnung vorgenommen. [...] Ich komme nicht umhin, Ihnen davon Mitteilung zu machen.«[41]

Croismares Unbekümmertheit war umso schockierender, als wenige Jahre zuvor ein Brand fast die Hälfte der großen Stallungen zerstört hatte. Es sah aus, als hätte der kommandierende Stallmeister die Lektion verstanden, doch als sich die Gebäudeverwaltung 1768 weigerte, seinem Gesuch nach einer Neuausstattung zu entsprechen, indem sie sich auf die Gefahr durch die falschen Kamine berief, verlangte er im Gegenzug den Abbruch von elf an die Wand der kleinen Stallungen gebauten Baracken, die den kleinen Händlern von Versailles gehörten.[42] Zwischenzeitlich hatte der Marquis de Marigny an die Kontrolleure der beiden Departements geschrieben: »Seine Majestät hat mich beauftragt, in beiden Bereichen sämtliche Arten von falschen Kaminen zu entfernen, um der Feuergefahr vorzubeugen. Da es eine große Anzahl davon gibt, muss nach und nach vorgegangen werden, um Proteste zu verhindern.«[43]

Die verrosteten Rohre störten nicht nur die Symmetrie: Sie qualmten zudem so stark, dass der Ruß die Mauern und Dekorgesimse schwärzte. Wie der Generaldirektor der Gebäudeverwaltung 1773 an den Ersten Baumeister des Königs schrieb, führten die falschen Kamine zu einer »Beschädigung, die [...] an Gebäuden wie jenen von Versailles nur schockieren kann«.[44] Im vorliegenden Fall hatte der Concierge eines Prinzen von Geblüt, des Comte de La Marche, ein Rohr eingebaut, das »aus einem Fenster führt und von dort über die ganze Höhe des Gebäudes verläuft [...] Die Schäden durch solcherart platzierte Rohre sind nur allzu bekannt.«

Diese Bedrohung war zumindest sichtbar und leicht identifizierbar, doch gab es eine noch gefährlichere: die offiziell nicht genehmigten Öfen, deren Rohre illegal an die der bereits vorhandenen Kamine angeschlossen wurden und so den Abzug des Rauches behinderten. Die Operation war simpel: Man führte einfach einen flachen Stein, etwa ein Schieferblatt, in den Abzug des Kamins ein und leitete so den Rauch in die nachträglich angefügten Rohre um. So ließ sich leicht ein weiterer Raum beheizen. Im *département des Dehors* machten zahlreiche Inhaber bescheidenerer Wohnungen Ofensetzer ausfindig, die bereit waren, das Gesetz zu übertreten, laut dem die Arbeiten in den königlichen Gebäuden ausschließlich den von ihnen autorisierten und kontrollierten Kleinunternehmern vorbehalten waren. Manche Bewohner zögerten offenbar auch nicht, diese »Heizungspiraterie« eigenhändig in Angriff zu nehmen oder sie heimlich durchführen zu lassen.

Die Inspektoren erkannten, dass das Problem in den Stallungen des Königs ein strukturelles war und auf die ursprüngliche Konstruktion zurückging. Nach dem großen Brand von 1751 wurde im Budget von 1753 unter den anstehenden Arbeiten aufgeführt, dass es unabdingbar sei, der Brandgefahr in den Stallungen zu begegnen: »Laut dem *bon du Roi* müssen nicht nur in den großen, sondern auch in den kleinen Stallungen weitere Backsteinkamine errichtet und Wände eingebaut werden, um die Speicher abzutrennen, und auf dem Dachboden müssen in Form von neuen Treppen einfache Verbindungswege geschaffen werden; die alten müssen freigehalten werden durch Abriss und Beseitigung all dessen, was den Dienst behindern kann, auch aller Unterkünfte, die anstelle der Speicher geschaffen worden oder mit ihnen verbunden sind.«[45] Leider fehlten die Gelder, und das Budget von 1756 stellte lediglich 800 Livres für die Ausbesserung von vier Kaminkonsolen bereit.[46]

Die illegalen Einbauten gingen munter weiter. In den kleinen

Stallungen lösten die durch die Abzweigungen blockierten Rohre 1761 einen großen Brand aus. Inspektor Pluyette, der am Tag nach der Katastrophe mit der Einschätzung der Situation beauftragt wurde, schrieb nach der Besichtigung der Überdachung: »In der Mansardenetage [...] auf der Seite zum großen Hof ist weiter festzuhalten, dass die Kaminrohre in den Unterkünften [...] des Inspektors der königlichen Karossen und der königlichen Kutscher neu eingebaut worden zu sein scheinen. Statt in senkrechter Richtung münden sie mit einer großen Krümmung in die ursprünglichen Rohre auf der Höhe des darüberliegenden niedrigen Speichers. Diese Rohre sind wahrscheinlich nur für die kleinen Treppen konstruiert worden, die zu den besagten Speichern führen, welche mit Holz, Reisig, Kohle und anderem Brennmaterial gefüllt sind.«

Der Bericht stellte einen ganzen Katalog von Gefahrenherden auf: illegale Herde, blockierte Schornsteine, Rohre, die zu nahe an den Brennmaterialien entlangliefen, defekte Kaminkörper usw. Die unerlaubten Einbauten schienen einen bereits auf den oberen Stockwerken des Schlosses beobachteten Fehler in schlimmerem Ausmaß zu wiederholen, nämlich dass die Kaminkörper, um die Dachlinie ästhetisch zu gestalten, schlicht zu kurz waren. In den kleinen Stallungen hatten die Basteleien der Bewohner zu einem erheblichen Brandrisiko geführt, da die Rohre durch jeden neuen illegalen Ofen oder Herd zunehmend enger wurden, so dass sich dort leicht entflammbarer Ruß ansammeln konnte, ein Risiko, das sich durch die Nähe der Speicher, in denen Hafer und Heu gelagert wurden, noch erhöhte. Der Bericht von Pluyette legte dar, dass die Rohre zudem immer schmaler wurden, was die Gefahr einer Katastrophe in den Quartieren der Holzbeamten – übereinanderliegende Kammern mit einem einzigen Rohr – beträchtlich steigerte: »Das Feuer vom 2. Januar in den kleinen Stallungen des Königs ging von der Unterkunft der Holzbeamten aus; von dem Rohr eines kleinen Kamins im Zwischengeschoss über den Schuppen [im Erdgeschoss]. Dieses Rohr mündete in dasjenige eines Kamins im Raum nebenan, das sich auf der Höhe des oberen Bodens dieses genannten Raumes befindet. Der Kamin in der Küche war wahrscheinlich bereits früher heimlich eingebaut worden. Das Rohr weist an der Stelle, wo es mit dem anderen verbunden ist, nur einen Durchmesser von neun bis zehn Zoll [27 Zentimeter] auf. Es hat sich mit Ruß angefüllt, was die Stärke des Feuers in dem eigentlichen Rohr erklärt, das lotrecht aufsteigt bis zur Dachmauer. Das Rohr, in dem das Feuer ausbrach, war an die Zwischenwand gebaut, die die Unterkunft von einem Heuspeicher trennt. [...] Die Gefahr, die jeden Tag von solchen Rohren ausgeht, die nicht gefegt werden können, ist unschwer zu erahnen.«[47]

Trotz der ernsthaften Warnung durch den Brand und den Diensteifer der Inspektoren blieb das Problem ungelöst. 1766 wurde Pluyette beauftragt, den Schaden einer Brandkatastrophe in den kleinen Stallungen zu berechnen: »Bei dem betreffenden Kamin gibt es in einem Abstand von sieben Fuß [2,25 Meter] von oben drei Herde, jenen des Kamins und zwei andere von zwei Ofenrohren, die in besagten Kamin münden.«[48] Nach diesem Bericht schrillten endlich die Alarmglocken, und 1763 wurden 2940 Livres im Budget vorgesehen, um dem Problem beizukommen.

Im Jahr darauf verlangte Pluyette zusätzlich 1200 Livres: »Sämtliche Kaminköpfe in den großen und kleinen Stallungen, von denen ein [...] Teil mit schlechten Gipsköpfen ausgestattet ist, stellen ein Brandrisiko dar.«[49] In den großen Stallungen empfahl er einen Neubau sämtlicher Kamine, und das veranschlagte Budget, das auch die Instandsetzung der Bedachung berücksichtigte, belief sich auf 247000 Livres.[50] Das Projekt zog sich jahrelang hin, beschwert durch immer neue Zusätze und Anregungen, die bis zum Umbau des von den Pagen bewohnten Flügels reichten. In der Zwischenzeit starb Pluyette, doch die Kamine, die eine immense Bedrohung für die Stallungen darstellten, blieben eine der großen Sorgen der Gebäudeverwaltung.

Pluyette, die von seinem Generaldirektor wenig geschätzte Kassandra, hatte die Aufmerksamkeit auf das Feuer in den Schornsteinen der kleinen Stallungen gelenkt, die durch Ablagerungen so verengt waren, dass sie von den Schornsteinfegern nicht gereinigt werden konnten. Aber die Gefahr lauerte überall: 1778 brach in der Küche des Großalmoseniers ein Fettfeuer aus.[51] Hier war wenigstens Wasser in Reichweite, doch weit mehr zu fürchten war das Fett der Frittiergerichte, die die Dienerinnen häufig in den Unterkünften ihrer Herren zubereiteten. Es vermischte sich mit Ruß[52] und floss manchmal sogar in die Kamine hinein.[53] Durch die Ofenrohre lief auch das, was der Inspektor der Gebäudeverwaltung Jourdain beschrieb als »dicke Flüssigkeit, die in kurzer Zeit trocken und hart wird und sich beim kleinsten Funken entzündet«.[54] Eine weitere Gefahr ging davon aus, dass viele Bewohner zu viele Scheite oder, noch schlimmer, zu viel Kleinholz gleichzeitig aufs Feuer legten. 1784 verursachte zum Beispiel die Tochter Ludwigs XV., die ungeduldige und herrische Madame Adélaïde, auf diese Weise ein Brandunglück.[55]

Feuer – eine ständige Gefahr

Neben der menschlichen Nachlässigkeit war der Zustand der Gebäude eine weitere Quelle der Besorgnis. Madame la Princesse de Talmont beklagte sich, dass »der Kamin ihres Kabinetts in Versailles zerbröckelt und nur durch Eisenbänder zusammengehalten wird«. Da sie ihn jedoch als gut genug für ihre Domestiken befand, bat sie, »diesen Kamin in die Garderobe ihrer Zofen und den dortigen in ihr Kabinett zu bringen«.[56] Manchmal waren auch die Rohre rissig, dann drang der Rauch nach Entzünden des Feuers durch die Fugen der Täfelung, und es stank im ganzen Zimmer. So informierte die Prinzessin von Montauban die Gebäudeverwaltung, dass »aus den Spalten in der Täfelung jedes Mal, wenn Mme de Duras in ihrem Kabinett Feuer macht, ein entsetzlicher Rauch dringt«.[57] Im Grand Commun war die Situation noch alarmierender, und der wachsame Jourdain schrieb: »Es dringt Rauch durch die Wände, wie ich es an verschiedenen Orten in diesem Teil der Gebäude feststellen konnte, insbesondere in der Unterkunft der

Herren Stallmeister, wo ich Rohre von den Kaminen hinter der ehemaligen Tischlerei vorfand, die sämtlich beschädigt und rissig sind und eine sehr große Feuergefahr darstellen. Dies veranlasst mich zu der Vermutung, dass sich die Rohre überall im Grand Commun, wo seit seiner Entstehung nur wenige Bauarbeiten durchgeführt wurden, [...] in sehr schlechtem Zustand befinden und Anlass geben zu größter und begründeter Sorge in Bezug auf Feuerunfälle.«[58]

Die Inspektoren hatten tatsächlich ernsthaften Grund zur Besorgnis. 1698 hatte ein Brand die englische Königsresidenz von Whitehall vollständig zerstört, und auch wenn Saint-Simon wenig bedauerte, was in seinen Augen »der hässlichste Palast Europas«[59] war, stand die Katastrophe allen deutlich vor Augen. Jedes der bislang erwähnten Feuer hätte mit Leichtigkeit dieselben Ausmaße annehmen können. Die meisten von ihnen konnten zwar ohne schlimme Folgen gelöscht werden, doch manche hinterließen für Jahre ihre rußschwarzen Spuren am Schloss.

1707 brach in der langen Suite von drei Appartements im Attikageschoss des Nordflügels – auch »Rue de Noailles« genannt – ein Feuer aus, das sich rasch im Dachstuhl ausbreitete. Der Maréchal de Noailles konnte zwar seine Möbel retten, doch nicht weniger als 4000 Männer, Soldaten verschiedener Garden bis hin zu Rekollekten-Mönchen – einem Reformzweig der Franziskaner, denen Ludwig XIV. hinter dem Grand Commun ein Stück Land zur Verfügung gestellt hatte –, mussten mit Eimern eine Kette bilden, um die Flammen zu löschen. Den Beobachtern zufolge hätte der Brand beim geringsten Wind auf die nahe Kapelle und von dort auf den Zentralbau des Schlosses übergreifen können. Die anschließenden Instandsetzungen beliefen sich auf eine Summe von über 5600 Livres.[60]

Die Ursachen dieses Brandes konnten nicht aufgedeckt werden, bekannt ist hingegen, warum vierzig Jahre später das andere Ende des Nordflügels beinahe in Flammen aufgegangen wäre. Die Familie Charost hatte vor dem Bau der Oper im ersten Stock ein großes Doppelappartement. Der Schweizergardist, der den Eingang bewachte, war eingenickt, und seine

Fackel löste ein Feuer aus, das rasch auf die darüberliegenden Etagen übergriff. Die Bewohner konnten sich nur durch Flucht retten. M. de Luxembourg warf seine Möbel aus dem Fenster, und der Duc de Croÿ hatte gerade noch Zeit, sich die rettende Treppe hinunterzustürzen. Einmal mehr mussten die Soldaten als Feuerwehrmänner einspringen. Mit Hilfe der Feuerlöschpumpen konnte die Ausbreitung des Brandes auf die Galerie und die zum Garten hinausgehenden Fürstenappartements verhindert werden. Dank der relativ isolierten Lage des Appartements und seiner dicken Mauern konnte der Flügel gerettet werden, doch Croÿ machte darauf aufmerksam, dass er bei lebendigem Leib hätte verbrennen können, wenn das Feuer nachts ausgebrochen oder Wind aufgekommen wäre. Tatsächlich war er gerade dabei, sich nach der Jagd umzuziehen, und ergriff nur halbbekleidet die Flucht, zur gleichen Zeit wie seine Nachbarin Mme de La Motte-Houdancourt. Ihre gemeinsame Angst versöhnte die beiden, deren Zerwürfnis zu einem Abbruch der Verhandlungen um die Hand der Tochter der Dame geführt hatte.[61]

Noch spektakulärer war der Brand der großen Stallungen im Jahr 1751. Der Hof feierte die Geburt des Duc de Bourgogne, des ersten Sohnes des Dauphins, und wie es üblich war, entfachten die Untergebenen im Anschluss an die Feuerwerke ein paar Freudenfeuer. Durch die Fenster ihrer Wohnung im Prinzenflügel sahen der Duc de Luynes und die Duchesse, die Oberhofmeisterin der Königin, plötzlich Flammen, die sich über den großen Stallungen erhoben. Erst nahmen sie an, dass die Stallburschen die Ankunft des königlichen Erben feierten, doch bald begriffen sie, dass die Ecuries in Flammen standen. Man nahm an, dass ein Feuerwerkskörper in die Kornspeicher der Avenue de Saint-Cloud gefallen war, bald stellte sich aber heraus, dass eine noch glimmende Fackel ein Lager von leicht brennbaren Materialien entzündet hatte. Die ganze Nordseite des Gebäudes brannte nieder oder wurde ernsthaft beschädigt, die Katastrophe konnte erst am nächsten Tag eingedämmt werden. Mitglieder der französischen und der Schweizergarde sowie Bürger bekämpften den Brand, ein Soldat kam dabei ums

Leben, und ein Dutzend seiner Kameraden wurde verletzt. Für den Wiederaufbau stellte man einen ersten Kredit von 100 000 Livres zur Verfügung, doch der Duc de Luynes schätzte die Gesamtkosten auf das Dreifache. Wir kennen die endgültige Summe nicht, aber die für die Instandsetzung der Dächer verwendeten 289 645 Pfund Blei geben eine ungefähre Vorstellung vom Ausmaß der Schäden.[62]

Die Feuerwehr von Versailles

Bis zum Ende des 18. Jahrhunderts verfügten weder das Schloss noch die Stadt über spezielle Einsatzkräfte oder eine Ausrüstung zur Feuerbekämpfung: Die Freiwilligen, die herbeigerannt kamen, beschränkten sich meistens darauf, Eimer von Hand zu Hand weiterzureichen. Erst 1747 wurden beim Feuer im Appartement der Familie Charost die ersten Feuerlöschpumpen eingesetzt. Gottfried Pfarr, *directeur des pompes* der Stadt Straßburg, hatte an die Gebäudeverwaltung, die damals vom Duc d'Antin geleitet wurde, acht noch relativ primitive Vorrichtungen verkauft, bestehend aus einem tragbaren Wasserbehälter, Schläuchen sowie einer Pumpe, die nur eine begrenzte Menge Wasser auf den Flammenherd warf. Ein Teil der »Eimerbrigade« war offenbar permanent damit beschäftigt, den Wasserbehälter zu füllen. Durch die daran befestigten Schläuche konnte der Wasserstrahl nach Bedarf in verschiedene Richtungen gelenkt werden.

Später lieferte d'Antin eine größere Feuerlöschpumpe mit einem Vorratsbehälter von 1,62 Metern Länge und 86 Zentimetern Breite und Höhe sowie Schläuche von ungefähr 20 Zentimetern Durchmesser. Man benötigte mindestens 24 Männer, um diese Maschine von der Stelle bewegen und bedienen zu können. Die Rechnung hierfür über 3200 Livres blieb bis zum Tod des Duc d'Antin im Jahr 1736 unbezahlt, und die Pumpe wurde schließlich im Laden eines Stellmachermeisters in Paris deponiert. Gabriel, der Erste Baumeister, gab dazu folgendes

Urteil ab: »Diese Pumpe ist recht gut beschaffen und würde eine große Menge Wasser mit großem Druck liefern, doch sie wäre bei einem Einsatz nur schwer zu transportieren, zu bewegen und umzustellen.« Der Preis wurde auf 2600 Livres gesenkt in der Hoffnung, dass sie von einer Privatperson gekauft würde, aber es ist nicht belegt, ob dieses eigenartige Gerät je nach Versailles gelangt ist.[63]

Da es jedoch mehr als offensichtlich war, dass man spezielles Material und Personal zur Brandbekämpfung benötigte, schlug Le Normant de Tournehem, Nachfolger des Duc d'Antin, 1745 vor, den Feuerwehrmännern eine Unterkunft und weitere Räumlichkeiten zur Verfügung zu stellen. Der Inspektor Mollet antwortete ihm, »für das Ganze die königliche Anweisung erhalten zu haben, doch die Schwierigkeiten und Ausflüchte, mit denen man ihm begegnet ist, als er diese ausführen wollte, haben es verhindert«.

Nach der Brandkatastrophe in den großen Stallungen erneuerte Gabriel sein Gesuch um einen wirksamen Schutz, und so wurden aus dem Budget zum Wiederaufbau 8000 Livres für den Kauf von »Ledereimern und [...] eine Anzahl geeignetes Werkzeug zur Brandbekämpfung« verwendet. Im Budget von 1752 wurden 5600 Livres bestimmt für »sechs Feuerlöschpumpen mit all ihrem Zubehör wie Lederschläuche mit Kupfergewinden und dieselbe Menge Ersatzschläuche (4000 Livres); mindestens sechs Dutzend Ledereimer (600 Livres); Werkzeuge und Utensilien aller Art wie Leitern, Feuerhaken, Hämmer, Brechhämmer, Äxte von diverser Art und Länge, Dietriche, Seilketten; Bassins, Eisen- und Holzschaufeln, das Ganze mit einer Lilienblüte und der Inschrift ›Königliche Bauten‹ gekennzeichnet, ungefähr 1000 Livres.«[64]

Ende der 1760er Jahre, als der König den Bau der Oper plante, wurde die Einrichtung einer Feuerwehr unausweichlich. 1762 bewilligte der Generaldirektor der Königlichen Bauten endlich den Kauf mehrerer Pumpen zu je 1200 Livres.[65] Im folgenden Jahr brannte die Pariser Oper in weniger als zwei Stunden bis auf die Grundmauern nieder. Glücklicherweise war das Feuer in den Morgenstunden ausgebrochen, als das

Gebäude fast leer war, so dass es nur ein einziges Opfer gab. Das Palais-Royal ganz in der Nähe ging knapp an der Katastrophe vorbei, und man musste unweigerlich an Versailles denken, wo die Oper am Ende des Nordflügels gebaut werden sollte, in dem sich das Appartement des Duc de Charost befand. Trotzdem wurde kein permanent zur Verfügung stehendes Feuerwehrkorps geschaffen, man entschied jedoch, dass die königlichen Garden während der Aufführungen anwesend sein sollten. Als das neue Projekt verwirklicht wurde, war am Ende des Flügels zwischen den Grundmauern des Theaters und den Wassertanks für die »Feuerwehr« ein Raum in einem engen Durchgang vorgesehen, durch den die Brunnenmeister Zugang zu den Gärten hatten.[66]

1768 kaufte die Gebäudeverwaltung zwei Feuerlöschpumpen, eine für die großen und die andere für die kleinen Stallungen, und deponierte sie in einem verschlossenen Lager unter der gemeinsamen Aufsicht des Kontrolleurs der Gebäude des *département des Dehors* von Versailles, des obersten Brunnenmeisters und der Kommandanten beider Stallungen.[67] Die Lederschläuche wurden im Magazin der Königlichen Bauten aufbewahrt, und ein Inspektor erhielt zu ihrem Unterhalt 400 Livres, von denen bis zu seinem Tod nur 200 verwendet worden waren. Als der Kontrolleur des Schlossdepartements den schlechten Zustand dieses Materials feststellte, schlug er vor, dass sich in Zukunft ein Schuhmacher namens Desmoulins gegen ein Entgelt von 300 Livres um die Lederschläuche kümmern sollte. Diese Lösung wurde akzeptiert, und beim Tod René Desmoulins' im Jahr 1779 folgte auf ihn sein Sohn Pierre.[68]

Die Ausrüstung zur Brandbekämpfung bestand schließlich aus zehn Feuerlöschpumpen, von denen acht im Magazin und zwei neben den Wassertanks zu beiden Seiten des Kapellendachs installiert waren. Im Jahr 1776 waren sie schadhaft, und die Schläuche passten nicht immer richtig zu den Anschlüssen, was die Bedienung im kritischen Moment zu verzögern drohte.[69] Da man natürlich nicht allein von dieser Ausrüstung abhängig sein wollte, blieb der Einsatz von Eimern an der Tagesordnung: Fünfzig Eimer wurden bei der französischen

Garde unter der linken Rampe des Hofs vor dem Schloss stationiert, weitere fünfzig bei der Schweizergarde unter der rechten.[70]

In der Zwischenzeit hatte sich der Gouverneur auch um Feuerlöschpumpen zur Brandbekämpfung in der Stadt bemüht. 1760 bat er erfolglos um vier Stück; 1763 wiederholte er sein Gesuch,[71] doch der Direktor der Königlichen Bauten verwies darauf, dass der Feuerschutz in der Stadt nicht in sein Ressort gehöre.[72] »Es stimmt zwar, dass man auf die Ressourcen des Schlosses [zur Brandbekämpfung] zurückgreifen könnte«, antwortet Noailles, »doch es stimmt auch, dass diese unzureichend sein könnten, da sie im Schloss häufig in hohem Maße benötigt werden. Darüber hinaus hat der König dasselbe Interesse daran wie jeder Einwohner.« Er fügte hinzu, dass er selbst dafür sorgen würde, dass die Kosten für die übrige Ausrüstung von der Domäne übernommen würden, sollte die Gebäudeverwaltung damit einverstanden sein, die städtischen Pumpen zu bezahlen.[73]

Die Zankereien zwischen den Verwaltungen der Königlichen Bauten und der Königlichen Domäne waren Tradition, doch diesmal schien Marigny das Motiv des Streits belanglos zu sein. Er ließ durch seinen Sekretär in Erinnerung rufen, dass eine Pumpe 250 Livres koste und im Jahr 1755 sechs zu diesem Preis für das Schloss erworben worden seien.[74] Das Problem wurde erst im Jahr 1765 gelöst, als der Gouverneur sein Anliegen erneut zum Ausdruck brachte. Diesmal fühlte sich Marigny zum Handeln verpflichtet: »Mein Bestreben, sowohl für die Sicherheit dieser Stadt zu sorgen als auch Ihnen gefällig zu sein«, antwortete er dem Gouverneur, »siegt über die Rücksichten auf den Zustand, in dem sich die Kasse der Königlichen Bauten befindet.«

Einen Monat später gab er dem *Bailli*, dem Stadtvogt, Bescheid, dass die Pumpen in Versailles angekommen waren und im Gebäude hinter dem neuen Brunnen im Hirschparkviertel unter der ständigen Aufsicht der Garden der Königlichen Bauten aufbewahrt würden.[75]

Als 1780 in Paris eine Feuerbrigade geschaffen wurde, schlug der oberste Brunnenmeister, der im Dienst der Königlichen Bauten von Versailles stand, vor, ein Korps von Feuerwehrleuten und Brunnenmeistern für das Schloss und die Stadt zu rekrutieren: »Es genügt nicht [...], Feuerlöschpumpen zu haben, man muss auch eine ausreichende Menge Männer zur Verfügung stellen, die über die Handhabung der genannten Pumpen unterrichtet sind, und ein Korps ausbilden, das unter ständiger Disziplin steht und Tag und Nacht einsatzbereit ist.« Die Einrichtung einer solchen Spezialeinheit hätte den Vorteil, dass zwischen den sporadischen Einsätzen Leitungen und Schläuche unterhalten und repariert werden könnten, womit vermieden würde, »müßige Leute bezahlen zu müssen, die einzig damit beschäftigt sind, ihre Wache zu bewachen«. Der Adressat dieses Anliegens, drei Einheiten zu je 25 Mann zur Feuerbekämpfung abzuordnen, stellte sich taub.[76] Der oberste Brunnenmeister musste sich mit neuen Lederschläuchen zufriedengeben, um jene zu ersetzen, die durch die Bekämpfung von drei Bränden und bei anderen Anlässen beschädigt worden waren: nämlich die Reservoirs auf den Dächern des Schlosses aufzufüllen und die Stoffvorhänge vor den Fenstern der Königsfamilie zu befeuchten, um diese im Sommer etwas zu erfrischen.[77]

1782 hatte Versailles noch immer kein professionelles Feuerwehrkorps und musste bei wichtigen Ereignissen die Brigade von Paris zu Hilfe rufen. Im Januar kamen zwölf Männer und ihr Chef zur Überwachung eines Balls, der von der Leibgarde ausgerichtet wurde. Im Mai wurden die Feuerwehrmänner für zwei Opernaufführungen und im Juni erneut für einen Ball angefordert. Jede Truppenverschiebung von Paris nach Versailles dauerte zwei Tage und war mit 392 Livres für die Gehälter zu veranschlagen, plus 36 Livres »für die Beförderung zweier Brandpumpen nach Versailles und deren Rückführung nach Paris«.[78]

Im Jahr 1782 wurde in Versailles dann endlich offiziell ein Dienst zur Brandbekämpfung eingerichtet und zu diesem Zweck ein Kommando aus Paris permanent in die Stadt beordert. Eine Summe von 30 000 Livres wurde für den Kauf seiner

Ausrüstung bewilligt und weitere 10 000 Livres wurden jährlich im Budget für die Bezahlung des Personals festgeschrieben. Die in Versailles stationierte Mannschaft stand unter der Leitung von Morat, Hauptmann des Pariser Korps, der für dieses zusätzliche Amt ein Brevet erhielt.[79]

5. Beleuchtung

Viel Licht und viel Schatten

Der französische Ausdruck *siècle des lumières* für die Epoche der Aufklärung steht nur für die geistige Erleuchtung. Die Philosophen, ihre Anhänger und Kontrahenten, die Adeligen und erst recht die einfachen Leute lebten die meiste Zeit über im Halbdunkel. In der Stadt nahmen die hohen Häuser entlang der engen Straßen den unteren Stockwerken das Licht, und auf dem Land bedeutete eine mondlose Nacht absolute Dunkelheit. Öffentliche Beleuchtung war selten und wenig effektiv, beschränkte sie sich doch auf Kerzen und Fackeln, im besten Fall gab es noch Öllampen, die jedoch relativ kostspielig waren und daher sparsam eingesetzt wurden.

Abgesehen von der prunkvollen Beleuchtung bei Festen und Bällen hatten es auch die königliche Familie und der Hof nicht besser als der Krämer in seinem Laden, mit dem Unterschied, dass der König seinen Beamten genau berechnete Kontingente von Beleuchtungsmitteln zugestand. Die *Fruiterie* belieferte die Maison-Bouche des Königs – wie der Name schon erkennen lässt – mit Obst, hatte jedoch auch noch andere Aufgaben: Sie kümmerte sich zum Beispiel ebenso um die Palmzweige für die Messe am Palmsonntag wie um die Beleuchtungsmittel. Analoge Einrichtungen versorgten die Häuser der Königin, der Dauphine und der Kinder von Frankreich sowie die wichtigsten Beamten des Hofes.

Die Fruiterie bestand aus einem Korps von Inhabern käuflicher Ämter, einem ordentlichen Vorsteher, der das ganze Jahr über im Dienst stand, zwölf weiteren Vorstehern und zwölf Gehilfen, die quartalsweise angestellt waren, zwei Dienern, die jeweils sechs Monate Dienst taten, sowie zahlreichen Burschen, die von den Beamten bezahlt wurden. Die Vorsteher und Gehilfen gaben bestimmte Mengen an Beleuchtungsmitteln zu einem durch das jährliche Budget, dem sogenannten *État* oder *Menu général*, festgelegten Preis ab. Da der Marktpreis jedoch im 18. Jahrhundert durch die Inflation permanent in die Höhe getrieben wurde, verkauften die Wachslieferanten gezwungenermaßen mit Verlust und erhielten zur Kompensation diverse Vergünstigungen und Entschädigungen.

Nicht ohne Zynismus rechtfertigte eine Studie aus den 1770er Jahren dieses unsinnige System:»Die Preise haben sich seit 1715 nicht geändert; sie sind heute noch die gleichen wie damals. Zum Wohl dieses Dienstes und im Interesse des Königs dürfen diese Preise nicht geändert werden, auch wenn es unvermeidlich ist, den Lieferanten Entschädigungen zu gewähren, welche die Erhöhung der Preise sämtlicher Waren ausgleichen. Würde man diese Preise auf Sätze anheben, bei denen die Beamten aus der Verlegenheit kämen, hätten sie nichts zu befürchten und nichts zu hoffen. Sie könnten nachlässig werden und schlechte Arbeit leisten, statt dass die Hoffnung auf eine vorteilhafte Behandlung sie zu guter Arbeit anspornt.«[1]

Im Gegenzug konnten die Beamten der Fruiterie besondere Artikel, die nicht auf der Liste des Budgets standen, mit großem Gewinn weiterverkaufen, den sie offenbar untereinander aufteilten, wobei die Vorsteher etwas mehr erhielten als die Gehilfen. Es existierte also neben diesem mehr oder weniger fiktiven Budget noch ein zweites, da der alte und unveränderliche Etat, der seit Beginn der Herrschaft Ludwigs XV. existierte, ständig wachsende außerordentliche Ausgaben verzeichnete.

Es gab zwei Sorten von Kerzen: die »weißen«, die der Tafel und den Innenräumen vorbehalten waren, und die »gelben«, die aus Wachs minderer Qualität bestanden. Die gelben verströmten zwar nicht den Geruch und den Ruß von Kerzen aus Rinder- oder Schaftalg, verbrannten aber schneller als die weißen und tropften schnell. Im Jahr 1705 kostete das Pfund Wachskerzen 22 Sols.[2] In den 1770er Jahren betrug das Budget für das von der Fruiterie gelieferte Wachs im Sommer 94 Livres 9 Sols pro

Tag und im Winter 97 Livres 9 Sols. In diesen Summen waren die weißen Kerzen enthalten, die für die Tafel des Königs und die wichtigsten Räume der königlichen Appartements bestimmt waren, sowie jene für die beiden Tafeln der hohen Beamten und vornehmen Gäste, die nur 1,5 Livres pro Tag kosteten. Auf den fünf *tables secondaires* wie der der Kammerdiener oder der des Almoseniers verwendete man gelbes Wachs. Die Kerze war auch das Beleuchtungsmittel von Offices und Küchen des königlichen Haushalts sowie der Wachhäuser der *gardes du corps*, der französischen und der Schweizergarde.

Die Deckelung einzelner Posten im Budget galt für sämtliche Versorgungsgüter des königlichen Haushalts: für Desserts, die der Chef der Königlichen Patisserie zubereitete, für Gemüse und Beilagen aus den Küchen und sogar für den Essig oder die vom Hofküchengärtner gelieferten Zwiebeln. Die Kerzen der Fruiterie stellten für die zahlreichen Diener der Königsfamilie letztlich eine Art Währung dar. Sie waren fester Bestandteil der königlichen Großzügigkeit. So erhielten zum Beispiel die Almoseniers sowie die Kaplane und die Geistlichen der Königskapelle für den Heiligen Abend 4 Pfund Kerzen. Die Oberaufseher des königlichen Haushalts bekamen 8 Pfund, während ihrem Vorgesetzten, dem Generalkontrolleur, drei große Kerzen zustanden, deren Gewicht wir nicht kennen.[3] Dieses Wachs war nicht zum Gebrauch bestimmt, es handelte sich dabei eher um ein Ritual anlässlich verschiedener Feierlichkeiten. Oft erhielt man wahrscheinlich einfach den entsprechenden Geldwert.

Die Beamten der Chambre du Roi, die Kammerdiener, Türsteher und Burschen sowie ihre Kollegen aus dem Haushalt der Königin erhielten weder Wachs noch Geld, hatten aber stattdessen das Recht, den Wert von nicht oder kaum verwendeten Kerzen, die sie an die Fruiterie zurückgaben, für sich zu verbuchen. Dieses zusätzliche Einkommen war ursprünglich ein Ausdruck der königlichen Gunst, entwickelte sich laut einem Bericht der Kommissionäre für die 1770er Jahre jedoch mit der Zeit zu einem hart verteidigten Privileg.

Der genaue Umfang der Einkünfte, die das königliche Personal in Form von Wachs bezog, stellte sich erst gegen Ende der

1780er Jahre heraus, als die Finanzkrise eine Systemreform erforderte. Die sechs *garçons de la chambre du Roi* schätzten die Kompensation für »die Stummel der Kerzen, die im Schlafzimmer des Königs sowohl in Versailles wie in Fontainebleau und in Compiègne brannten, die sie an sich nehmen durften«, laut einer Bittschrift für jeden von ihnen auf 1000 Livres jährlich. Sie beteuerten, »dass sie in der Lage sind, durch das Register zu rechtfertigen, dass der Ertrag dieser Kerzen jährlich der Summe entsprach, die sie verlangen«.

Im selben Dokument forderten die Türsteher der Chambre du Roi eine Entschädigung für die zwei Pfund Kerzen, die ihnen im Budget der Fruiterie bewilligt worden waren. Sie versicherten, dass man ihnen vier Kerzen von Madame Elisabeths Tafel schulde, insgesamt 3240 Livres. Ihre Kollegen, die Türsteher des königlichen Antichambre, stellten ihrerseits einen minutiös errechneten Bestand von Kerzenstummeln auf, die ihnen ihrer Meinung nach zustünden: »12 für die Dillen des Kronleuchters im Antichambre zu Versailles für acht Monate des Jahres und 12 ½ für die zwei Wintermonate; 16 Kerzen für den Kronleuchter des Antichambre in Compiègne; 36 ¾ für die vier Kronleuchter im Antichambre von Fontainebleau« und so weiter für Trianon, Marly, La Muette und selbst für Brunoy, die Landresidenz des Comte de Provence. Jede Wachs- oder Talgkerze wurde bis zum letzten Wachstropfen aufgelistet. Die ehemaligen Türsteher des Antichambre verlangten beide 1400 bis 1500 Livres, und der dritte bekam nur 1100 mit der Begründung, dass sein Amt erst zu einem späteren Zeitpunkt eingerichtet worden sei.[4]

Waren sie sich auch einig, wenn es darum ging, Ansprüche zu stellen, so herrschte unter den Beamten des königlichen Schlafgemachs doch nicht immer beste Harmonie. 1736 wurde, während der König in Compiègne weilte, im Appartement der Königin ein Konzert gegeben. Der Oberkämmerer des Königs ordnete seinen Türstehern an, sich bei den Türen zum Salon aufzuhalten, und diese verlangten für diesen Dienst die unbenutzten Kerzen. Die *garçons de la chambre du Roi* lehnten diese Forderung ab, und so wurden die Wachsreste unter Verschluss gehalten, bis der Hof nach Versailles zurückkehrte. Am Ende setzten sich die Garçons durch, aber erst nach einem Schiedsspruch des Königs höchstpersönlich.[5]

Solange sie konnte, verschob Marie-Antoinette die Ausgabenreform ihrer Chambre auf bessere Tage. Ihre persönlichen Diener erwiesen sich als noch fordernder als die des Königs. Das Beleuchtungsbudget ihres Appartements belief sich im Winter auf 200 und im Sommer auf 150 Livres pro Tag. Die Ausgaben umfassten mehr als 200 000 Livres jährlich, von denen ein großer Teil in Form von »Nebengewinnen« für die gebrauchten Kerzen den beiden Ersten Kammerdamen der Königin zugutekam. Durch die Reformen sollten die Gesamtkosten um die Hälfte reduziert werden, doch die Damen waren nicht willens, kampflos aufzugeben, und argumentierten, dass ihre Bezüge sich schon immer um die 28 000 Livres jährlich bewegt hätten und sie von dieser Summe die einfachen Kammerdamen, die Burschen und Türsteher des Antichambre bezahlen müssten.

Alle diese Beamten machten ihre eigenen Ansprüche geltend. So behaupteten die Türsteher des Antichambre, der inneren Gemächer und des Kabinetts, ein Anrecht auf die Kerzen zu haben, wenn die Königin in dem Saal speiste, dessen Tür sie bewachten.[6] Nach zähen Verhandlungen einigten sich die *premières femmes* und der Minister auf 26 000 Livres, was für die Bittstellerinnen ein gutes Geschäft bedeutete, denn die Burschen und Türsteher erhielten nun Pensionen in der Höhe der Summe, die sie ihnen bereits zuvor bezahlt hatten. Alles in allem konnten durch die Reform nicht mehr als 30 000 Livres eingespart werden, das heißt ein Drittel dessen, was sich der Minister erhofft hatte.[7]

Während das Beleuchtungsbudget für die Appartements durch die Fruiterie bewusst auf einem möglichst niedrigen Niveau gehalten wurde, waren Bälle und Lustspiele, die dem Königlichen Oberkämmerer unterstanden, äußerst prachtvoll illuminiert. Die Fruiterie lieferte die Kerzen, und der Schatzmeister der *argenterie et menus plaisirs*, die für die Hofvergnügungen zuständig waren, beglich die Rechnung. Kaum waren die Lichter erloschen, begann der unerbittliche Kampf um die Kerzenstummel. Die Beamten des *Garde-meuble* versammelten nach der letzten Szene die Wachsreste in der *Salle de Comédie* und teilten sie in fünf Teile. Vier gingen an die Kompanien der Militärwachen, die an den Eingängen zum Theater aufgestellt waren. Brigadiere, Wachtmeister und Soldaten überließen den fünften Teil den *garçons du garde-meuble* für ihre Arbeit und teilten dann ihren Gewinn untereinander auf.[8]

Im Jahr 1739 benötigte man für einen großen Ball nicht weniger als 24 000 Kerzen.[9] Die mehrarmigen Deckenlüster oder Kandelaber waren mit geschliffenem Kristall aus Böhmen verziert. Sie fanden in Versailles erst Mitte des 18. Jahrhunderts in großer Zahl Verwendung. Bis zur Verlobung der Tochter Ludwigs XV. mit dem Infanten von Spanien im Jahr 1739 wurden die meisten Lüster für bestimmte Anlässe gemietet. Zur Feier der ersten Heirat eines Mitglieds der neuen Generation jedoch gaben die *menus plaisir*s 400 000 Livres für den Ankauf von Leuchtern frei, die mit Bändern geschmückt wurden. Drei Reihen von acht solchen Lüstern illuminierten die Galerie zu Ehren von Madame l'Infante. Die dekorativen Kandelaber blieben anschließend dort stehen und wurden je nach Anlass von verschiedenen Dienststellen mit Kerzen bestückt. Handelte es sich nicht um ein Fest, sondern nur um eine der wöchentlichen Vergnügungen, die sogenannten Appartements, stellte die Domäne die Beleuchtung zur Verfügung. Als der Dauphin zum zweiten Mal heiratete, lieferte die Domäne die Kerzen für das »Appartement« vor dem Souper, dann wurden die Stummel entfernt, damit die *menus plaisirs* neue Kerzen für den Ball aufstecken konnten.[10]

Im Jahr 1708 wurde der Einsatz der großen Kerzenpyramiden zur Illumination der Bälle aufgegeben, »weil die vielen Lichter die Gemälde der Galerie mit Rauch umhüllten und zu beschädigen drohten«.[11] 1751, als die Geburt des ersten Sohnes des Dauphins gefeiert wurde, stellte der Marquis d'Argenson fest: »Alles ist für die Feierlichkeiten vorbereitet; die Galerie von Versailles wurde mit Schmuck geradezu überfüllt; es

wurden so viele Leuchter und Girlanden angebracht, dass ein
Teil davon wieder entfernt werden muss. Es sind 8000 Kerzen
vorgesehen; das wird den schönen Gemälden von Lebrun den
restlichen Anstrich geben.« Diese Beleuchtung war übrigens
nicht von Erfolg gekrönt: »Das Licht kam aus zu großer Höhe,
so dass die Frauen viel älter schienen, denn die zu hoch angebrachten Lüster machten ihnen Schatten unter die Augen.«[12]

Der Kerzenhandel des Kardinals

Der *falôtier*, der Laternenanzünder des königlichen Haushalts,
war mit der Beleuchtung der Korridore und öffentlichen
Räume, Küchen und Offices beauftragt. Zwei Beamte mit käuf-
lichen Ämtern, von Garçons assistiert, versorgten ihn mit dicken Talgkerzen für die sechs großen Laternen des Grand Commun. Diese Funzeln spendeten nur ein kümmerliches Licht, und
die Korridore und Galerien blieben im Halbschatten. Saint-
Simon beklagte sich über die Gefahren, die der Geiz des Kardinals Fleury in diesem Bereich verursachte: »Im Collège und
im Seminar führt er eine vorzügliche Wirtschaft, doch, man ver-
zeihe mir dieses niedere Wort, bei den Kerzenstummeln treibt
er es mit der Wirtschaftlichkeit etwas zu weit, da er diese bis
zum Überfluss praktiziert, so dass der König seiner Kabinette
überdrüssig wird und sich ein unglücklicher Diener auf einer
Stufe im Grand Commun den Hals gebrochen hat.«[13]
Der Kardinal hätte sich gut mit dem Bruder von Madame de
Maintenon verstanden, der, wie es hieß, nur ein Pfund Kerzen
pro Tag verbrauchte – ein Licht im Antichambre, eins in den
Stallungen und eins in der Küche.[14] Solche Knauserigkeiten
aber waren die Regel, und die meisten Höflinge hatten Fackeln
dabei, wenn sie nachts unterwegs waren. Wie bei allen Dingen
am Hof war auch das hierarchisch geregelt. Die einfachen Höflinge hatten das Recht auf einen Pagen, der ihnen die Fackel
trug, die Herzöge durften zwei haben, die Söhne und Töchter
Frankreichs und die Prinzen von Geblüt vier.[15]

Als Bastard des Königs durfte sich auch der Duc de Vendôme zu letzterer Kategorie zählen. Trotzdem begegnete ihm Saint-Simon in der Galerie des Nordflügels »ohne Fackel noch Diener […]. Ich sah ihn lediglich im Schein der meinen.«[16] Eifersüchtig auf seine herzoglichen Vorrechte bedacht, kehrte Saint-Simon mit den beiden Fackeln, die ihm zustanden, in sein nahe gelegenes Appartement zurück. Im Grunde lässt sich Vendômes Vorliebe für die Dunkelheit erklären: Er befand sich in »Halbungnade« und wurde bei seinen nächtlichen Abenteuern von dem zweifelhaften Alberoni begleitet.

Diese Spaziergänge konnten aber selbst für tugendhafte Höflinge gefährlich sein. 1708 fiel der Duc de Lorge, der das Appartement des Duc de La Rochefoucauld ohne Fackel verließ, die Treppe hinunter und verletzte sich am Fuß.[17] Auch der Marquis d'Heudicourt, der einmal des Nachts auf die öffentliche Toilette ging, stürzte auf der dunklen Treppe und zog sich eine so ernsthafte Verletzung am Kopf zu, dass er daran starb. Nur wenige betrauerten ihn, und der Duc de Luynes, der davon berichtete, beeilte sich hinzuzufügen, dass das Opfer auch gern zur Flasche gegriffen hatte.[18]

Nach dem Tod des Kardinals Fleury wünschte man sich eine etwas weniger spärliche Beleuchtung, und 1743 schrieb Noailles dazu: »Da der König sich über die nach Versailles gelieferten Kerzen beklagt hat, schlägt man vor, sie durch Händler zu beziehen, die sowohl weißes wie gelbes Wachs in Form von Wachsstöcken zum selben Preis liefern wie die Kerzen.« Ein gewisser Sieur Le Comte, der der Domäne mehr als dreißig Jahre als Wachszieher diente, schmolz diese Wachsstöcke ein und goss sie zu Kerzen um. Dafür erhielt er ein Gehalt von 4000 Livres jährlich. Um dem König diese Ausgaben einzusparen, schlug der Gouverneur vor, den Wachszieher zu entlassen, ihm eine Pension auszusetzen und sich zukünftig an einen Lieferanten zu wenden, der fertige Kerzen zum Preis der Wachsstöcke anbot.

1747 unterzeichnete der Comte de Noailles einen Vertrag mit einer dreijährigen Laufzeit über vierzig neue Laternen, die für das Schloss bestimmt waren. Der Vertragspartner verpflichtete sich, sie bei Nachteinbruch anzuzünden und um vier Uhr morgens zu löschen sowie sie gegen ein Entgelt von 3 Sols pro Tag und Laterne, das heißt 2200 Livres pro Jahr, zu unterhalten und bei Bedarf zu ersetzen. Vorsichtshalber fügte Noailles hinzu: »Wir behalten die alten für den Fall, dass man mit dieser neuen Erfindung nicht zufrieden sein sollte.«[19]

Neben der Beleuchtung der öffentlichen Plätze und Staatsappartements versorgte die Domäne auch ihre eigenen Beamten, die städtischen Institutionen, die Gemeindekirchen und selbst die Ministranten der königlichen Kapelle mit Kerzen. Die Aufstellung der 130 Begünstigten verzeichnet im Jahr 1747 eine abgegebene Menge von 3836 Pfund Kerzenwachs und 21 805 Pfund Kerzen.[20] Das wichtigste Zuordnungskriterium war auch hierbei der jeweilige Rang. Der Comte de Noailles, der an der Spitze dieser Pyramide stand, erhielt 2000 Pfund Wachs- und 3000 Pfund Talgkerzen, während die Schweizergardisten an den Gittertoren zum Park nur 12 Pfund bekamen. Als Preise schlug man 50 Sols das Pfund für die weißen Kerzen, etwas weniger für die gelben und 10 Sols für die Talgkerzen vor. Die Herren Trudon und Söhne erhielten einen Vertrag über weißes und gelbes Wachs zu 50 Sols das Pfund, verlangten aber im folgenden Jahr eine Erhöhung um 4 Sols. Mit einem gewissen Roblaste wurden für die Talgkerzen 10 Sols pro Pfund vereinbart, aber auch er forderte nach Ablauf des ersten Jahres eine Erhöhung um 1,5 Sols.[21] Auf dieser Grundlage lässt sich berechnen, dass die durchschnittlichen Ausgaben ungefähr 9590 Livres für die Wachskerzen (weiß und gelb) und 10 900 Livres für die Talgkerzen betrugen. Leuchtmittel außerhalb des Budgets wie zum Beispiel jene, die die Domäne für die Grands Appartements lieferte, wurden unter dem Posten »außergewöhnliche Ausgaben« geführt.

Als 1750 die Verträge ausliefen, sprach sich Noailles für eine Verlängerung mit Roblaste aus: »Er leistet sehr gute Arbeit; er ist der Einzige, der imstande ist zu liefern, ohne regelmäßig bezahlt zu werden, was oft nicht möglich ist.« Der Gouverneur fügte hinzu, dass Roblaste mit seinem ersten Vertrag Geld verloren hatte. Obwohl der Bewerber, der den Zuschlag erhielt, 10 Sols 6 Deniers für die Talgkerzen akzeptiert hatte, empfahl Noailles, die Summe auf 11 Sols zu erhöhen, und bemerkte, dass der Preis auch in diesem Fall vorteilhaft bleibe, verglichen mit den 12 Sols, die dem Zulieferer der Dauphine gezahlt würden, oder mit den 13 Sols, die die Maison-Bouche des Königs für nur 14 Unzen erhielt, während Roblaste 16 Unzen anbot. Der Vertrag wurde also für drei Jahre unterzeichnet und 1753 ohne weitere Veränderungen erneuert, trotz der Proteste des Lieferanten, der vergeblich geltend machte, dass er durch den Import von Talg aus Irland Geld verloren habe.[22]

Die Brüder Trudon ihrerseits verzichteten 1749 auf eine Verlängerung und erhielten im Gegenzug den Posten als Wachszieher im Königlichen Schloss. Sie wurden 1751 durch den Sieur Deslandes abgelöst, der einen dreijährigen Vertrag zum Preis von 50 Sols für das Pfund weißes und 42 Sols für das Pfund gelbes Wachs anbot. Darüber hinaus akzeptierte er eine Anzahlung von 42 Sols für das Pfund Kerzenstummel, das an ihn zurückgegeben würde. Der Gouverneur schrieb dem König: »Der Comte de Noailles denkt, dass der Preis für das Wachs gesenkt werden kann und es im Interesse Eurer Majestät liegt, den Vertrag nur für ein Jahr zu gewähren.«[23] Der adelige Verwalter war durchaus geschäftstüchtig, denn im Jahr 1753 musste Deslandes seinen Preis auf 48 Sols für das weiße und auf 40 für das gelbe Wachs senken. Da Noailles festgestellt hatte, dass die Preise in Paris auch nicht niedriger waren, erhielt er den Auftrag für drei weitere Jahre.[24]

In der überlieferten Korrespondenz wird nicht immer präzise angegeben, auf welche Weise die Appartements beleuchtet wurden. Die Zuwendungen in Form von Geld oder Sachleistungen reichten mit Sicherheit nicht aus, um für angenehme Helligkeit zu sorgen, und fast jeder in Versailles zahlte aus eigener Tasche drauf. Darüber hinaus musste man sich selbst mit entsprechendem Mobiliar wie Kerzenständern, Leuchtern etc. ausrüsten. Bei Mme de Saulx-Tavannes dinierten die Gäste unter einer Lampe aus Reinkupfer, die von zwei Wandleuchtern aus demselben Material flankiert wurde. Diese Ausstattung, auf 12 Livres geschätzt, war nur der allernotwendigste Standard, hinzu kamen noch Girandolen und Chandeliers, die zum Silbergeschirr des Tafelservice gehörten – das an Glanz sowohl die Beleuchtung wie die tafelnde Gesellschaft bei weitem übertraf. In ihrer *salle de la compagnie* gab es zwei Chandeliers aus Kupfer mit Dillen und zwei Wandleuchter aus lackiertem Kupfer, das Ganze auf 80 Livres geschätzt. Das war auch der Preis für vier Chandeliers mit Dillen aus versilbertem Kupfer und ein kleines Bougeoir mit zwei Dillen auf bemaltem Holz, ebenfalls aus versilbertem Kupfer. Dass diese Verkleidung nicht sehr strapazierfähig war, geht aus dem Inventar hervor, auf dem ein Chandelier des Bischofs von Chartres mit vier »ursprünglich versilberten« Dillen verzeichnet ist.

Das teuerste und wahrscheinlich dekorativste Schmuckstück im Salon von Mme de Saulx-Tavannes war laut Inventar ihrer Wohnung »eine Porzellangruppe aus Sachsen, einen Türken darstellend, auf dessen beiden Seiten sich zwei Chandeliers aus vergoldetem Kupfer mit einem kleinen Sockel befanden, verziert mit Taft und Blumen aus Sächsischem Porzellan, des Weiteren zwei Flambeaus aus vergoldetem Kupfer, verziert mit Chinois und Porzellanblumen«. Die Comtesse hatte eine Leidenschaft für Porzellan, das bei ihr überall zu finden war, das eben erwähnte hatte sie 120 Livres gekostet. Der Zierrat ihres gesellschaftlichen Lebens war also gut beleuchtet, doch auffallend ist das Fehlen von Kristalllüstern. Sie konnten in diesem Raum nicht mehr untergebracht werden, da die Decke für die Schaffung eines Zwischengeschosses abgesenkt worden war. In den anderen Räumen fanden die Notare, die das Inventar aufstellten, nur sehr wenige fest installierte Beleuchtungskörper und verzeichneten im Boudoir von Madame lediglich »zwei Wandleuchter mit einer Dille aus vergoldetem Kupfer, zwei Chandeliers mit Dillen und einen kleinen Bettkerzenleuchter«, das Ganze im Wert von nicht mehr als 24 Livres. Die beiden Chandeliers mit Dillen aus versilbertem Kupfer im Schlafzimmer des Grafen wurden auf 12 Livres geschätzt.[25] Alles in allem waren die Prunkräume gut beleuchtet, während die dunklen Privaträume durch die Fenster auf die Straße und zum Innenhof nur schwaches Tageslicht bekamen.

Im Spiegel der Eitelkeiten

Das gebräuchlichste Beleuchtungsaccessoire war der Kerzenleuchter. Man unterschied hierbei Kandelaber, womit für gewöhnlich mehrarmige Leuchter gemeint waren, und Girandolen, Kerzenständer in Pyramidenform, die in der Regel drei bis sechs Kerzen fassten und häufig auf einem Leuchtertisch Platz fanden. Der Spiegelsaal besaß eine ganze Reihe davon aus massivem, verschwenderisch verziertem Silber. Leider wurde dieses prachtvolle Silbermobiliar in die Münze geschickt und eingeschmolzen, um die Kriegskosten Ludwigs XIV. zu decken. In den Privaträumen war häufig eine Version der eigentlich für die Tafel bestimmten Girandole anzutreffen. Der Ausdruck Girandole bezeichnete aber ein ganzes Spektrum von Leuchtern, insbesondere eine Art Wandleuchter mit drei Lichtquellen.

Die Prinzessin von Lamballe war der Überzeugung, dass die Gebäudeverwaltung des Königs es ihr schuldig war, sie mit diesen gleichermaßen nützlichen wie dekorativen Artikeln auszustatten, und so schrieb der Inspektor Heurtier dem Direktor: »Mme la Princesse de Lamballe hat schon mehrmals um Konsoltische und Wandleuchter gebeten. Ich habe […] sie darauf hingewiesen, dass die Königlichen Bauten kein solches Hausgerät bereitstellten. Sie antwortete mir, die Beamten des Garde-Meuble hätten ihr versichert, dass die Lieferanten von den Königlichen Bauten abhingen und dass sie es seien, die die königliche Familie belieferten. Zudem hätten mehrere Kronbeamte bezeugt, dass diejenigen, die sie in ihren Appartements haben, von den Königlichen Bauten stammten, was der Wahrheit entspricht.« Die Freundin Marie-Antoinettes gewann die Partie und erhielt »einen vergoldeten Konsoltisch mit Marmorplatte, zwei Paar Wandleuchter mit zwei Armen und einen Spiegel mit Beschichtung von 55 Zoll auf 48 [1,5 x 1,3 Meter]«.[26]

Ihr Bittgesuch zeigt, dass solche Wandleuchter gewöhnlich einen Spiegel über dem Kamin zierten. Die Helligkeit ließ sich steigern, wenn man dafür sorgte, dass der Kerzenschein von einer polierten Oberfläche aus Kupfer, Silber oder besser noch von einem Spiegel reflektiert wurde.

Laut einem Fachmann war der erste große Spiegel, der über einem Kamin installiert wurde, 1684 jener in den inneren Gemächern des Königs. 1697 empfahl diese Vorrichtung ein Kunstliebhaber, der Schwede Tessin: »An den Kaminen würde ich von oben bis unten Spiegel anbringen lassen [...]; dies entspricht dem herrschenden Geschmack, der sich auch darauf gründet, dass ein Appartement mit zwei oder vier Kerzen durch die Rückstrahlung besser beleuchtet wird und fröhlicher wirkt als ein anderes mit deren zwölf.«²⁷ Zwei Jahre später wurde das neue Appartement des Duc de Bourgogne, des mutmaßlichen Thronerben, großzügig mit Spiegeln ausgestattet: »Der König hat angeordnet [...], dass gegenüber den Kaminen Trumeaux [Pfeilerspiegel] angebracht werden, ein weiterer mit einem einzigen Spiegel zwischen den beiden Fenstern des Schlafzimmers, genauso wie über dem Kamin.«²⁸

Diese Spiegel wurden aus Venedig importiert, wo sie in großem Stil hergestellt wurden, doch Colbert beschloss 1665, in Paris eine königliche Manufaktur einzurichten. Um dort großformatige Spiegel produzieren zu können, musste man erst einmal neue Techniken entwickeln. Die ersten Modelle wurden dem König im Jahr 1691 präsentiert. Mit staatlicher Unterstützung in Saint-Gobain in der Picardie gegründet, lieferte die Königliche Spiegelglasmanufaktur die meisten Spiegel nach Versailles; der Generaldirektor der Königlichen Bauten korrespondierte fast wöchentlich mit ihr.²⁹ Die Herstellung erforderte neben Zeit und Geschicklichkeit auch große Flächen makellosen Glases – viele zerbrachen bereits während des langwierigen Transports. Je größer das Glas war, umso teurer war es auch.

In den ersten Jahren galt es als besonders schick, sein Kabinett mit Spiegeln zu schmücken, eingefasst von kunstvoll geschnitzten Rahmen, in die kleine Glasstücke eingelegt waren. Nur sehr reiche Höflinge konnten sich diesen neuen Stil leisten. Die Prinzessin von Conti, eine legitimierte Tochter Ludwigs XIV., besaß in Versailles ein beeindruckendes Spiegelkabinett,[30] und ihr Halbbruder, der Dauphin, tat es ihr in seinem Appartement gleich.[31] Um eine größere Fläche bestücken zu können, wurden hier zwei oder drei kleinere Spiegel in einem Rahmen nebeneinander gesetzt.

Sobald ein Höfling in Versailles ein Appartement erhielt, forderte er im nächsten Schritt sogleich Ausbesserungen, Umgestaltungen und die Anbringung von Spiegeln. Natürlich konnten sich hierbei manche besser durchsetzen als andere. Der Unterstaatssekretär der Königlichen Bauten schrieb 1789 an Heurtier:»Der Erzbischof von Paris ist mir noch bestens im Gedächtnis. Seine Zudringlichkeit bezüglich des Spiegels hat sich zu sehr eingeprägt, um ihn zu vergessen. Ich konnte mich seinen Verfolgungen nur entziehen, indem ich ihm so gut wie alles gewährte, was er verlangte. Er ließ überhaupt nicht mit sich reden.« Vorsichtshalber fügte er hinzu:»Er ist einer der würdigsten Prälaten, die wir in Frankreich haben, aber ...«[32]

War der Ehrenplatz über dem Kamin endlich mit Spiegeln besetzt, bestellte der Höfling gleich den nächsten, um den Trumeau damit auszustatten, der sich gewöhnlich zwischen den Fenstern und wenn möglich gegenüber dem Kamin befand, damit das Licht besser reflektiert wurde. 1762 verlangte die Duchesse de Lauraguais»einen Trumeau gegenüber dem Kamin im Schlafzimmer ihres neuen Appartements«. Nachdem er sich etwas Zeit gelassen hatte, übermittelte der Direktor der Königlichen Bauten das Gesuch an den König:»Mme la Duchesse de Lauraguais hat ihr Appartement im Schloss Versailles auf eigene Kosten beträchtlich ausgeschmückt. Sie bittet Eure Majestät untertänigst, ihr einen Trumeau mit drei Spiegeln zu bewilligen.«[33]

Einige Jahre später bat auch die Comtesse de Narbonne im Rahmen eines größeren Dekorationsvorhabens um einen Trumeau. Marigny erhielt den *bon du Roi*, legte aber in seinen Instruktionen fest, dass die Spiegel aus dem Lager kommen mussten:»Der König gibt einer Ausgabe von 6622 Livres statt, der

Summe, auf welche die von Mme la Comtesse de Narbonnne gewünschten Ausbesserungen und Umgestaltungen geschätzt werden. Sie können die Arbeiten veranlassen. Seine Majestät ist gewillt, parallel dazu die Spiegel für die beiden Kaminunterseiten und die beiden Trumeaux gegenüber zu genehmigen. Ich bitte Sie, mir eine Aufstellung zukommen lassen über jene, die sich im Magazin befinden und die Ihnen geeignet erscheinen.«[34]

Die Passion für die Spiegel kannte keine Grenzen, und die Höflinge verlangten immer mehr davon. 1758 erhielt der Marquis de Marigny, der zumeist so entgegenkommend wie möglich war, mitten in der finanziellen Krise eine so außergewöhnliche Anfrage, dass es keinesfalls in Frage kam, ihr stattzugeben, wie er seinem Untergebenem erklärte:»Ich sehe, dass M. le Duc de Duras elf Spiegel für seine neue Unterkunft fordert. Sie werden verstehen, dass der Schatzmeister der Königlichen Bauten, für den die königliche Schatzkammer seit zwei Monaten geschlossen ist, keine 560000 Livres hat, was es mir unmöglich macht, M. le Duc de Duras diese elf Spiegel zu bewilligen. Alles, was ich im Augenblick tun kann, ist, ihm jenen zu bewilligen, den er für den Kamin in seinem Gesellschaftskabinett verlangt und jenen in seinem Schlafzimmer.«[35]

M. de Duras hatte eben die prestigeträchtige Charge des Königlichen Oberkämmerers erhalten, was sein neues Appartement und sein kühnes Gesuch durchaus rechtfertigte. Überraschter war die Gebäudeverwaltung jedoch von jenem des Duc de Penthièvre, Sohn eines Bastards Ludwigs XIV. und damit über Umwege ein Prinz von Geblüt. Er stand im Ruf, ohne jeden Dünkel und von angenehmem Wesen zu sein, doch als er im Jahr 1766 ein neues Appartement erhielt, forderte er erhebliche Veränderungen, darunter eine bestimmte Anzahl Spiegel. Marigny schrieb seinem Inspektor:»Sie bitten um vier Trumeaux für das Gesellschaftskabinett des Duc de Penthièvre und schlagen mir vor, zu diesem Zweck die vier weißen Spiegel zu nehmen, die sich ohne Bestimmung im Magazin befinden. [...] Es scheint mir, dass wir es da mit einer übermäßigen Anzahl von Spiegeln zu tun haben. So viele brächte man nicht einmal in einem Schlafgemach des Königs an. Da es jedoch nicht möglich ist, M. de le Duc de Penthièvre etwas zu verweigern, willige ich ein, dass die vier betreffenden Spiegel, die Sie vorschlagen, abgegeben werden, und weise die Manufaktur an, die vier auf Ihrer Liste angeführten Stücke zu liefern.«[36] Der Grund für dieses so ungewöhnliche wie kostspielige Gesuch war offenbar, dass Penthièvre sein Appartement mit seinem verschwenderisch lebenden Sohn und dessen Gemahlin, der anspruchsvollen Prinzessin von Lamballe, teilen wollte und in Wahrheit sie es war, die darauf bestand. Im Grunde hätte Penthièvre, einer der vermögendsten Männer des Reiches, die Spiegel problemlos selbst kaufen können, wie es viele Höflinge in der Annahme taten, dass die Königlichen Bauten ihr Gesuch ohnehin zurückweisen würden.

Im Jahr 1754, als Frankreich sich in latentem Kriegszustand mit England befand und die Staatskasse wieder einmal leer war, wurden Spiegel zu einem solchen Luxus, dass Marigny ein Gesuch des Comte de Gramont zurückweisen musste: »Mit großem Bedauern sehe ich mich gezwungen, abzulehnen [...], doch der Beschluss des Königs, niemandem Spiegel zu bewilligen, ist so strikt, dass es mir nicht möglich ist, davon abzuweichen.«[37] Eine ähnliche Antwort bekam der Comte de Fougière: »Gerne würde ich in der Lage sein [...], Ihrer Anfrage zu entsprechen, einen dritten Spiegel in Ihrem Appartement anzubringen. Es wäre mir ein großes Vergnügen, doch der König pflegt nicht in den Unterkünften des Schlosses auf seine Kosten Spiegel in dieser Zahl anbringen zu lassen. Andere Umstände zwingen zu großer Sparsamkeit in diesem Bereich, da die Königlichen Bauten bei der Glasmanufaktur in hoher Schuld stehen, und die Spiegel, die sich im Magazin befinden, jeden Tag für Arbeiten gebraucht werden, die der König anordnet.«[38]

Im Fall einer Ablehnung durch den König waren die Höflinge gezwungen, die Spiegel auf eigene Kosten zu erwerben und anbringen zu lassen. Auch die Umzüge waren nicht unproblematisch. So stand zum Beispiel auf der nach dem Tod des Duc de Gesvres erstellten Inventarliste: »Im ersten Antichambre ein Spiegel über dem Kamin; im zweiten Antichambre ein Spiegel über dem Kamin; im großen Kabinett ein Spiegel über dem Kamin und zwei Spiegelpfeiler zwischen den Fenstern; im grauen Schlafzimmer ein Spiegel über dem Kamin; im kleinen Schlafzimmer ein Spiegel über dem Kamin [...].«[39] Die Erben konnten die Spiegel entweder mitnehmen oder den neuen Bewohnern zu einem niedrigeren Preis überlassen. In unserem Beispiel hatte der Nachfolger im Appartement, der Herzog von Duras, die Erben wohl ausgezahlt, denn als er es seinerseits verlassen musste, hatte er dieselbe Summe verlangt und auch erhalten.[40]

Der Comte de Gesvres, der gleichnamige Neffe und Erbe des Duc de Gesvres, lebte in einer benachbarten Wohnung und hatte weniger Glück. Als er eine Erstattung für die Spiegel und die Renovierungen verlangte, antwortete ihm der Direktor der Königlichen Bauten: »Ich fürchte sehr, dass es nicht möglich ist, aus dem Appartement, das der verstorbene M. de Duc de Tresmes, Ihr Vater, im Schloss Versailles bewohnt hat, die Spiegel und das Täfelwerk mitzunehmen, von denen Sie behaupten, er habe sie auf eigenen Kosten einbauen lassen [...]. Die Register der Königlichen Bauten verzeichnen keinerlei Spuren von Arbeiten in den Appartements, die von den Bewohnern auf eigene Kosten ausgeführt wurden, und da es im Allgemeinen so ist, dass der König die Ausgaben für die Unterkünfte in jedem Fall bewilligt, scheint es schwer möglich, dass für Monsieur, Ihren Vater, eine Ausnahme stattgefunden hat.«[41] Zweiundzwanzig Jahre waren verstrichen, und nur vorausschauend denkende Leute konnten eine Bescheinigung vorlegen – gewöhnlich ein Zertifikat des Inspektors –, die ausdrücklich bezeugte, dass sie die Spiegel, deren Größe und Standort genau festgehalten worden waren, auf eigene Kosten angeschafft hatten.[42] Die typische Formel lautete etwa: »Der ordentliche Baumeister und Kontrolleur der Königlichen Bauten [...] bestätigt, dass oben bezeichnete Spiegel nicht Eigentum des Königs sind, dass sie der Princesse de Talmont gehören ...«[43] usw.

Der Höfling konnte die Spiegel aber auch an Ort und Stelle belassen und darüber eine neue Bestätigung verlangen, wie die Marquise Donissan, deren Fall der Inspektor der Königlichen Bauten 1780 schildert: »Als sie die Unterkunft des verstorbenen M. Le Marquis de Croissy übernahm, erwarb sie mehrere Spiegel, wie aus dem beiliegenden Verzeichnis hervorgeht, von M. L'Écuyer unterzeichnet und durch M. le Marquis de Marigny eingesehen. Sie legt dar, dass sie 1779 einen weiteren Spiegel gekauft hat, den sie in ihrem neuen Schlafzimmer anbringen ließ, und wünscht, dass ihr eine entsprechende Bestätigung ausgehändigt werde, was den Tatsachen entspricht.«[44]

Der Spiegelstreit

Die Situation, in der sich der Comte de Noailles befand, war um einiges weniger einfach. Denn in seiner Eigenschaft als Gouverneur von Schloss und Stadt war er eine unabhängige Autorität und verfügte über ein besonderes Budget. Doch es oblag den Königlichen Bauten, die Arbeiten in den Appartements des Schlosses zu überwachen, deren Zuteilung der Gouverneur dem König vorschlug. Der Einbau und die Instandhaltung der Spiegel gehörten also in ihren Kompetenzbereich, auch wenn die Domäne die Kosten übernahm. Noailles, der zu einer der ältesten Familien Frankreichs gehörte, sah sich eines Tages in der peinlichen Pflicht, dem jüngeren Bruder von Madame de Pompadour über seine eigenen Spiegel Rechenschaft abzulegen, gerade jenem Marquis de Marigny, dem man den Spitznamen *marquis d'avant-d'hier* – »Marquis von vorgestern« – verpasst hatte.

Der Anlass war die Verlegung seines Dienstappartements aus dem Gouverneursflügel. Noailles schrieb an Ludwig XV., um daran zu erinnern, dass der Sonnenkönig seinem Vorgänger, M. Blouin, diese Amtswohnung mit vierzehn Spiegeln hatte ausstatten lassen,[45] die er nun in sein neues Logis transportieren ließ, jedoch offenbar ohne vorher die Königlichen Bauten konsultiert zu haben. Damit verletzte er eine Regel, die er sonst immer strikt befolgt hatte. Nun musste er Marigny einen Entschuldigungsbrief schreiben, in dem er seine Demütigung durchscheinen lässt: »Ich habe einen sehr großen Fehler begangen, doch geschah es aus reiner Unwissenheit, Monsieur, so dass ich dafür nicht bestraft werden muss. Da Sie es für gerechtfertigt hielten, dass ich sämtliche Spiegel des Gouvernements behalte, glaubte ich, es wäre einfacher, ihnen die Reise ins Magazin zu ersparen. Man teilte mir mit, dass dies ein Verbrechen sei. Ich muss gestehen, dass ich die Begründung noch immer nicht begreife. Ich hoffe, Sie haben die Güte, mir diesen Fehler zu verzeihen und Ihre Order zu geben, der Sache ein Ende zu machen …«[46]

Marignys nicht gerade liebenswürdige Antwort betonte nachdrücklich den materiellen Wert der Spiegel: »Ich bin überzeugt, Monsieur, dass Sie meinem Wunsch, Ihnen gefällig zu sein, Recht widerfahren lassen werden. Im Vertrauen darauf gebe ich meinem Erstaunen über die Menge der Spiegel Ausdruck, die Sie für Ihr Appartement verlangen. Ich habe sie schätzen lassen, sie belaufen sich auf 2000 Ecus. Sie wollen einen Spiegel in Ihrem Antichambre, Sie wollen vier in Ihrem Gesellschaftskabinett, Sie wollen weiße Spiegel für Ihr Kabinett und die Garderobe; mit einem Wort, 2000 Ecus allein für Spiegel. Sie wissen, wie es bisher bei den Königlichen Bauten Brauch war. Wer auch immer darum gebeten haben mag, der König hat niemandem Spiegel erlaubt. Falls der König selbige bewilligt, dann höchstens einen für den Salon. Gelegentlich wird einer für das Kabinett gewährt, es kann sogar so weit gehen, dass einer für das Schlafzimmer gestattet wird. Ich denke, man muss die Dinge mit Wohlwollen betrachten, wenn es um M. le Gouverneur geht. Sie sind gerecht. Sie sind den Interessen des Königs verpflichtet. Würden Sie die Anzahl der Spiegel im Appartement des Gouverneurs nicht reduzieren, wenn Sie an meiner Stelle wären?«[47]

Der Ton verschärfte sich, wurde immer kleinkrämerischer. Marignys Inspektoren berichteten, dass es in den vier Appartements, die für die neue Dienstwohnung von Noailles und seiner Familie zusammengelegt worden waren, 23 Spiegel gebe. Eine zweite Zählung, die die im Gouverneursflügel verbliebenen Spiegel mit einschloss, kam jedoch auf nicht mehr als 18.[48] Noailles behauptete, dass der Gesamtwert der Spiegel, die er in seinem neuen Appartement vorgefundenen habe, und jener, die die Königlichen Bauten ihm zur Verfügung gestellt hätten, geringer sei als der, den er in Form von Spiegeln im Gouverneursappartement zurückgelassen habe. Er beging dabei die Unvorsichtigkeit, das Wort »profitieren« zu verwenden, das ja einen negativen Beiklang hat. Marigny, Sohn eines Finanziers, wusste diesen Fauxpas gleich für sich zu nutzen: »Will man die Sache unparteiisch beurteilen, so ist es schwierig, den Profit zu sehen, den die Königlichen Bauten aus den Spiegeln bei den Veränderungen im Gouvernement gezogen haben sollen.«[49]

Der Gouverneur, nun in der Defensive, musste klein beigeben: »Als ich, Monsieur, die Ehre hatte, Ihnen bezüglich der Spiegel zu schreiben, die vom ehemaligen Gouvernement ins Magazin der Königlichen Bauten übergegangen sind, und dabei das Wort profitieren benutzte, dachte ich nicht, dass dieser Ausdruck in einem solch strengen Sinne ausgelegt werden würde […]. Ich machte nur darauf aufmerksam, dass die Königlichen Bauten mir von der Manufaktur einzig den Spiegel über dem Kamin meines Schlafzimmers in das neue Gouvernement geliefert haben und dass die drei schönen Spiegel der Mme de Goësbriand und einer aus dem Antichambre des ehemaligen Gouvernements ins Magazin der Bauten zurückgekehrt sind. Wenn also von vier Spiegeln nur einer überlassen wird, würde ich sagen, wenn ich mir den Ausdruck noch einmal erlauben darf, dass die Bauten profitiert haben.«[50]

Marigny wollte sich das Vergnügen, das letzte Wort zu haben, aber nicht nehmen lassen: »Es ist Ihnen auf der Rechnung, die Sie, Monsieur, über die ins neue Gouvernement gelieferten Spiegel und jene, die ins Magazin des Königs zurückgekehrt sind, aufstellen, bestimmt nicht entgangen, dass der Ausgleich gewährleistet wäre, wenn der Spiegelmacher wahrheitsgetreu abgerechnet hätte. Zwar stimmt es, dass drei Spiegel ins Magazin zurückgekehrt sind, doch es wurden ebenso drei weitere geliefert: einer aus der Manufaktur und zwei aus dem alten Gouvernement. Die beiden Letzteren sind in Ihrem Gesellschaftssaal angebracht, wo es vordem nur zwei Trumeaux gab, und inzwischen gibt es deren vier. Daraus geht hervor, dass die drei Spiegel, die vom Appartement der Mme Goësbriand entfernt wurden, durch drei andere ersetzt worden sind.«[51] Am Ende dieses bissigen Briefwechsels bekam Noailles jedoch recht. Ein im darauffolgenden Frühling erstelltes Verzeichnis belegt, dass sein Appartement mit 28 Spiegeln unterschiedlicher Qualität ausgestattet war, von denen einige zu einem dekorativen Ensemble kombiniert waren.[52]

Die Zertifikate wiesen zwar den Eigentümer aus, doch sie lösten nicht das Problem, das mit der Entfernung der Spiegel verbunden war. Selbst wenn sie einfach nur an die Wand gehängt waren, entstand eine unschöne leere Stelle, wenn sie bei einem Umzug oder bei Überführung ins Magazin abgenommen wurden. 1750 bat Mlle Welderen – eine der bescheidenen Damen im Dienste der jüngsten Tochter Ludwigs XV. –, die in einer kleinen Wohnung im Attikageschoss des Prinzenflügels lebte, »über den beiden kleinen Kaminen ihrer Wohnung in Versailles Spiegel anzubringen, wo die einstigen entfernt worden waren, so dass nur noch das Gemäuer übriglieb, was einen sehr hässlichen Eindruck erzeugt«.[53] Die Demoiselle erhielt infolgedessen 200 Livres.

Waren die Spiegel in die vorhandene Täfelung integriert, war die Sache nicht so einfach, denn die Entfernung zog für die Königlichen Bauten kostspielige Reparaturen nach sich: Wiedereinsetzung, neue, manchmal kunstvoll geschnitzte Bordüren und Malerarbeiten. Oft wurden diese Ausgaben auf die Reparaturkosten aufgeschlagen, die unweigerlich mit dem Mieterwechsel verbunden waren. Im Jahr 1773 bat die Comtesse Du Roure Marigny um die Erlaubnis, einen Spiegel anbringen zu lassen: »Das Ganze würde auf meine Rechnung gehen, nicht nur für den jetzigen Standort, sondern auch für die Ausbesserung, wenn ich das Appartement verlassen werde.«[54] Leider wusste die Gebäudeverwaltung, dass diese Verpflichtungen oft vergessen wurden!

Im folgenden Jahr gab der Comte d'Angiviller, der Marigny an der Spitze der Gebäudeverwaltung abgelöst hatte, dem Schlossinspektor neue Anweisungen: »Der König hat mich beauftragt, für die strikte Befolgung des alten Reglements zu sorgen, das durch den Ratsentscheid vom Januar 1774 bestätigt und erneuert wurde. Es geht dabei um die Änderungen, die sämtliche Höflinge unaufhörlich in ihren Appartements durchführen und aufgrund derer sie glauben, zur Übernahme der Ausgaben berechtigt zu sein, um später, wenn sie die Appartements verlassen, all dies mitzuführen, was die Räumlichkeiten maßgeblich beschädigt. [...] Seine Majestät will nicht mehr, dass jemand – unter dem Vorwand, die Kosten für die Einrichtungen übernommen zu haben – bei Verlassen der Wohnung mitnehmen kann, was er nur mit ausdrücklicher Genehmigung des Königs eingerichtet hat.« Der Gouverneur unterstützte die Politik der Königlichen Bauten: »Die Appartements wechseln häufig ihre Bewohner; diese nehmen alles mit und beschädigen dabei oft, was ihnen nicht gehört, nur um partout nichts dazulassen, was ihnen gehört. Früher nahm man lediglich die Spiegel mit und nichts sonst. M. le Maréchal de Villars hatte sieben Appartements herrichten lassen und nahm nie etwas anderes als die Spiegel mit, nie war die Rede von einem Alkoven mit Holztäfelung oder etwas Ähnlichem.«[55]

Die neue Regelung ließ jedoch gewisse Arrangements zu. So »wäre es in bestimmten Fällen für den König vorteilhafter, eine Abfindung zu gewähren [...], als den Entfernungen, die zu Schädigungen führen würden, Vorschub zu leisten«.[56] Oft aber war die Situation unklar, und die Ausnahmen häuften sich. Als der Maréchal-Duc de Richelieu, ein Lebemann und Festkumpan Ludwigs XV., 1788 in Paris im Sterben lag, wollte seine dritte Frau das Appartement in Versailles auflösen, das er seit 1744 bewohnt hatte. Der Generaldirektor der Königlichen Bauten schickte einen Inspektor zu ihr, der folgenden Bericht verfasste: »Mme la Maréchale de Richelieu lässt angesichts der verzweifelten Lage von M. de Maréchal sein Appartement im Schloss vollständig leerräumen. [...] Sie verlangt die Spiegel, die fest installiert sind [...]. Da in den Nachforschungen, die wir in den Registern des Magazins durchgeführt haben, nichts darauf hinweist, dass sie dem König gehören, hielt ich es für richtig, den Kammerdiener, der mit dieser Aufgabe betraut ist, anzuweisen, nichts zu entfernen, worüber der Herr Generaldirektor zuvor nicht unterrichtet worden war, da ich mir die Ehre vorbehalten würde, ihm mitzuteilen, dass es, wie ich denke, ratsamer wäre, der König würde sie erwerben, da alle eingebaut sind und das Täfelwerk eigens für diese Spiegel angefertigt worden ist, als sie zu entfernen, umso mehr, als sie notwendigerweise durch andere ersetzt werden müssten. Der Wert der genannten Spiegel beliefe sich nach dem vom König festgesetzten Preis und nach der Schätzung des Gewinns aus der Beschichtung auf 1523 Livres.«

Eine einfache Lösung, doch musste dafür erst der Eigentumsnachweis erbracht werden. Als man diesen von ihr verlangte, antwortete die Marschallin: »Ich habe die Ehre, Ihnen mitzuteilen, dass es nach über vierzig Jahren kaum mehr möglich ist, an anderer Stelle Spuren und Auskünfte über diesen Gegenstand zu finden als im Büro des Garde-meuble, wo eine sorgfältige Prüfung der Register die Verwaltung über so weit zurückliegende Zeiten aufklären kann. Man setzte mich darüber in Kenntnis, dass die von M. de Richelieu reklamierten Spiegel jedoch nicht beim Garde-meuble liegen, und gestehe Ihnen […], dass dieser Umstand, gemeinsam mit der Versicherung M. de Richelieus, die Spiegel auf eigene Kosten eingerichtet zu haben, wie er es meiner Kenntnis nach auch für das neue Appartement getan hat, das er vor kürzerer Zeit bewohnte, mir ein vollständiger Beweis schien, nach dem ich mir keinerlei Schwierigkeiten mehr erwartete.«[57] Auf Richelieu folgte der Duc de Liancourt … und die Spiegel blieben, wo sie waren.

Wer hat die größten Fenster?

So wie die Spiegel nachts das stimmungsvolle Kerzenlicht ins scheinbar Unendliche zurückwarfen, so reflektierten und verstärkten sie auch das Tageslicht, sobald man die Fensterläden öffnete. Größe und Beschaffenheit der Fenster waren von solcher Bedeutung, dass der Kampf um eine neue Unterkunft einer wahren »Fensterjagd« gleichkam. Am begehrtesten waren zweifeldrige Fenstertüren zur Gartenseite des Schlosses. Durch ihre einheitliche Gestaltung, die den Zentralbau mit dem Nord-

und dem Prinzenflügel verband, erschien die gesamte Fassade beeindruckend und prachtvoll. Großzügig durchfluteten sie die Appartements der Königsfamilie, der Prinzen und privilegierten Höflinge mit Tageslicht, doch sobald sie nicht mehr in tadellosem Zustand waren, zog es im Winter eisig durch die Spalten und Ritzen.

Selbst Madame de Maintenon, die morganatische Gemahlin Ludwigs XIV., litt unter der Unzweckmäßigkeit der großen Fenster. 1713 klagte sie während eines Aufenthalts in Fontainebleau: »Ich habe wieder ein sehr schönes Appartement, das aber derselben Kälte und derselben Hitze ausgesetzt ist, da es ein Fenster vom Ausmaß der größten Arkaden hat, ohne Flügel noch Rahmen oder Jalousien, weil sonst die Symmetrie gestört wäre. Meine Gesundheit leidet darunter, ebenso wie meine Bereitschaft, mit Leuten zusammenzuleben, die nur glänzen wollen und die sich wie Götter logieren.«[58] Zu ihrem Glück wohnte sie in Versailles im ältesten Teil des Schlosses zum Ehrenhof hinaus, wo die Fenster kleiner waren, genauso wie die im zweiten Stock und jene zur Rue des Réservoirs und zur Rue de la Surintendance.

Die Fenster über der Balustrade und auf dem Niveau der Mansarden waren noch kleiner und meistens von einem behauenen Giebel bedeckt, der zwar elegant war, aber Luft und Wasser durchließ, wenn die Verbindung mit dem Dach nicht einwandfrei versiegelt war. Im oberen Teil der Mansardenabdachung gab es Luken oder Spalten, die mit Blei eingefasst waren –, sie hatten oft kaum die Größe von Bullaugen. Die winzigen Öffnungen, die in der fast flachen oberen Fläche des Mansardendaches eingefügt waren, hießen »Tabatières« – Tabaksdosen, weil sich die Klappfenster wie die Deckel von Schnupftabaksdosen öffnen ließen, wenn man für etwas Luft und Licht sorgen wollte.

Die beeindruckenden großen Fenster zum Garten waren sehr teuer. Als der Hof 1722 nach Versailles zurückkehrte, wurde im Etat der Königlichen Bauten vermerkt: »Man kommt nicht umhin, dieses Jahr in den Grand Appartements des Schlosses mindestens 30 Fenster erneuern zu lassen, da die Rahmen der alten so morsch sind, dass sie nicht mehr repariert werden können. [...] Die Läden könnten wiederverwendet werden, was – ohne die Tischlerarbeiten, die Beschläge, das Glas und den Anstrich – 7740 Livres kosten wird.«[59] In jenem Jahr lag der Budgetrahmen jedoch bei 2000 Livres, und so wären also mehr als drei Jahre nötig gewesen, um die Ausbesserungen durchzuführen.

1764 forderte der Comte d'Eu, Sprössling eines legitimierten Bastards Ludwigs XIV., dass fünf Fenster seines Appartements im ersten Stock zum Nordparterre repariert werden sollten, von denen jedes mehr als 500 Livres kostete, wobei aber die neuen Läden möglicherweise in der Rechnung mit enthalten waren.[60] Im selben Jahr erhielt sein Nachbar, der Kardinal de La Roche-Aymon, vier neue Fenster zum Preis von je 600 Livres.[61] Diese Fenster waren so breit, dass sie sich bei Temperaturschwankungen leicht verformten, und sowohl der Comte d'Eu wie der Kardinal mussten sie austauschen lassen.

Zwei Jahre zuvor hatte die Duchesse de Brancas, die am Ende ihrer gemeinsam genutzten Galerie wohnte, um Reparaturarbeiten gebeten. Der Inspektor L'Écuyer berichtete seinem Vorgesetzten: »Ich habe im Logis von Mme la Duchesse de Brancas das Fenster ihres Schlafzimmers und die beiden in ihrem Kabinett besichtigt, die sie gerne durch neue mit Spagnoletten ersetzen lassen würde. Sie sind in der Tat in schlechtem Zustand, doch kann sie in diesem Winter noch gut darauf verzichten, erst recht, da sie über sehr gute Doppelrahmen verfügt. Im Übrigen wäre es unseren Tischlern nicht möglich, sie während ihrer Abwesenheit anzufertigen, wegen der anderen Arbeiten, die sie in Auftrag haben. Jedes der betreffenden Fenster kommt aufgrund seiner enormen Höhe und Breite auf 500 Livres zu stehen.«[62]

Im Erdgeschoss gelangte man durch diese Fenstertüren direkt in den Garten. Das war, glaubt man dem Duc de Luynes, der Grund, warum der Dauphin sein Appartement im ersten Stock des Prinzenflügels gegen eines im Erdgeschoss des Zentralbaus tauschte: »Man konnte nicht verstehen, was den Ausschlag gab, dass Monsieur le Dauphin und der zukünftigen Dauphine ein neues Appartement eingerichtet wurde. Nun hörte ich vor einigen Tagen, damit solle Monsieur le Dauphin das Ausgehen und Spazieren erleichtert werden; er geht nicht gerne aus [...] und findet, es stelle eine Unannehmlichkeit dar, viele Leute mobilisieren zu müssen, um eine Treppe in den Garten hinunterzugehen.«[63]

Die Öffentlichkeit hatte während des größten Teils des Tages freien Zugang zu den Gärten und konnte sich des Anblicks erfreuen, den ihr das Interieur der Fürstenappartements bot. Darum forderte der Dauphin im folgenden Jahr, »dass auf der Höhe der Brüstung, von der Ecke seines Kabinetts bis zur letzten Stufe der Vortreppe, ein Gitter angebracht wird, um die Schaulustigen fernzuhalten, die sich seinem Appartement vielleicht zu sehr nähern könnten«.[64] Die Comtesse de Marsan, Gouvernante der Kinder Frankreichs, verlangte eine ähnliche Vorrichtung, »um wie bei Mesdames zu verhindern, dass das Volk bei ihr durch die Fenster, die sich bis nach unten öffnen lassen, hineinsehen oder eintreten kann«.[65] Die Sorge um die Intimsphäre wurde 1772 auf die Spitze getrieben, als L'Écuyer schrieb: »Die königliche Familie beabsichtigt, auf ihre Kosten die ganze Terrasse auf der Länge der Mittelfassade des Schlosses durch Stäbe und Eisendrahtgitter abzusperren. [...] Madame Sophie schließt sich dem Gesuch an.«[66]

Die Fenster in Richtung Stadt waren kleiner und weniger kostspielig. In einer Erläuterung zum Budget von 1712 ist zu lesen: »Es ist nötig, im Attikageschoss des Schlosses und in den Hofgebäuden, die mit den großen Flügeln verbunden sind, mindestens 110 Fenster zu erneuern, die so baufällig sind, dass sie nicht mehr hergerichtet werden können, was schätzungsweise 9240 Livres kosten wird« – und einem mittleren Stückpreis von 84 Livres.[67]

1757 unterstützte Madame de Pompadour die Bitte, fünf Fenster im Appartement der Prinzessin von Carignan im Gouverneursflügel auswechseln zulassen, »die so alt sind wie das ganze Haus und nicht mehr im Zustand, ausgebessert werden zu können, was der Prinzessin während des ganzen letzten Winters viel Kälte beschert hat«.[68] Die Renovierung belief sich insgesamt auf 500 Livres. Im folgenden Jahr hatte der Maréchal de Biron, der im Alten Flügel residierte, folgendes Anliegen:

»M. le Maréchal bat mich lediglich, dass die beiden kleinen Fenster seines Schlafzimmers und die beiden von Mme de Biron ausgewechselt werden, um zu verhindern, dass sie im Winter frieren, da ein schrecklicher Wind durch die Rahmen dieser alten Fenster dringt.«[69] Diesmal betrugen die Kosten 289 Livres.

Die Fenster zur Straße waren in den beiden Prestige-Appartements kleiner als die zum Garten, und so kostete das Ersetzen nur ein Fünftel von dem eines großen Fensters an der Ostfassade des Schlosses.

Die Mansardenfenster im zweiten Stock des Ministerflügels, links der Cour d'entrée, sollten das Büro des Kriegsministers erhellen. 1785 richtete der Amtsvorsteher eine Reklamation an die Königlichen Bauten über »die miserable natürliche Beleuchtung dieser drei Mansardenräume [...], in denen die Fenster ihr Licht vom nördlichen Hof beziehen«. In seinem Bittgesuch ist die ausführlichste Beschreibung enthalten, die wir über die Fenster auf dieser Höhe besitzen. Die Vielfalt der hier erwähnten Fenster reflektiert, aller Symmetrie zum Trotz, die lange Geschichte des Schlosses.

Der erste Saal, in dem sechs oder sieben Schreiber arbeiteten, wurde durch ein zweiflügliges Fenster mit sechzehn Feldern aus »gemeinem Glas« erhellt, jedes ungefähr 23 mal 30 Zentimeter groß, was einer Gesamtverglasung von 92 mal 118 Zentimetern entspricht. »Die Rahmen und Fensterkreuze können noch verwendet werden, wenn man, wie es bei Bedarf gemacht wird, das Holz mit Kleisterpapier und die Scheiben mit Kitt behandelt.« Da der Saal zum Norden hinausging, hätten die Schreiber ohne die beiden zusätzlichen »kleinen Luken, die eine mit zwei, die andere mit vier Scheiben von ungefähr derselben Größe im bedachten Teil«, nicht die Hand vor Augen sehen können. Das Fenster im Antichambre zwischen dem Saal der Schreiber und dem Privatbüro des Unterstaatssekretärs, wo der Garçon postiert war, schien noch aus der Zeit der Errichtung des Flügels fast ein Jahrhundert zuvor zu stammen: »Das Fenster im Antichambre [...] ist sehr alt und noch mit kleinen Scheiben versehen, die mit Bleirahmen zusammengehalten werden. Die Felder, durch kleine Eisenstäbe festgehalten, die auf den

Kreuzstock der Flügel genagelt sind, haben so sehr unter der Witterung und der Überalterung gelitten, dass sie absolut nicht mehr im Zustand sind, länger verwendet zu werden. [...] Was das Kabinett des Amtsvorstehers betrifft, so gibt es nur ein Fenster mit vier großen Scheiben, zwei in jedem Flügel, das trotz seines guten Zustandes kaum viel Tageslicht gestattet.« Um tagsüber keine Kerzen anzünden lassen zu müssen, verlangte der Amtsvorsteher zusätzlich zwei kleine Luken und eine Schicht frischer Wandfarbe.[70]

Zu bedauern waren schließlich die armen Bewohner der *basse attique*, des »Dachbruchs«, die von der Straße her kaum sichtbar war, da sie über den Schrägen der fensterlosen Mansarde lag. Die spärliche Menge an Licht und Luft, die hierhin vordrang, stammte aus »Tabatièren«.

Die Lebensbedingungen in diesen ärmlichen Behausungen sind uns durch ein Gesuch an die Königlichen Bauten aus dem Jahr 1779 bekannt: »Besnard, ehemaliger Königlicher Patissier, derzeit der Königin dienend, hat die Ehre, Ihnen mitzuteilen, dass er in dieser Eigenschaft im Dachbruch des Grand Commun ein kleines Logis bewohnt, bestehend aus einem winzigen Raum, in dem er schläft, und aus einer kleinen getäfelten Garderobe, die nur mittels einer auf 15 Fuß Höhe installierten Öffnung erhellt wird und nur auf einer Seite durchbrochen ist. Er fleht Euer Ehren untertänigst an, ihm zu erlauben, auf der gegenüberliegenden Seite einen Durchbruch vorzunehmen, um mehr Tageslicht zu erhalten, da das jetzige es ihm nicht erlaubt, um drei Uhr nachmittags ohne Licht auszukommen.« Sein Bittgesuch wurde zurückgewiesen,[71] und ein zweites aus dem Jahr 1780 blieb ohne Antwort. In der Zwischenzeit wurden die Arbeiten befürwortet, dann wieder aufgeschoben, bis sie 1783 schließlich ausgeführt wurden. Der Inspektor schrieb an den Rand des Gesuchs: »Wohl zu merken, dass es dabei in Wahrheit um seine Gemahlin geht, die ihm zufolge seine Unterkunft seines Ranges für unwürdig hält.«[72]

Die Vorhänge mussten die Höflinge selbst bezahlen, wenn sie welche wünschten, doch für weitere Einbauten wie Doppelverglasungen, breitere Fensterfelder oder äußere Fensterläden

wandten sie sich an die Königlichen Bauten. Wie der Unterstaatssekretär des Kriegsministers schrieb, bestanden einige der
Originalfenster in Versailles aus kleinen Feldern mit bleiernem
Fensterkreuz, während die Felder der breiteren Fenster durch
einen Holzrahmen zusammengehalten wurden. Das biegsame
Metall neigte zur Verformung, und das Holz konnte verfaulen
und sich mit der Zeit durch die Witterung, der es ausgesetzt
war, zusammenziehen. Der Duc de Gontaut schimpfte:»Die
Fenster sind vollständig vermodert.« Die Duchesse de Lauraguais schrieb:»Die alten sind so baufällig, dass sie herausfal-
len.«[73]

Als sich die Haushofmeister über den traurigen Zustand ihrer Dienstwohnung im Grand Commun beklagten, schrieben
die Inspektoren:»Die Fenster stammen aus der Zeit, als der
Grand Commun gebaut wurde, und sind vollständig vermodert. Die Arbeiten sind seit langem angeordnet.« Der Generaldirektor nahm die Sache gelassen:»Es sind die umwälzenden
Veränderungen der Zeit, die die Natur der Bedürfnisse verän-
dert haben, und da diese Wirkungen allgemeiner Natur sind,
weiß ich, dass ich nicht umhinkomme einzulenken.«[74] Die erwähnten umwälzenden Veränderungen bestanden im Wesentlichen in dem Wunsch nach ein bisschen Komfort und besserem
Licht.

In den 1770er Jahren mussten die meisten Fenster, die inzwischen fast hundert Jahre alt waren, dringend ausgewechselt
werden. Die Tischler hatten die Fensterkreuze aus überalter-
tem Holz zwar abgehobelt und neu angepasst, doch auch ihre
Möglichkeiten waren begrenzt. Eine Restaurierung war oft
nicht mehr durchführbar und der Austausch so unvermeidbar,
dass der Direktor sich dareinschickte. Außerdem hatten sich
im Laufe der Zeit die Ansprüche geändert, die Höflinge verlangten nun vor allem »große Scheiben« und breitere Glasfel-
der. Später kam Böhmisches Glas in Mode, das weniger Un-
ebenheiten aufwies und das Licht nicht so stark verzerrte.

1788 schrieb einer der Verfechter der Reform:»Die heutige
Verglasung ist mit jener, die noch vor vierzig Jahren angewandt

wurde, kaum zu vergleichen. Damals wurde nur gemeines Glas benutzt und man umschloss Felder von 20, 30, 40 und 50 kunstvoll in Bleinetze eingefassten Stücken. Heutzutage werden nur noch Fenster mit großen Scheiben aus Elsässischem oder Böhmischem Weißglas zugelassen oder solche, die dieser einstigen Verglasung von grünem Glas, das in Mustern angeordnet wurde, bei weitem überlegen sind.«[75]

Doppelfenster und Jalousien

Der erste uns bekannte Antrag auf ein Fenster mit breiten Feldern stammt aus dem Jahr 1748, von M. de Montmorin: Er richtete an den Ersten Generaldirektor der Königlichen Bauten ein Gesuch, das mitsamt der daran anschließenden Korrespondenz erhalten ist. Le Normant de Tournehem schrieb: »Er bittet, dass Anweisung für ein neues Fenster gegeben werde und die Bleischeiben im gegenwärtigen Fenster durch große Scheiben ersetzt werden.«[76]

Die erste Erwähnung von Böhmischem Glas ist aus einem Gesuch überliefert, das 1763 vom Außenminister vorgelegt wurde: »M. le Duc de Praslin bittet um die Erlaubnis, auf eigene Kosten die beiden Fenster im Gesellschaftskabinett von Madame im ersten Stock aus Böhmischem Glas fertigen zu lassen. Der Nachteil dabei wird in der Beeinträchtigung der Einheitlichkeit mit den anderen Scheiben aus gewöhnlichem Glas bestehen; da es jedoch im Erdgeschoss sowie bei M. de Luc de Choiseul das gleiche Böhmische Glas gibt, dürfte dies kein Hindernis darstellen.«[77]

Der allmächtige Choiseul, ein großer Freund von Luxus jeder Art, hatte diese neue Mode lanciert, doch außer in den Appartements der Minister war das Böhmische Glas eher selten anzutreffen. 1772 schrieben die Inspektoren noch an Marigny: »Mme la Princesse de Talmont [...] schlägt vor, auf eigene Kosten Böhmisches Glas in ihre Fenster einzusetzen, deren Sprossen durch die Königlichen Bauten ausgetauscht werden. Diese

Anfrage ist nicht ganz unproblematisch, da diese Neuheit durch das Exempel Folgen nach sich ziehen wird, denn es gibt bisher im Schloss noch kein derartiges Glas, nicht einmal beim König, der königlichen Familie oder bei den Prinzen.«[78] Mitte der 1770er Jahre erhöhte sich die Nachfrage nach breiten Fensterfeldern aus Böhmischem Glas. 1774 schrieb die Comtesse de Lostanges, die im zweiten Stock des Prinzenflügels zum Garten hin wohnte, an Angiviller:»Ich hoffe […], Sie möchten mir die Gunst erweisen, meiner Bitte nachzukommen, die ich vorzulegen die Ehre habe. Es geht um eine notwendige Ausbesserung in meinem Appartement; die Fenster darin sind vollständig vermodert. M. Heurtier, der sie besichtigt hat, hat sie abgeschrieben, doch brauche ich Ihre Zustimmung. […] Gleichzeitig bitte ich Sie um die Erlaubnis, das Fenster mit großen Scheiben zu versehen. Diese Ausgabe würde 50 Livres mehr für die vier Fenster bedeuten, und mein Appartement wäre viel heller und weniger trist.« Der Direktor der Königlichen Bauten antwortete:»Ich habe soeben die Arbeiten und das Böhmische Glas bewilligt, wie Sie es wünschen und wie ich es im Übrigen in einem Appartement wie dem Ihrigen für angebracht erachte.«[79] Die Comtesse gehörte zu den letzten Höflingen, die auf solches Wohlwollen stießen, denn einige Monate später trat eine neue Regelung in Kraft. Von da an ging der Unterhalt der Fenster, außer bei einigen wenigen Beamten, zu Lasten des Bewohners. In der Folge übernahm die Gebäudeverwaltung zwar die Reparaturen, ersetzte die Fenster aber nicht mehr.

Die Comtesse de Lescure wurde als Erste mit der neuen Sparpolitik konfrontiert. D'Angiviller antwortete auf ihre Anfrage: »Obwohl die Erhöhung der Ausgaben, welche für die von Ihnen gewünschte Auswechslung der Fenster im Appartement von Mme de Sommièvre zu veranschlagen ist, ein wenig größer ist, als Sie zu glauben scheinen, ist der Gesamtgegenstand trotzdem von der Natur, dass es mir erlaubt ist, Ihnen einen Beweis meines Wunsches zu erbringen, Ihnen gefällig zu sein. Die drei betreffenden Fenster, die in der Tat erneuert werden müssen, werden mit großen Scheiben gefertigt sein. Ich muss Sie,

Madame, nur darauf hinweisen, dass die Kosten für die Ausbesserungen der Verglasung sowie einige andere Reparaturen aufgrund einer Neuregelung vom vergangenen Jahr zu Lasten der Personen gehen, die die jeweiligen Appartements bewohnen; die Scheiben, die Sie wünschen, könnten kostspieliger für Sie sein als andere Arten von Glas.«[80]

Die neue Regelung war das Ergebnis einer Haushaltspolitik, die darauf abzielte, nicht dringend notwendige Ausgaben einzusparen. Zuvor hatten die Königlichen Bauten, besonders unter der Leitung von Marigny, es jedem neuen Bewohner, wenn das Budget es erlaubte, bewilligt, auf Kosten des Königs zu renovieren, umzubauen, Zwischengeschosse einzuziehen sowie Zwischenwände und Kamine umzuplatzieren. Während der kurzen Amtszeit des Abbé Terray – der zwischen 1773 und 1774 gleichzeitig Generalkontrolleur der Finanzen und Generaldirektor der Königlichen Bauten war – wurde eine schärfere Gangart eingelegt. Der Abbé verweigerte im Namen der Gebäudeverwaltung strikt alles, was nicht zu den unumgänglichen Reparaturen gehörte, während er im Namen der Finanzverwaltung einschneidende Kürzungen vorschlug, was bis zur Streichung von Pensionen ging. Da er es sich damit bei vielen verscherzte, musste er den Platz bald wieder räumen. Als d'Angiviller die Leitung der Königlichen Bauten übernahm, beschloss er, seine eigenen Reformen durchzuführen, und behielt nur die Ausführung der »dringend notwendigen Reparaturen« bei, verschonte aber die Mächtigen, die Leute, die in königlicher Gunst standen, sowie all jene, deren Beschwerden wirklich begründet waren.

Die Bittgesuche der Höflinge wurden vernünftiger, auch wenn ihre Vorliebe für Böhmisches Glas trotz der Verpflichtung, die Kosten selbst zu tragen, kaum abnahm. 1782 schrieb d'Angiviller an Mme Rousseau, die neue große Fensterscheiben forderte:»Die einzige Gunst, die der Herr Generaldirektor der Dame gewähren kann, ist die Erlaubnis, die großen Scheiben auf eigene Kosten einsetzen zu lassen.«[81] Im folgenden Jahr reichte Mme de Montbel ein ähnliches Gesuch ein, und der Inspektor bemerkte:»Mme de Montbel bittet, dass die kleinen Scheiben ihrer Schlafzimmerfenster entfernt werden ebenso wie die Sprossen, und durch große Scheiben aus Böhmischem Glas ersetzt werden. [...] Ich sehe keinerlei Hindernis, dieser Bitte zu entsprechen, wenn die Scheiben auf Kosten von Mme de Montbel eingesetzt werden.«[82] Zwei Jahre später hieß es in einer anderen Anfrage: »Wenn der Herr Generaldirektor glaubt, keine Scheiben aus Böhmischem Glas gewähren zu können, würde M. de Montyon sie bezahlen.«[83] Der Hof hatte seine Lektion gelernt!

In dem Maße, wie die Technik voranschritt und die Produktion zunahm, wurden größere Scheiben und eine bessere Qualität gewünscht. Die begehrteste Neuheit bei den Höflingen war das Doppelfenster. Der Duc de Lévis, der in der Zeit der Restauration schrieb, rühmte dessen Vorzüge: »Ich vermisse [...] die Doppelfenster, die als Einzige wirksam vor großer Hitze und Kälte schützen. Der einzige Nachteil, den sie früher hatten, nämlich die Helligkeit zu mindern, würde heute, wo man so große Scheiben hat und der Luxus von Spiegeln allgemein verbreitet ist, nicht mehr existieren.«[84]

Diese Doppelfenster aber waren den Privilegierten vorbehalten, die der *Maison honorifique* angehörten. Damit bezeichnete die Comtesse de Boigne die großen Seigneurs, die der Königsfamilie und ihren engsten Angehörigen und Freunden in den höchsten Ämtern dienten.[85] Während die Hofkapläne und sogar die Piköre auf der offiziellen Liste derer standen, deren Fenster durch die Königlichen Bauten unterhalten wurden,[86] konnten nur die Großen des Hofes den Einbau von Doppelfenstern verlangen. Die Antwort auf die Gesuche der Comtesse de Gramont, einer Palastdame von Marie-Antoinette, und der Comtesse de Beaumont, Gesellschaftsdame von Madame Victoire, macht deutlich, dass Rang und Namen die ersten Kriterien waren, die dabei berücksichtigt wurden: »Die Anfragen von Mme la Comtesse de Gramont betreffen die Ausbesserung des Parketts und der Täfelung sowie die beiden Doppelfenster. [...] Ich glaube, dass die Dame in einer Reihe mit sämtlichen Palastdamen steht, die diesen Vorzug genießen. Ich habe die Ehre, den Herrn Generaldirektor nur noch darauf hinzuweisen, dass jene Palastdamen der Königin, die große Scheiben für ihre Doppelfenster erhalten haben, diese selbst bezahlt haben.«[87] 1784 mussten selbst die engsten Vertrauten der Königin solche Rechnungen begleichen.

Mme de Beaumont erneuerte ihre Bitte, diesmal mit »Glacéhandschuhen«, hatte jedoch nicht mehr Erfolg als beim ersten Mal: »Möglicherweise bin ich gerade dabei, eine Taktlosigkeit zu begehen, wenn ich Sie angesichts der Bedeutung des Gegenstandes um zwei Fenster aus Böhmischem Glas zur Erhellung meines Schlafzimmers bitte, das als einzigen Ausblick eine Wand bis zum Himmel und eine Treppe hat, und da in meinem Zimmer eisige Kälte herrscht, wage ich, Doppelfenster zu erbitten, die ich dringend benötige.« Am Rand des Gesuchs findet sich die Notiz: »Abgelehnt.«[88] Anderen wurden die Doppelfenster bewilligt: der Untergouvernante der Kinder Frankreichs, dem Garderobenmeister des Königs und den Ministern.[89]

Die luxuriöseste dieser Einrichtungen befand sich in dem Appartement, das Mme Du Barry im Gouverneursflügel bewohnte, bevor sie zur offiziellen Mätresse Ludwigs XV. aufstieg. 1771 berichtete der Inspektor, der den Flügel von den Handwerkern inspizieren ließ, die sich um den Zuschlag für den Abriss bewarben: »Wir haben die Zwischengeschosse im Appartement der Mme du Barry besichtigt, die von unten durch eine Reihe von fünf Fenstern erhellt werden, welche außen mit Doppelglas und innen mit Böhmischem Glas ausgestattet sind.«[90]

Ebenso gefragt waren die Fensterläden, die auch »Jalousien« genannt wurden. Die äußeren, nicht besonders teuren Läden waren aus Holz und schützten vor dem Wind. Man konnte sie so ausrichten, dass sie im Sommer die Sonne abhielten und gleichzeitig die Luft zirkulieren ließen. Als die Duchesse de Choiseul zwei Serien von Fensterläden für ihre Fenster im ersten Stock des linken Ministerflügels anforderte, wurden diese insgesamt auf nur 80 Livres geschätzt, doch selbst der Gemahlin des Premierministers wurde das Gesuch mit einem Hinweis auf die Zerstörung der Symmetrie verweigert.[91]

Die Comtesse de Briges, deren Appartement in den großen Stallungen auf die Avenue de Paris hinausging, erhielt eine vergleichbare, wenn auch »sehr höfliche« Antwort auf ihre Anfrage. »Es handelt sich«, schreibt sie, »um Jalousien an drei Fenstern meiner Unterkunft zur Avenue, die nach Süden ausgerichtet sind. Ich hatte Doppelfenster, die nicht ersetzt worden sind. M. Huvé sagte, sie hätten eine schlechte Wirkung. Die Jalousien könnten Regen abhalten und sind absolut erforderlich, um mich vor der Sonne zu schützen. Wenn es nicht üblich ist, dass der König solche bewilligt – ich verstehe dies als eine Gunst und Gnade –, würde ich diese und einige andere Ausgaben selbst übernehmen.«⁹²

Die Symmetrie der Fassaden wäre ohne Zweifel zerstört worden, wenn einige Appartements mit äußeren Läden ausgestattet worden wären und andere nicht. Jene der Damen de Briges und de Choiseul, die beide bei Hofe in hohem Ansehen standen, gehörten zu einem architektonischen Ensemble am Rande der Avenue und des Ehrenhofs, durch den man ins Schloss gelangte, und so war es wenig erstaunlich, dass die Harmonie Vorrang vor dem Komfort der Bewohner erhielt.

Im Übrigen wurden sogar bei den Prinzenappartements Fensterläden untersagt. Die Leibgarde des Comte d'Artois bewohnte eine lange Zimmerflucht im ersten Stock des Südflügels, ausgestattet mit großen Fenstern gegen Westen. Die Sofortlösung, zu der sie 1783 zur Bekämpfung der Hitze griffen, zog die Aufmerksamkeit der Gebäudeverwaltung auf sich. Sie machten geltend, dass »sie jeden Sommer schrecklich unter der Hitze der Sonne zu leiden hatten in ihrem Saal im Schloss, und um dieser Unannehmlichkeit vorzubeugen, sind sie gezwungen, die Läden der Fenster des genannten Saales geschlossen zu halten, und sie wissen sich nicht anders zu helfen, um sich etwas Kühle zu verschaffen, als das Parkett mit Wasser zu besprengen, was eventuell schädlich ist und Folgen haben könnte«, wie sie mit vermeintlicher Naivität hinzufügten.

Der Generalinspektor Heurtier antwortete, dass es überhaupt nicht in Frage käme, ihnen Fensterläden zu bewilligen, wenn nicht einmal die Garden des Königs oder der Königin sich dessen erfreuen konnten. Er schien zu vergessen, dass deren Gardesäle nicht dieselbe Lage hatten und auf ausgedehnte Gärten hinausgingen.[93]

Manche Appartements waren im Sommer ohne Fensterläden nahezu unbewohnbar, vor allem jene im Attikageschoss, deren Bleidächer von der Sonne aufgeheizt wurden. Das war der Grund, weshalb alle, die Fensterläden bewilligt bekamen, fast ausschließlich auf dieser Etage wohnten.[94] Die Maréchale de Maillebois bat um »Jalousien auf eigene Kosten aufgrund der Abendsonne«.[95] Ihre Nachbarin, Mme de Montbel, reichte ein ähnliches Gesuch ein: »Mme le Comtesse d'Artois, die mich oft mit ihrem Besuch beehrt [...], hat gerade heute wieder schrecklich unter der starken Hitze gelitten.«[96]

In manchen Ämtern bestanden größere Aussichten, in den dazugehörigen Dienstwohnungen zu Fensterläden zu kommen. Anlässlich eines Gesuchs des Vicomte d'Agoult, Vize-Major der *gardes du corps*, schrieben die Inspektoren ihrem Vorgesetzten: »In Bezug auf die Fensterläden glaube ich, dass M. le Vicomte d'Agoult sich aufgrund seines Dienstes in der Lage befindet, solche zu erhalten, zudem würden diese Fensterläden angesichts ihres geringen Ausmaßes nicht viel kosten. Die Fenster befinden sich in den Mansarden und sind nach Süden exponiert. M. le Vicomte d'Agoult würde verpflichtet, sie auf eigene Kosten anbringen zu lassen, wenn der Herr Generaldirektor sie nicht übernimmt.«[97] Er musste seine Fensterläden selbst bezahlen, aber sein Nachbar, der Chevalier de Crussol, Hauptmann der Garde des Comte d'Artois, erhielt die seinen gratis.[98]

In sämtlichen bisher angesprochenen Fällen gingen die Appartements auf die Innenhöfe des Prinzenflügels hinaus. Jenes von Mme de Maillebois umfasste jedoch die ganze Etage und hatte sowohl Fenster an der Außenfassade als auch auf der Hofseite, und wir wissen nicht, welche von ihnen mit Läden ausgestattet waren. Der einzige Fall einer Anfrage für die Gartenseite, von der wir Kenntnis haben, ist die des Marquis de Lévis: »Ich wäre Ihnen unendlich verpflichtet, wenn Sie anordnen möchten, an die Fenster des Appartements, das ich im Schloss bewohne und das nach Süden exponiert ist, Jalousien einzusetzen.

Es ist unmöglich [...], sich im Sommer ohne Jalousien darin aufzuhalten.« Die Antwort steht am Rand: »Sehr höfliche und begründete Ablehnung.«⁹⁹ Dieselbe Regel galt für den Nordflügel, von dem drei Bittgesuche zeugen, zwei für die Fenster auf
die Innenhöfe oder die Straße und das dritte zugleich für die
Fassade zum Garten und zum Hof hinaus. Allem Anschein nach
waren Fensterläden im Attikageschoss erlaubt, wenn sie vom
Garten aus nicht zu sehen waren.

6. Großreinemachen

Parkettbohner und Auskehrer

Die undankbare Pflicht, die Räumlichkeiten des Schlosses tagaus, tagein von Schmutz und Unrat zu befreien, oblag für den Privatbereich den Höflingen selbst. Auch der bescheidenste Beamte hatte dafür einen Diener, und einige der Ranghöheren wie die Gentilshommes im Dienst des Königs sogar einen eigenen Concierge. Leider trugen diese Diener jedoch oft erheblich zu dem Problem bei, dem sie eigentlich abhelfen sollten. Das hing zu großen Teilen damit zusammen, dass es im Laufe des 18. Jahrhunderts immer mehr Küchen in den Appartements gab und die Küchenmeister und Küchenmädchen als äußerst nachlässig galten. 1754 hielt der Comte de Noailles fest:»Inzwischen will man hier wie in einem Stadthaus alle seine Leute zur Verfügung haben, ebenso wie seine eigene Küche, was unerträglichen Dreck und Gestank mit sich bringt, und außerdem wird wieder alles aus dem Fenster geworfen. Die Herzoginnen de Chevreuse und Brancas werden ihre Wohnungen bald verlassen, weil sie aufgrund des schlechten Geruchs in der Tat nicht mehr bewohnbar sind.«[1]

Nicht einmal die sakralen Orte waren in tadellosem Zustand, so dass Noailles 1774 konstatieren musste:»Die Königliche Familie beklagt sich über die mangelhafte Reinlichkeit in der Kapelle.«[2] In den Appartements des Königs und seiner Familie wurde das ganze Personal, ob für öffentliche oder private Belange zuständig, zur Aufrechterhaltung von Ordnung und Sauberkeit mobilisiert. So rückten die Kammerdiener die Möbel zur Seite und halfen den Kammerfrauen, wieder alles in Ordnung zu bringen. Die Tapezierer besserten Wandschmuck und Tapeten aus, wären allerdings beleidigt gewesen, hätte man ihre

Tätigkeit zum Hausputz gezählt. Die öffentlichen Durchgänge und die Galerien, die zu den Appartements im Nord- und im Prinzenflügel führten, wurden durch die Auskehrer in Ordnung gehalten. Die Appartements des Königs und die der Öffentlichkeit zugänglichen Räume, die Grands Appartements, die Salons d'État, die sich über das Nordparterre erstreckten, und nicht zuletzt der Spiegelsaal waren die Angelegenheit der Parkettbohner.

Beim Umbau des Pavillons Ludwigs XIII. waren die Böden hier mit Marmor in verschiedenen Farben verkleidet worden, der nun gereinigt werden musste. Mit der Zeit drang durch die Ritzen der Marmorplatten jedoch Wasser, das Dach- und Deckenbalken faulen ließ und die Gesimse der darunterliegenden Räumlichkeiten beschädigte, wie es im Diana- und Mars-Saal der Fall war. Die Gebäudeverwaltung musste im Jahr 1704 dort die Marmorplatten entfernen und ins Magazin bringen lassen, außerdem Ornamente und Deckenskulpturen im Appartement des Comte de Toulouse restaurieren lassen; das Ganze belief sich auf insgesamt 8030 Livres. Anstatt des Marmors verlegte man nun Parkett, was nur 300 Livres kostete, doch das Holz benötigte erheblich mehr Pflege, so dass die Zahl der Parkettbohner erhöht werden musste.[3] Schweizergardisten, Bohner und Auskehrer wurden aus dem Budget der Königlichen Domäne bezahlt, das Noailles verwaltete, und von einem der Garçons des Schlosses beaufsichtigt, der wiederum dem Gouverneur unterstand.

Das Reinigungspersonal von Königin und Dauphine, die jeweils über ein von der königlichen Schatzkammer unabhängiges Budget verfügten, wurde von ihrem eigenen Argentier bezahlt. Die Gehälter waren sehr bescheiden; 1725 bekam der Parkettbohner der Chambre der Königin pro Halbjahr nur 200 Livres, wovon er auch seine Gehilfen bezahlen musste.[4] Als er sich 1769 zur Ruhe setzte, behielt er sein gesamtes Einkommen als Pension, das sich in der Zwischenzeit verdoppelt hatte und eine Entschädigung für die Ernährung mit einschloss. Als er starb, erhielt seine Witwe weiterhin 200 Livres.[5] Diese Art von Arrangements schien in den 1780er Jahren üblich gewesen zu sein, denn der Parkettbohner des Appartements von Madame Elisabeth erfuhr die gleiche Behandlung.[6]

Die meisten Angestellten der Prinzenhäuser erhielten eine Wohnentschädigung, wie der Parkettbohner der Sächsischen Dauphine Maria Josepha, der neben seinen 800 Livres eine Vergütung von zehn Sols pro Tag erhielt.[7] Im *État* von 1779 wurden die Bezüge der bei der Domäne beschäftigen Parkettbohner revidiert. Die sechs ersten Bohner hatten zuvor ein Gehalt von 365 Livres bezogen, 100 Livres als Wohnentschädigung und 45 für das Holz zum Heizen, das heißt insgesamt 510 Livres jährlich; sie bekamen nun eine Erhöhung um 390 Livres, womit sich ihr Einkommen auf 900 Livres belief, was ein angemessener Betrag war. Die 21 anderen Bohner der Domäne bekamen nur eine Erhöhung um 170 Livres, mussten also mit 680 Livres jährlich auskommen. In einer Anmerkung im *État* wurde präzisiert, dass diese Gehaltserhöhungen aus der königlichen Schatulle beglichen wurden.[8] Alle trugen im Dienst eine Uniform, die *petit habit*, »kleines Gewand«, genannt wurde.

Die Größe mancher Appartements machte die Einstellung mehrerer Parkettbohner notwendig. 1767 schrieb der Comte de Noailles an den König: »Zwei Parkettbohner waren ausreichend, als die Mesdames zusammen wohnten. Da Madame Victoire das Appartement von Madame de Dauphine übernommen hat, scheint es unumgänglich, einen weiteren einzustellen.«[9] Als Madame Louise 1770 in den Karmeliterorden von Saint-Denis eintrat, begnügten sich ihre drei weltlichen Schwestern mit je zwei Bohnern. Die Gouvernante ihrer Nichten, Mesdames Elisabeth und Clotilde, forderte deren zwei, als diese 1774 in das Alter für ein eigenes Appartement kamen.

Aus ökonomischen Gründen wurden die Söhne der beiden ältesten Parkettbohner des Königs unterhalb des üblichen Salärs beschäftigt, mit einem Zuschuss aus der Schatulle des Königs.[10] Dieses Arrangement war 1750 durch einen gewissen Sieur Vaultier vorgeschlagen worden, der um eine Stellung für seinen Sohn ersuchte: »Vaultier, Parkettbohner des Appartements der Königin, legt dar, dass er die Arbeit, mit der er beauftragt ist, schon seit langem nicht mehr allein zu verrichten imstande ist.

Er schlägt vor, dass er von seinem Sohn unterstützt wird. Madame la Duchesse de Luynes versichert, dass er anständig und treu ist. Die Königin scheint dieses Arrangement zu wünschen, wie auch die Zustimmung des Königs, und dass man dem Sohn Vaultier 200 Livres jährlich gibt sowie einen Überrock aus rotem Tuch ohne Borte.«[11] Mesdames Tantes, die Ludwig XV., ihren *papa Roi*, zu umschmeicheln wussten, waren bei ihrem Neffen, dem jungen Ludwig XVI., ebenso erfolgreich. Im Jahr 1775 stattete der junge Monarch kurz nach seiner Thronbesteigung beide Junggesellinnen großzügig mit einer Haushaltung aus. Daraufhin verlangten die drei übrigen Schwestern auf der Stelle zusätzliche Parkettbohner, eine Forderung, von der Noailles dem König Mitteilung machte:»Mesdames haben fünfzig Räume und wünschen unbedingt je zwei Parkettbohner. Der Comte de Noailles wurde gerügt, weil er sich dieser neuen Ausgabe widersetzt hatte [...], doch Mesdames sagen, wenn er das auch weiterhin täte, würden sie es auf das Budget ihrer Chambres setzen. Das käme Eure Majestät noch teurer zu stehen, da es keine schlechtere Bezahlung gibt als die durch die Domäne. [...] Der Comte de Noailles erbittet für diese drei neuen Parkettbohner dieselbe Bezahlung wie für die anderen sowie die 27 Livres aus der Schatulle.«[12]

Auch wenn man die Parkettbohner und Auskehrer schlecht bezahlte, so benötigte man sie doch täglich. Aus diesem Grund wurden sie im Rahmen des Möglichen auf Kosten des Königs untergebracht und bekamen einen Zuschuss für Heizmaterial. Der Wohnungsetat aus dem Jahr 1741 wies den Parkettbohnern und ihren Familien sowie einem Auskehrer im Hôtel des Louis in der Rue de l'Orangerie vier kleine Räume zu. Im dritten Stock des Grand Commun waren zwei Räume für den ersten Parkettbohner der Chambre du Roi reserviert, der noch über zwei weitere im Dachbruch verfügte. Die anderen Auskehrer erhielten eine Wohnentschädigung in Form einer eher unbedeutenden Summe, die aber nach bestimmten Kriterien erhöht wurde – familiäre Belastungen, Anzahl der Dienstjahre usw. 1750 schrieb

Noailles dem König: »Der genannte Fornerod, Auskehrer, ist gestorben. Er hinterlässt eine brotlose Witwe mit vier Kindern. Da ihr Mann zu kurzfristig im Dienst Eurer Majestät stand, kann man ihr keine Leibrente aussetzen. Der genannte Henri, Parkettbohner, fordert seine Unterkunft für 100 Livres in Form von Geld. Wenn Eure Majestät dies als richtig erachtet, könnte Henris Unterkunft im Hôtel des Louis an diese arme Witwe gehen, die 90 Livres, die Fornerod bekam, an Favre, und Favres Zimmer im Schloss an Chamberry, den neuen Auskehrer.«[13] Ludwig XV., der auch den bescheidensten seiner Diener kannte, trug unter dem Gesuch sein *bon du Roi* ein – er stimmte zu.

Die Parkettbohner kamen jeden Tag aus ihren ärmlichen Behausungen im Schloss oder in der Stadt, um ihre Arbeit zu verrichten. Ihre Gerätschaften hatten sie vor Ort deponiert, bis zu dem Tag, an dem sie feststellen mussten, dass ihr Schrank aus den Grands Appartements verschwunden war. Laut dem Generaldirektor Heurtier »weckten die Parkettbohner, wenn sie zu früher Stunde eintrafen, um ihre Besen und Bürsten zu holen, Madame Adélaïde auf, und das war der Grund, warum sie die Umplatzierung dieses Schrankes wünschte.« Der Respekt vor dem Schlaf einer Prinzessin zwang den Inspektor, einen Ort für den Schrank ausfindig zu machen, »wo er hineinpasst und von wo er nicht mehr versetzt werden muss«. Er fand ihn unter der sogenannten Épernon-Treppe.[14]

Die Zahl der Parkettbohner und Auskehrer schwankte, und 1755 hielt Noailles fest, dass zusätzlich zu den drei Parkettbohnern und zwei Auskehrern, die in Marly dienen, eigentlich drei weitere notwendig wären, dies aber zur Folge hätte, »dass sie auf einer Stufe mit Versailles stünden«.[15] 1756 verzeichnete der Holzetat 44 Parkettbohner. Diese Zahl schloss jene des Schlosses, der königlichen Gebäude in Versailles und Marly und vermutlich auch mehrere Bohner im Ruhestand mit ein, nicht aber im Trianon, wo zwei Parkettbohner separat aufgeführt sind.[16] 1763 gab es in Versailles 15 Parkettbohner, dazu zwei im Dienste des Dauphins, zwei für seine Söhne, zwei bei den Mesdames, einen für das Büro der Domäne. In Marly gab es sieben, in Trianon zwei und in der Menagerie einen einzigen, das heißt insgesamt 32. Zur selben Zeit verfügte Versailles über 16 Auskehrer, davon vier für den Grand Commun.[17] Es bedurfte einer großen Autorität, sie zu beaufsichtigen, und zumindest in einem Fall war der Garçon des Schlosses, der ausgewählt wurde, um die Reinigungsmannschaft zu überwachen, seiner Aufgabe nicht ganz gewachsen. 1769 machte Noailles den König darauf aufmerksam:»Beccard, Chef der Parkettbohner und Auskehrer, ist ein guter Untertan, wird aber nicht genug gefürchtet von der Truppe, die er kommandiert. Der Comte de Noailles bittet Eure Majestät um die Erlaubnis, ihn gegen Lemant auszutauschen, der dieses Amt besser ausführen würde. Beccard würde wieder in die Reihe der *garçons du château* an der Seite von Fleury und Frioux zurückkehren.«[18] Lemant wurde ernannt, doch kaum war die Disziplin wiederhergestellt, tauchte ein anderes Problem auf. 1774 erhielt Noailles von den Mesdames Clotilde und Elisabeth ein Bittgesuch nach Parkettbohnern und war gezwungen, Frioux' Söhne zu einem halben Gehalt zu engagieren. »Frioux hat seine vier Parkettbohner, die die sechzig überschritten haben und kaum mehr arbeiten können.«[19] Das Problem war nicht neu, und Noailles hatte es schon 1752 angesprochen:»Sämtliche Leute am Hof bitten den Comte de Noailles um Stellen für Parkettbohner, Auskehrer und Träger in Marly. Das scheint nicht weiter von Interesse zu sein. Doch gibt es etwas zu bedenken, denn wenn man sie mit 50 oder 55 Jahren nimmt, befinden sie sich nach 3 oder 4 Jahren außerstande, ihren Dienst zu erfüllen, und erbitten ihr Gehalt als Leibrente, was eine doppelte Stelle bedeutet. Und eine solche zweifache Ausgabe schlägt erheblich zu Buche. Der Comte de Noailles bittet Eure Majestät, anzuordnen, diese Art Domestiken nur bis zu einem Alter von 40 Jahren einzustellen und dem ersten Bewerber um die Stelle eines Parkettbohners oder Auskehrers zunächst nur ein Gewand ohne Gehalt auszuhändigen, um sicherzugehen, dass genannte Person die Stelle ausführen kann und der Comte den Noailles dazu nicht von höherer Stelle genötigt wird.«[20] Frioux verstand sich so gut auf seine Aufgabe, dass er im Jahr 1780 den Zuschlag für das Wachs und die rote und gelbe Farbe bekam, die dort hineingemischt wurde, um die Maserung des Parketts zu betonen. In seinem Angebot versprach er, die Appartements des Königs und der Königin sowohl in Versailles wie auch in Marly und im Trianon zu beliefern, ebenso die von Madame Royale, Madame Elisabeth, Mesdames Tantes und der Prinzen und Prinzessinnen von Geblüt. Der Auftrag umfasste darüber hinaus auch das Appartement des Gouverneurs, Büro und Archiv der Domäne, die Unterkünfte des Concierge von Schloss und Grand Commun und des Ersten Kammerdieners des jeweiligen Quartals und schließlich die Sakristei der Kapelle. »Damit die genannten Orte gut gebohnert werden, nachdem die Farbe verteilt worden ist, verspreche und verpflichte ich mich, sie jeden zweiten Tag und jedes Mal, wenn es nötig ist, bohnern zu lassen, um für die größte Sauberkeit zu sorgen.« Er schlug vor, damit die Parkettbohner des Königs und der Mesdames zu betrauen, und fügte hinzu, dass der Aufseher der Parkettbohner verpflichtet sei, »ihm sämtliches Bohnerwachs, das nicht benutzt worden« ist, als sein Eigentum zurückzugeben«.

Sein Angebot in Höhe von 10 000 Livres jährlich wurde am Vorabend der Reformen akzeptiert, musste aber 1784 auf 11 200 Livres erhöht werden.[21] Der Vertrag mit Frioux ermöglichte bedeutende Einsparungen, denn 1778 wurden allein für Versailles und Marly Mittel im Wert von 28 733 Livres verbraucht, davon 12 829 für Farben und 15 904 für Wachs.[22] Trotzdem scheint es, dass Frioux bei dem Geschäft nicht zu kurz gekommen ist. Seine Kompagnons, die ihm nachfolgten, Jean-Louis Mercier, einer »der für die Conciergerie verpflichteten Parkettbohner«, und Maxime Vibert, seines Zeichens »Parkettbohner der königlichen Appartements«, legten ein Angebot vor, »Farben und Wachs herzustellen und zu liefern […], wie es im Vertrag, der mit M. Frioux abgeschlossen wurde, festgelegt ist«, zum Preis von 8720 Livres (inklusive 200 Livres für die sechs Ersten Parkettbohner und 10 Livres für jeden Parkettbohner der Mesdames (das heißt zu einer Gesamtsumme von 32 000 Livres). In diesem Betrag war das Wachs zu 3600 Livres miteingeschlossen, »das verwendet wird wie von Sieur Frioux geliefert«, sowie Farbe zu 1920 Livres. Dass die Kosten im Vergleich zu der Aufstellung von 1778 noch weiter sanken, erklärt sich aus einer Tatsache, die die Parkettbohner wie folgt zugaben: »Das Wachs, das uns immer ausgehändigt wurde, brachte denen von uns, die im Dienste des Königs standen [...], einen Gewinn in der Höhe von ungefähr 400 Livres, und jenen, die bei Mesdames Tantes und Madame Elisabeth angestellt waren, ungefähr 20 Sols pro Tag.«[23] Dieses Geständnis ist datiert vom 26. Oktober 1789, als der König gerade nach Paris aufgebrochen war. In den letzten Stunden der Versailler Monarchie hatten die Parkettbohner, so weit unten sie in der Hierarchie der Angestellten auch stehen mochten, ein Mittel gefunden, ihr Einkommen heimlich um 400 Livres und damit um 45 Prozent zu erhöhen. 1790 wurde ihre Zahl dann reduziert: um zehn Bedienstete in Versailles und um vier in Marly und im Grand Trianon. 1792 wurden in Versailles vier, in Marly drei und im Trianon zwei Stellen gestrichen.[24]

Die Auskehrer, die bescheidenen Kollegen der königlichen Parkettbohner, bekamen nur 90 Livres für ihre Unterkunft. Wie bei den Parkettbohnern umfasste ihr Korps sechs Erste Auskehrer und eine variable Anzahl »weiterer« – 33 im Etat von 1779. Zu jener Zeit erhielten die »Ersten« eine Erhöhung um 80 Livres. Da sie sonst keine Einnahmen hatten, mussten sie mit 700 und die »weiteren« mit 580 Livres jährlich auskommen. Als einziger Trost blieb ihnen der *habit du Roi*, das königliche Gewand, das ihnen von der Domäne zur Verfügung gestellt wurde. Sieur Taillebosque, Schneider und Tuchherr von Versailles, lieferte diese Uniform fast ein halbes Jahrhundert lang. Sein Angebot von 1784 findet sich im Dossier der Domäne im Nationalarchiv.[25] Er bot zum Preis von 138 Livres das komplette Gewand, Jacke und Hose aus blauem Tuch aus Sedan, Futter aus roter Serge d'Aumale, geschmückt mit einer großen silbernen Borte und versilberten Knöpfen, die Hose mit ledernem Futter. Die vollkommen erhaltenen kleinen Stoffmuster, die dem Angebot beigefügt waren, zeigen, dass die Auskehrer würdig und mit strapazierfähigem Stoff eingekleidet waren, der auch für die Arbeit im Freien geeignet war.

Die Domäne beschäftigte zwei Männer, »um den Kot und den Unrat aus der Stadt Versailles zu beseitigen«, darunter einen »für den Teil der Pfarrgemeinde Notre-Dame, die großen und kleinen Höfe des Schlosses von Versailles, die Straßen, die zu genanntem Schloss führen, die Umgebung der großen Stallungen, der Hôtels und Häuser […], die Seiner Majestät gehören«. Der zweite hatte die Pfarrgemeinde von Saint-Louis unter sich.[26] Sie kümmerten sich dabei nur um die Gebäude des Königs, da die Stadt selbst einen Reinigungsdienst hatte, der durch Steuern der Eigentümer, die sogenannte Drecksteuer, finanziert wurde. Dieser Dienst war oft mangelhaft, vor allem in den Grenzbezirken einer Stadt, die sich gegen Ende des Ancien Régime immer weiter ausbreitete: An der Peripherie von Versailles war die Lage geradezu besorgniserregend.

Der Generaldirektor der Königlichen Bauten war mit dem Unterhalt und der Reinigung der Außengebäude sowie der Schornsteine und Abortgruben beauftragt. Darüber hinaus beschäftigte er zum »Abkratzen der Schlosshöfe« einen Mann, dem diese tägliche Arbeit ein kleines Gehalt und eine winzige Unterkunft im Hôtel de Limoges einbrachte.[27] Wie viele Parkettbohner des Schlosses war dieser Boudard, genannt Joinville, ein ehemaliger Bediensteter des Ersten Baumeisters des Königs. In einer Bittschrift von 1780 legte er dar, dass er »obwohl 70 Jahre alt, gebrechlich, unter zwei Eingeweidebrüchen leidend, seit vierzig Jahren für 400 Livres mit dem Ausreißen des Unkrauts im Vorhof von Versailles betraut ist«.[28]

Das war eine enorme Aufgabe, denn die Höfe waren groß und mit Karossen vollgestellt, deren Pferde wenig Respekt vor der Königliche Residenz zeigten, wenn die Natur drängte. Die Innenhöfe waren noch schmutziger, und 1774 schrieb der Comte de Noailles dem Generaldirektor der Königlichen Bauten: »Die Höfe der Maison-Bouche sowie jener unterhalb der Kapelle sind in sehr schlechtem Zustand. Die Bäche in diesen Höfen fließen nicht mehr, und die stehenden Wasser werden faulig und verbreiten einen unerträglichen Gestank.«[29]

In der Stadt war die Situation kaum besser. Der Direktor und sein Aufseher, Duchesne, zugleich Vorsteher der Garden, die mit der Ausführung der Reglements für die öffentlichen Wege und Straßen beauftragt waren, legten 1789 die Entlohnung für die städtischen Abdecker fest:»Was könnte der Dienst wert sein, den dieser Mann verrichtet hat, ohne dazu verpflichtet zu sein, nämlich während des Winters und bereits vorher die toten Tiere zu beseitigen, die in die Straßengräben geworfen werden oder sogar auf den Straßen liegen?« Man gewährte ihm drei Louis, doch es wurde beschlossen, dass»der jeweilige Inspektor in Zukunft auf Anweisung des Aufsehers oder der Garden einem Terrassenmeister Befehl erteilen wird, das tote Tier auf der Stelle und vor Ort zu verscharren«.³⁰

Diese täglichen Arbeiten aber waren nichts im Vergleich zur jährlichen Großreinigung, die unter der Leitung der Königlichen Bauten einem Heer von Kleinunternehmern anvertraut wurde. Diese Reinigungsmaßnahmen waren schon seit so langer Zeit üblich, dass Anna von Österreich sie 1648 zum Vorwand nahm, aus Paris, wo sie von der Fronde bedroht war, zu flüchten. Ihre Kammerdame versicherte, sie habe»das Palais-Royal verlassen, damit es von dem Schmutz gereinigt werden kann, in dem der Hof immer steckt, wenn er längere Zeit am selben Ort verweilt«.³¹

Mehr als ein Jahrhundert später, 1769, als sich die Budgetkrise zuspitzte, schrieb der Marquis de Marigny an den Hauptinspektor des Schlosses:»Zu allen Zeiten wurde das Einsetzen von Kamin- und Ofenrohren, der Pflastersteine auf dem Hof, die Entleerung der Latrinen und Aquädukte, das Anbringen und Instandsetzen aller Doppelfenster, Ausfegen der Kamine, die Reinigung der Spiegel und Fenster des Schlosses stets während der Reise nach Fontainebleau erledigt; nie hat man es versäumt, dafür einen Fond bereitzustellen. Darum ist es wichtig, so bald wie möglich eine Summe von 20 000 Livres zur Verfügung zu haben, ohne die bei der Rückkehr des Hofes nichts gemacht sein wird, da sich die Kleinunternehmer sonst trotz ihres Pflichteifers dazu nicht in der Lage sehen und den Dienst verweigern.«³²

Ofenmacher und Schornsteinfeger

Die Reinigung der Kamine oblag den Rauchfangverständigen und dem Schornsteinfegermeister. Die Stadtväter von Paris und der *Conseil du Roi*, der Königliche Rat, waren, wie wir gesehen haben, während des gesamten 18. Jahrhunderts besorgt um die Feuergefahr, die von der schlechten Konstruktion der Rohre und deren permanenter Verstopfung herrührte. Ein Erlass des *Conseil du Roi* setzte 1781 hierzu wieder die ursprünglich geltenden Regeln in Kraft und ergänzte sie um ein paar weitere. Die Eingangsformel lautet: »Wenn das Schornsteinfegen in der Stadt Paris und ihren Vorstädten weiterhin durch willkürlich ausgewählte Leute ohne Kenntnisse oder gar von Kindern ausgeführt wird, die sich gegenseitig beibringen, die Schornsteine hochzusteigen, und glauben, ihre Aufgabe sei getan, wenn sie einen Haufen Ruß hinunterbefördern, dann ist das Ziel des Schornsteinfegens weit davon entfernt, erfüllt zu werden. Ein solch unzuverlässiges Vorgehen bietet keinerlei Sicherheit: Der eigentliche Zweck besteht noch immer und grundsätzlich darin, den Zustand, das Alter, die Art, die Neigung, die Risse in den Schornsteinen, die Position der benachbarten oder querliegenden Balken sowie die Qualität und die Position der weit verbreiteten Ofenrohre zu überprüfen und festzuhalten. Sie können ihren Nutzen nur erweisen, wenn die öffentliche und private Sicherheit gewährleistet ist.«[33]

Der Erlass verfügte die Schaffung von »Depots« in den jeweiligen Stadtvierteln, wo die Bürger regelmäßig einen Dienst von Schornsteinfegern, Ofenmachern und Rauchfangverständigen anfordern konnten. In der Folge legte eine polizeiliche Verordnung den minimalen Durchmesser der Rohre fest und machte es den Eigentümern zur Pflicht, »mindestens viermal jährlich die Schornsteine der Wohnungen und anderer von ihnen vermieteter, untervermieteter oder bewohnter Orte zu fegen und die der großen Küchen jeden Monat«.[34]

Es sieht nicht so aus, als wären diese Anweisungen strikt befolgt worden. Die Gebäudeinspektoren in Versailles teilten die

Pariser Befürchtungen, und mehrere Abteilungen ihres Verwaltungsbereichs beschäftigten für die große Herbstreinigung entsprechendes Fachpersonal.

In den 1750er Jahren behandelte der Rauchfangverständige Joseph Meller die Schornsteine des Schlosses zum jährlichen Tarif von 800 Livres, dazu kamen die Kosten für den Gips, den man zum Schließen der Risse verwendete. 1755 bat man ihn, die Schornsteine im Grand Trianon zu reinigen, für diese Aufgabe erhielt er zusätzliche 400 Livres.[35] 1765 löste Jacques Bosse Meller ab, der eine Pension von 400 Livres von den 1200 Livres erhielt, die seinem Nachfolger gewährt wurden.[36] Bosse übernahm den Vertrag zu denselben Konditionen, doch man vergaß fast fünf Jahre lang, ihn zu bezahlen. Zudem blieb man ihm auch die Bezahlung für die Reinigung der Schornsteine von Bellevue, Saint-Hubert und Saint-Germain schuldig. Seine Rechnung von 10 516 Livres schloss 2221 Livres für die Reinigung der königlichen Gebäude von Versailles mit ein.[37]

Solche Gehaltsrückstände waren keine Seltenheit: 1782 kam Bosse seiner Aufgabe noch immer nach, während er ununterbrochen das ihm zustehende Geld einforderte, das heißt 7732 Livres. Er bat, das Salär für die Reinigung der Schlossschornsteine auf 1600 Livres zu erhöhen, mit der Erklärung, dass er zwei Garçons zu 300 und 200 Livres beschäftige, denen er darüber hinaus eine Nahrungsentschädigung von einer Livre täglich entrichte und die Miete für ihre drei Zimmer bezahle.[38]

Die Gebäudeverwaltung beschäftigte einen Schornsteinfegermeister in Vollzeit, der stets zur Verfügung stand, wenn es einen Kaminbrand zu löschen oder dadurch erforderlich gewordene Reparaturen auszuführen gab. Jacques-Antoine und Jean-Joseph Pradelin, zwei Cousins, die sich als Schornsteinfeger der Königlichen Bauten bezeichneten, erhielten ihre Bestallungsurkunde im Jahr 1775. Sie behaupteten, einer Ahnenreihe von Schornsteinfegern der königlichen Häuser anzugehören, die drei Jahrhunderte zurückreiche, was das Brevet zumindest zum Teil rechtfertigte, das 1723 Jean Pradelin zu einem Gehalt von 100 Livres bewilligt wurde.[39]

Die Cousins Pradelin bewohnten 1768 unter dem Dach im

Grand Commun drei kleine Kammern mit einem zusätzlichen Hängeboden.[40] Bei ihren vielen täglichen Dienststunden war die Gratifikation von 250 Livres sicherlich mehr als gerechtfertigt.[41] 1775 baten sie um eine Dienstuniform, die ihnen die Arbeit erleichtern sollte.»Aufgrund ihres Standes und da sie bei ihrem Dienst gezwungen sind, Tag und Nacht über alle Unfälle zu wachen, die das Feuer verursachen könnte, und beim König, der Königin und der königlichen Familie zu erscheinen, müssen sie oft schmerzlich mit ansehen, dass ihnen überall der Eintritt verwehrt wird. Unter diesen Umständen und damit ihre Arbeit in Zukunft nicht mehr beeinträchtigt wird, appellieren sie an Ihre Güte, Monsieur, um entsprechend ihren Kollegen in Paris eingekleidet zu werden, damit sich ihre Arbeit an der Spitze der Arbeiter angenehmer gestalten möge.«

Die Notwendigkeit einer Uniform wurde anerkannt, doch gaben der Preis und die Ausstattung Anlass zu Diskussionen. Schnitt und Verzierung mussten in die Hierarchie der übrigen niederen Beamten eingeordnet werden, und dasselbe galt natürlich auch für das Gehalt. Duchesne, der als Aufseher der Königlichen Bauten Pradelins unmittelbarer Vorgesetzter war, machte dem Comte d'Angiviller einen Vorschlag:»Ich bat den Schneider um die Details für die Bekleidung der beiden Schornsteinfegermeister des Schlosses. Da sie Ihrer Absicht entsprechend weder auf die kleine Livree mit Justaucorps zu 78 Livres reduziert werden sollen, die ihnen in ihrer Eigenschaft als Meister nicht angemessen wäre, noch den Gärtnern und leitenden Brunnenmeistern angeglichen, die die mittlere Livree mit Justaucorps im Wert von 128 Livres erhalten, und sich durch eine Uniform zu einem mittleren Preis unterscheiden sollen, glaube ich, dass man ihnen einen Justaucorps mit versilberten Knöpfen geben kann, ohne Knopfloch, doch mit kleiner Borte gesäumt, dessen Muster beigefügt ist und die dieselbe ist, welche die Matrosen des Kanals auf den Ärmeln ihres Überrocks tragen. Wünscht der Herr Generaldirektor noch eine zusätzliche Unterscheidung, könnte man die Ärmel in Amadis fertigen lassen. Dieses Gewand zu ungefähr 90 bis 92 Livres scheint mir, Monsieur, den wirtschaftlichen Gesichtspunkten, die Sie zum Ausdruck gebracht haben, entgegenzukommen.«⁴² Das Modell fand Zustimmung, und Bosse, der ebenfalls ein Anrecht auf eine Uniform hatte, streifte 1777 »einen Justaucorps mit kleiner silberner Borte über, wie die Herren Schornsteinfeger«.⁴³ Pradelin musste sich jedoch auch Kritik gefallen lassen. Im Jahr 1780 gab der Generaldirektor Heurtier seinem Vorgesetzten zu verstehen, Pradelin missbrauche das Vertrauen, das ihm entgegengebracht wurde, indem er für seine Dienste zwischen 24 und 30 Livres fordere.»Ich betrachte ihn noch immer als einen klugen Mann und guten Diener und [...] habe mich nur über seine Unbesonnenheit beklagt [...], weil er nichts ungetan lässt, was seinen Erfolg sichert und seinem Ruf nützt, und dass die dem Rauchfangverständigen entrichtete Entlohnung so zweimal bezahlt wird.« Er schlug vor, dass Pradelin denselben Vertrag wie der Rauchfangverständige Bosse bekommen solle, bezweifelte jedoch, dass der stolze Schornsteinfeger dies akzeptieren würde.⁴⁴ Er schien mit dieser Annahme richtig zu liegen, denn die beiden Männer behielten ihren unterschiedlichen Status. Und das Ganze war nichts weiter als eine gescheiterte Reform mehr in Versailles!

Die Fensterputzer von Versailles

1788 macht der Comte Angiviller den König darauf aufmerksam, dass die jährliche Reinigung und der Unterhalt der Fenster und Spiegel, die sogenannten Glasarbeiten, im Schloss und in den königlichen Gebäuden der Stadt in den Händen »zweier Familien liegen, die das Geschäft seit mehr als hundert Jahren vom Vater auf den Sohn übertragen. Es sind dies die Familien Montigny und Gérard.«⁴⁵ Die Arbeiten waren mit der Zeit wesentlich weniger aufwendig geworden, so dass der Abbé Terray und d'Angiviller selbst die Liste der Beamten, die in Genuss dieses Dienstes kamen, zusammengestrichen hatten. Das Schiebefenster war noch nahezu unbekannt, und die Flügel machten das Reinigen vieler Fenster leicht durchführbar, selbst für die Domestiken. Einzig die jährliche Großreinigung führte oft zu kleineren Reparaturen und erforderte ein nennenswertes Budget. Im Jahr 1773 betrug dies 18 000 Livres, von denen nur ein Drittel direkt den königlichen Appartements zugerechnet werden konnte.

Auf dieser Grundlage wurde schriftlich festgehalten, dass »die Verwaltung nicht mehr mit den Glasarbeiten sämtlicher Appartements der Prinzen und Prinzessinnen von Geblüt und all jener Personen beauftragt ist, die umsonst logiert werden, […] und auch nicht mit jenen der Minister und anderer Personen, denen aufgrund ihres Standes kein Anlass zu Beschwerden gegeben werden soll. Man wird nur noch die Ausgaben der Glasarbeiten für *commensaux* und jene Beamten, Angestellten und Domestiken übernehmen, denen Stand und Dienst in dieser Hinsicht ein besonderes Recht verleihen.«[46]

Die Ausgaben aber blieben dennoch so hoch, dass die Kleinunternehmer nur selten bezahlt wurden. 1781 lancierte die Witwe Montigny, Inhaberin des Vertrags über den Unterhalt der Glasarbeiten des *département des Dehors*, einen verzweifelten Appell. Ihre Tochter wolle heiraten und brauche als Mitgift zumindest eine Anzahlung auf die Entlohnung für die seit 1778 durchgeführten Arbeiten. Der Betrag belief sich von 11 554 Livres im Jahr 1780 bis zu 17 933 Livres im Jahr 1785. Dazu kamen 550 bis 750 Livres jährlich für die Reinigung und Reparatur von Fenstern der Kirchen Missionaires und Notre-Dame von Versailles, was die Rechung auf 96 956 Livres ansteigen ließ, abzüglich der Anzahlung von 16 700 Livres, die zwischen 1775 und 1779 bereits geleistet worden war.[47] Im Durchschnitt kam dieser Dienst den König also auf ungefähr 16 000 Livres jährlich zu stehen. Die Witwe übertrug die Ausführung dieses Geschäfts auf ihren Sohn, den d'Angiviller 1788 beschrieb als »einen Mann von 35 Jahren, guter Arbeiter, sehr brav, der Kredit gewähren kann«, wobei dieser letzte Punkt für den Generaldirektor von größter Wichtigkeit war.

Die Familie Gérard hatte weniger Glück; der Vater war »entmündigt und eingesperrt worden«, und die Mutter, die das Geschäft übernommen hatte, starb und hinterließ einen fünfzehnjährigen Sohn sowie einen »Commis oder Altgesellen« namens

Plateau. Der Generaldirektor erklärte, dass dieser darum bitte, das Unternehmen weiterführen zu können,»um es mit dem Kind zu teilen [...], wenn es das Alter erreicht haben wird, um es selbst zu leiten«. D'Angiviller erhob Einwände:»Die über Plateau eingeholten Zeugnisse sprechen für ihn als einen betriebsamen, sorgfältigen und eifrigen Handwerker. Aber er steht selbst ganz ohne Vermögen und folglich ohne die Möglichkeit da, Kredite zu gewähren, und das in einem Beruf, der genau das erfordert.«

Für die Königlichen Bauten konnte ein Unternehmen ohne Guthaben zu einem Zeitpunkt, da die Monarchie am Rande des Bankrotts stand, zu einem Handicap werden. So schlug der Generaldirektor dem König vor, die»kleineren Aufgaben« Plateau zu übertragen,»genug, damit er ein Auskommen hat, und den Rest Montigny, der ihn übernehmen möchte und auf dessen Ressourcen man sich vertrauensvoll verlassen kann«.[48] Beim Tod der Witwe Gérard im Jahr 1788 hatte Plateau 100 000 Livres für die Nachfolge gefordert. Die Angestellten der Gebäudeverwaltung konsultierten die Archive und kommentierten die Bittschrift:»Diese Zahl scheint stark übertrieben zu sein; in Wahrheit haben wir keine Kostenaufstellung für das Jahr 1787, doch am ersten Januar 1787 haben die Außenstände kaum 53 000 Livres erreicht.«[49]

Schließlich wurde die Arbeit aufgeteilt. Die Familie Montigny wurde mit dem südlichen Teil des Schlosses, der Orangerie, Ménagerie und der königlichen Gebäude im Viertel Saint-Louis betraut. Die Familie Gérard erhielt den nördlichen Teil des Schlosses, das Große und das Kleine Trianon sowie die königlichen Gebäude in der Pfarrgemeinde Notre-Dame.[50]

Der Gestank des Hofes

1780 wurden im Umkreis des Schlosses neunundzwanzig Abortgruben gezählt,[51] die eine unerträgliche Belastung darstellten und deren Entleerung sehr teuer war. Eine Klageschrift konstatiert »die großen Unannehmlichkeiten, welche die praktizierten Entleerungsmaßnahmen verursachen, darunter ist der Tod mehrerer Arbeiter zu zählen, die durch die Ausdünstungen der plombierten Gruben erstickten, die äußersten Beschwernisse für die Bewohner des Hauses und des Viertels, sogar Todesfälle von bereits Erkrankten und vor allem von Frauen im Kindsbett, das Auslaufen auf die Straßen, die Exaltation der Salze dieses Kots in den Abwässern, die sich sublimieren und die Gewölbe verpesten, die Störung der Nachtruhe der Bürger, die Unannehmlichkeiten, die nur allzu oft daher rühren, dass die Häuser offen stehen, und der Schaden, den diese Dämpfe an Vergoldungen aller Arten anrichten.«[52]

Die Arbeit des Abtrittfegers, der in die Gruben hinabsteigen musste, wurde als »schreckliche Tortur«[53] empfunden. 1761 berichtete der Inspektor anlässlich der Entleerung der Kanäle unterhalb des Wachhauses der französischen Garde: »Um darin arbeiten zu können, war man mangels Tageslicht gezwungen, zwei Laternen zu benutzen und den Arbeitern, die den schlechten Geruch nicht aushalten konnten, Branntwein zu geben.«[54]

Selbst die königliche Familie wurde dadurch belästigt, wenn die Gruben nicht regelmäßig geleert wurden. 1760 schrieb Marigny dem Generalkontrolleur: »Der König hat vom 14. April bis zum 24. Mai eine Reise nach Marly beschlossen. Diese Reise wird erzwungen durch die dringende Notwendigkeit, die fast vollen Abort- und Senkgruben des Schlosses zu entleeren, um die königliche Familie von dem Gestank zu befreien.«[55] Er fügte hinzu, es sei nötig, »für den Abfluss der Wässer wieder eine Senkgrube im Garten zu installieren und ihre Öffnungen zu verschließen, da die Ausdünstungen unerträglich sind«.[56] Zwei Jahre später wurde ein erneuter Aufenthalt in Marly nötig, weil die Gruben während der Herbstreise des Königs nach Fontainebleau nicht geleert worden waren.[57]

1769 schrieb Marigny seinem Inspektor: »Ich habe mehrmals gehört, dass sich Seine Majestät über den schlechten Geruch beklagt, der von einem kleinen Hof in der Nähe seiner Appartements ausgeht, und vermute, dass dies eine Folge der Grubenentleerungen ist, die dort vorgenommen wurden.« Darauf erwähnte er das Projekt einer »Maschine, die keinerlei schlechten Geruch ausströmen lässt«. Bei dieser vielversprechenden Erfindung handelte es sich um eine Art Ventilator. Der Untergebene antwortete, die Gruben im Hof der Mesdames würden alle zwei Wochen geleert »und wenn nötig sogar noch öfter«. Er fügte hinzu, »die betreffende Maschine könnte ihre Wirkung, wie sie sie in einer Abortgrube hat, in einem Aquädukt aufgrund seiner Länge nicht entfalten«. Die Grube des kleinen Innenhofs des Schlosses war nur schwer zugänglich, und eine jährliche Reinigung genügte nicht. Ansonsten wurden die Gruben im Allgemeinen gereinigt, wenn der Hof abwesend war, zumeist während des Sommeraufenthalts in Compiègne. Doch der Gestank blieb auch nach der Rückkehr des Hofes nach Versailles im Jahr 1722 und das ganze 18. Jahrhundert hindurch ein beunruhigendes Problem, denn er galt mehr und mehr als Krankheitsherd.

1779 erhielt Laurent L'Artois einen Patentbrief, der ihm das exklusive Privileg gewährte, für fünfzehn Jahre »mittels des Ventilators die Entleerung von Abortgruben, Brunnen und Senkgruben vorzunehmen, mit Verbot für alle Personen, es in der Stadt und den Vororten von Paris nach der alten Methode zu tun, unter Androhung von Pfändung, Konfiszierung und 1000 Livres Buße«. Seine Vertreter baten, dass dieses Exklusivrecht nach 1780 für fünfzehn Jahre auf Versailles ausgeweitet und für Paris nach Ablauf der ersten Frist von 1794 um weitere fünfzehn Jahre verlängert werde.[58]

Das war ganz offensichtlich zu viel verlangt. Ein Kleinunternehmer namens Jamin versuchte im Jahr 1782 die Königlichen Bauten für eine einfachere Lösung zu interessieren. Er lobte die Vorzüge von Essig für die Reinigung der Gruben, und seine Idee fand sofort die Zustimmung aller Freunde des wissenschaftlichen Fortschritts. Der Duc de Croÿ schrieb in sein Tagebuch: »Die Art der Entdeckung von M. Jamin, mittels gewöhnlichen Essigs die Fäkalien zu neutralisieren und den Geruch zu entheben, macht viel von sich reden. Er wird von M. de Vergennes unterstützt. Die Sache an sich war gut, doch der Mann ist ein Schwärmer, der sein Geschäft selbst verdirbt. Er schrieb an die Académie und warf ihr vor, sie wolle ihn vernichten, und da er seine Vermessenheit zu weit trieb und den Kopf verlor, wurde er verpflichtet, vor den Augen der Kommissäre eine äußerst schlechte Grube zu desinfizieren, in der es an ausreichend Luft fehlte: Ein Mann verlor dabei das Leben, und vier weiteren ging es sehr schlecht. Dies brachte den Erfinder zu Fall und schadete einer guten Erfindung, die ich mir in jüngster Zeit zunutze machte und mit der ich überall Erfolg hatte. Ich schrieb nach Brest, um dort die Schiffe desinfizieren zu lassen. Für unsere Krankenhäuser ist dies hervorragend, und ginge es nur darum, den Geruch der Aborte zu beseitigen, wäre dies ein großer Vorteil. Die Methode besteht einzig darin, alle zwei Tage ein Drittel einer Flasche billigen Essigs auszuschütten und mit einem Sprengwedel in der Luft zu verteilen.«[59]

Da sich die Inspektoren der Königlichen Bauten für diese Neuheit interessierten, versammelte Jamin sie eines Märzmorgens in einer ehemaligen Kaserne der Französischen Garde unter der Südrampe des sogenannten Ministerhofs. Heurtier, Zeuge des Experiments, war davon wenig begeistert:»Ich habe mich an den Ort begeben [...], um das Verfahren des Sieur Jamin gegen den Übelgeruch zu beobachten. Er hat angekündigt, jeglicher schlechte Geruch werde verschwinden, sobald er Essig in die Grube geschüttet habe. Ich schickte nach einer Flasche Essig zu sechs Pinten, die bei unserer Ankunft in die Grube entleert wurde. Wir blieben ungefähr eine halbe Viertelstunde unter dem Gewölbe, wo sich die Sitze der Grube befinden, um auf die von Sieur Jamin versprochene Wirkung zu warten, doch nach Ablauf dieser Zeit war die Entwicklung der Säure, in Verbindung mit dem Kot, für mich derart, dass ich nicht mehr länger bleiben konnte und gezwungen war, auf der Stelle hinauszugehen, um mich nicht übergeben zu müssen. Lieber hätte ich die Ausdünstung des Kots eingeatmet als diesen Mischgeruch.« Für ihn war das Ganze ein Misserfolg, denn »das Verfahren des Sieur Jamin konnte nicht verhindern, dass die ganze Umgebung verpestet wurde«.[60]

Die *Compagnie des ventilateurs* – die »Gesellschaft der Ventilateure« – befriedigte die Ansprüche jedoch genauso wenig, und der Generalinspektor Heurtier konstatierte:»Die Angestellten dieser Gesellschaft benutzen schon seit längerer Zeit keine Kabinette und Blasebälge mehr und sind weit von den früheren Sauberkeitsbemühungen der Arbeiter des Sieur Anouzet entfernt. Sie sind darüber hinaus von einer Impertinenz, die ihresgleichen sucht.« Daraufhin autorisierte der Generaldirektor seinen Vize,»ein ernstes Wort mit den Ventilateuren zu reden«.[61] Aus Paris verteidigte sich der Monopolinhaber, indem er geltend machte, der Weg zur Deponie sei so schlecht, dass man für jeden Wagen vier oder fünf Pferde brauche, auch wenn dieser nur zu zwei Dritteln gefüllt sei, und dass diese Bedingungen das Pferdegeschirr beschädigt und die Arbeit verzögert hätten. Wie er sagte, habe sich die Situation durch die Reise des Hofs nach Fontainebleau weiter verschlechtert, da es nun fast unmöglich geworden sei, neues Geschirr zu besorgen. Darüber hinaus könne ein gewisser Sieur Voil die Arbeit und die Buchführung nicht mehr überwachen, da er von der Gesellschaft aufgrund der Schulden, die dieser»untreue Angestellte«[62] gemacht habe, des Amtes enthoben worden sei.

Die Erfindung des Sieur Voil

Welche Fehler Voil auch begangen haben mag, er hatte das Talent eines wahren Erfinders. Vermutlich hatte er sich einfach nur verschuldet, um auf eigene Kosten eine weitaus wirksamere Lösung zu entwickeln als die der Gesellschaft der Ventilateure. Die Gebäudeverwaltung, die deren Monopolansprüchen eher ablehnend gegenüberstand, hatte ein offenes Ohr für ihren»untreuen Angestellten« und erlaubte es Voil im Jahr 1784, die Wirksamkeit seiner Erfindung vorzuführen, die im Prinzip heute noch verwendet wird. Statt Arbeiter mit Eimern auszurüsten und in die Gruben hinunterzuschicken, leerte Voil diese mit Hilfe von Pumpen.

Die Inspektoren wohnten also einem Experiment bei,»bei

dem die Entleerung der Abortgruben auf eine Art und Weise bewerkstelligt werden soll, die sauberer, für die Gesundheit der Arbeiter weniger schädlich und außerdem ökonomischer ist als alle bisherigen, sogar als die des Ventilators. Sie fanden im Hof einen mit mehreren Fässern beladenen Wagen vor, von denen einige bereits gefüllt waren und andere gerade mittels einer Pumpe und eines Lederschlauches mit dem flüssigen Anteil gefüllt wurden, der unter dem Namen Kotjauche bekannt ist und in der Abortgrube eines der Gebäude dieses Hofs enthalten ist, und sie haben festgestellt, dass abgesehen von dem Kabinett, in dem diese Pumpe aufgestellt ist und sich leichter Geruch bemerkbar macht, der jedoch nicht stark genug ist, um unerträglich zu sein oder die Arbeiter, die darin arbeiteten, zu belästigen, keinerlei üble Gerüche in der Nähe des Wagens verströmt werden, auf den diese Fässer geladen sind. [...] Die Männer müssen nicht mehr in die Gruben hinuntersteigen und sind keiner Erstickungsgefahr ausgesetzt; da die Verbindungsschläuche zwischen Pumpe und Grube mit der nötigen Sorgfalt hergestellt worden sind, entsteht kein Gestank, und der Ablauf ist so einfach, dass er jederzeit vonstattengehen kann, sogar ohne die Benutzung der Sitze während des Vorgangs einschränken zu müssen.«[63]

Das Experiment wurde im folgenden Jahr wiederholt, und die Inspektoren erstatteten dem Direktor erneut Bericht:»Seit dem Versuch, dessen Bericht Sie eingesehen haben, haben wir zwei weitere Gruben entleeren lassen, die so voll waren, dass sie überliefen und die ganze Umgebung verpesteten. Eine der Gruben befindet sich unter der Bouche der Königin, die andere in der Cour de l'Apothicaire.« Auch diesmal war die Demonstration erfolgreich:»Diese beiden Gruben sind mit solcher Leichtigkeit und bei so geringem Geruch geleert worden, dass die Arbeiten in der Bouche der Königin zu keinem Zeitpunkt unterbrochen werden mussten [...] und die Nachbarn die Entleerung kaum bemerkt haben.« Der Bericht empfahl, Voil aus zwei Gründen unverzüglich einzustellen:»[...] der Schwierigkeit, unter unseren Arbeitern Männer zu finden, die sich zu dieser unangenehmen Aufgabe bereit finden, und zum Zweiten, dass Sieur Voil sich in einer großen Not befindet.«[64] Dieser bat darum, sogleich engagiert und bezahlt[65] zu werden, und legte Ende des Jahres sein Bittgesuch vor.[66] Es belief sich auf 1301 Livres für die »Entleerung von 28 Klaftern, 5 Fuß, 6 Zoll und 5 Linien zu 45 Livres das Klafter«.

Es war natürlich schwierig, diese finsteren Gewölbe im Untergrund exakt zu vermessen, in denen man permanent zu ersticken drohte, und so schwankt denn auch die Höhe der Gruben in diesem Kostenvoranschlag ein wenig. Doch wenn man nicht eine archäologische Grabung durchführen will, die kaum von großem wissenschaftlichen Interesse wäre, muss man sich wohl oder übel an die von Voil vorgelegten Zahlen halten, da sein Gesuch das einzige Dokument ist, das wir darüber besitzen. Er schätzte das Gesamtvolumen der zehn Gruben auf 520 Kubikmeter und ihre Oberfläche auf 8634 Quadratmeter. Einige waren sehr klein wie jene über dem Logis des Barons de Breteuil im linken Ministerflügel, die nur 77 Quadratmeter aufwies. Die größte, von unregelmäßiger Form, befand sich mit ihren 2147 Quadratmetern unter der Marmortreppe der Königin. Die auf abschüssigem Terrain ausgehobenen Gruben waren entsprechend breiter, doch keine war besonders tief, und die meisten lagen gleich unter dem Kopfsteinpflaster. Da man noch über kein System verfügte, mit dessen Hilfe die Flüssigkeiten durch den Boden absorbiert werden konnten, waren die Gruben immer sehr schnell überfüllt und liefen in die Höfe und sogar bis in die Küchen über.

Ihr Erfinder musste wie alle, die mit den Königlichen Bauten zu tun hatten, mehrere Male seine Entlohnung anmahnen. Leider erlebte er seinen Durchbruch erst spät: Er starb im Jahr 1787 und hinterließ seine Familie in Geldverlegenheiten. Die Ventilationsgesellschaft, die gegründet worden war, um seine Methode zu verwerten, behauptete, es seien von 1774 bis 1784 Rechnungen in der Höhe von 110722 Livres vorgelegt worden, von denen nur etwas weniger als die Hälfte beglichen worden sei.[67] Der Inspektor verlangte Einsicht in die Rechnungen und kam nach einigen Korrekturen zu dem Schluss, dass der König dieser, wie er es nannte, »Bande von Halsabschneidern«[68] nur 14133 Livres schuldig war.

Daraufhin wurde die Grubenentleerung einem Sieur Bertrand[69] anvertraut und vertraglich besiegelt. So schnell aber wurden die Königlichen Bauten die Ventilationsgesellschaft nicht los, die dem Comte d'Angiviller ihre Patentbriefe vom November 1787 vorlegte und ihr Recht einforderte, in seinem Département arbeiten zu dürfen. Der Generaldirektor protestierte gegen diese Anmaßung, »sich zum selben Preis bezahlen zu lassen wie jene, die sich unter der Bezeichnung ›Ventilateur‹ etablierten und sich trotz ihrer überhöhten Preise durch mangelndes Einvernehmen, Nachlässigkeit und Widerwillen gegen die Arbeit ruiniert haben«. Im Januar 1788 bat er den Staatssekretär des königlichen Haushalts um die Bestallungsurkunde als Entleerungsbeauftragter für Bertrand, »in dem ich nie etwas anderes als einen Arbeiter gesehen habe, in dem sich Intelligenz und Sparsamkeit vereinen«. Er fügte hinzu: »Ich nehme nicht an, dass die Verwendung von Patentbriefen von denen bestimmt werden kann, die sie zu Lasten oder zum Schaden des Königs erhalten haben, und sollte ich die Ventilateure doch beschäftigen müssen, so glaube ich, ihre Forderungen zurückweisen zu können [...] und sie nur nach der allseits bekannten Regelung der Arbeiten meines Departements zu bezahlen [...]. Ich nehme an, dass ich auf die Aushändigung der Bestallungsurkunde oder der Lizenz an Bertrand, die Voil innehatte, dringen muss. Sie würde verhindern, dass Bertrand den Schikanen der neuen Privilegierten unterworfen würde.«[70]

Die moderne Klärgrube, die endlich eine Lösung der Probleme brachte, wurde im Jahr 1788 zum ersten Mal eingesetzt, als die Latrinen über dem Pavillon der Surintendance untragbar wurden. Das größte Appartement in diesem Teil des Schlosses wurde damals von Monsieur bewohnt, dem Bruder des Königs, Comte de Provence und zukünftigen Ludwig XVIII. Es befand sich aber unter einer undichten Toilette im Attikageschoss und über einer Grube, die im Januar vollgelaufen war, als sich der Hof in Versailles aufhielt. Der Inspektor hielt in seinem Bericht fest: »Die Latrinen im Pavillon von Monsieur sind voll [...]. Da sie nur während einer Reise des Hofs geleert werden können,

18 Das Badezimmer von Königin Marie-Antoinette.

19 *Le cabinet des affaires*: ein Toilettenstuhl samt Bidet.

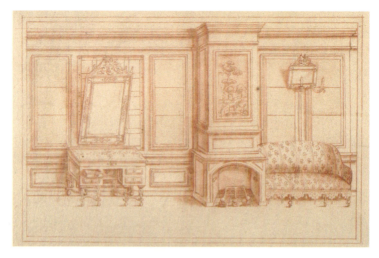

20 Zeichnung einer typischen Zimmereinrichtung zu Beginn des 18. Jahrhunderts: ein Toilettentisch mit Spiegel, ein Fenster mit in Blei gefassten Scheiben, ein Kamin sowie ein kleiner Spiegel mit zwei Wandleuchtern über einer Chaiselongue.

21 Die Ausstattung der Kamine sowie die Größe der darüber angebrachten Spiegel waren Gegenstand eines permanenten Konkurrenzkampfes unter den Höflingen.

M.^r le Maréchal Duc de Mouchy.

22/23 Der Marquis de Marigny, Generaldirektor der Königlichen
Bauten, Künste, Gärten und Manufakturen unter Ludwig XV. (links)
und der Comte de Noailles (ab 1775 Maréchal Duc de Mouchy),
Gouverneur von Schloss und Stadt von Versailles.

24 Der Comte
d'Angiviller, General-
direktor der könig-
lichen Bauten unter
Ludwig XVI.

25 Die weitläufigen Gartenanlagen des Schlosses: Blick vom Apollon-brunnen zum Großen Kanal. Wasserspiele liebte der Sonnenkönig über alles, zu seinen Glanzzeiten waren mehr als 1400 Fontänen in Betrieb.

26 Ratten waren nicht nur die größte Plage des Schlosses, sondern auch Dekoration eines Brunnens im berühmten »Labyrinth«, einem Irrgarten mit 39 Fontänen.

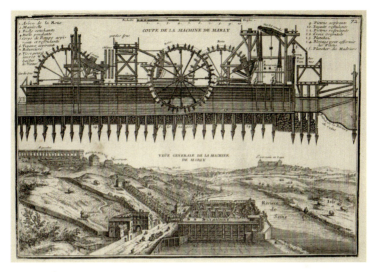

27 Durch das technische Wunderwerk der »Maschine von Marly«
und den Aquädukt von Maintenon wurde das Wasser für die
königlichen Fontänen aus der Seine nach Versailles geleitet.

28 Ruine des Aquädukts von Maintenon.

29 Ludwig XIV. besichtigt die neuen Wasserreservoirs (1688).

30 Blick auf die Orangerie, das Schweizerbecken und die Parterres
von den Hügeln von Satory. Im Hintergrund rechts vom Schloss befanden sich die Seitenalleen, in denen es den Wäscherinnen gestattet
war, die königliche Wäsche aufzuhängen.

LOUIS DUC DE. S^t. SIMON,
Pair de France Grand D'Espagne.

31 Eine unverzichtbare Quelle
für das Leben bei Hofe: Louis
de Rouvroy, Duc de Saint-
Simon, der Memoirenschrift-
steller Ludwigs XIV.

32 Die berühmteste Klatschtante am Hofe Ludwigs XIV.:
Elisabeth Charlotte, genannt »Liselotte von der Pfalz«, als zweite
Gattin Philipps Herzogin von Orléans. Sie soll in ihrem Leben an
die 30 000 Briefe geschrieben haben, manchmal zehn am Tag.

habe ich die Ehre [...] vorzuschlagen, die Tür zu versiegeln aufgrund der Befürchtung, das Rohr könnte in das Appartement von Monsier und Madame überfließen, was wahrhaft abscheulich wäre.« Und am folgenden Tag: »Ich kann Ihnen nicht vorenthalten [...], dass diese Tür zu Klagen von Seiten sämtlicher Personen führen würde, die in der Nähe von Monsieur und Madame wohnen.«

Die vorgeschlagene Lösung war bereits in der unter dem Wachthaus der Schweizergarde und der Prinzengalerie gelegenen Grube zur Anwendung gekommen: »Es ist eine Senkgrube im Freien auszuheben, die die Jauche aufnehmen kann und ihr einen leichten Abfluss in die Erde ermöglicht [...]. Man könnte sie in der Rue de la Surintendance einrichten, und wir würden unserer Sorgen Herr werden. Dieses Vorgehen ist umso vorteilhafter, als die Latrinen, die gemauert werden müssen, zwei, drei Jahre halten können, ohne geleert zu werden.«[71] Hier handelte es sich um nichts anderes als um eine primitive Version der Klärgrube: Der größte Teil der Flüssigkeit wurde in ein separates Reservoir abgeführt, wo sie vom Boden absorbiert werden konnte, so dass die festen Bestandteile aus der Hauptkammer weniger oft entleert werden mussten. Ein Projekt der Abwasserkanalisation für die »stillen Örtchen« des Schlosses hingegen gab es noch nicht.

Bertrand übernahm sein Amt trotz der Schwierigkeiten, die auf die Übersiedlung der königlichen Familie nach Paris folgten. Heurtier berichtete am 7. Oktober 1789 über seine erste Begegnung mit dem Geist der neuen Zeit: »Als ich heute Morgen nach Hause kam, fragte mich eine Truppe von diesen luftverbessernden Grubenentleerern mit einem Mann aus der Stadt Paris an der Spitze in einem sehr lauten und sehr insolenten Ton, mit welchem Recht ich Bertrand für die Entleerung der Schlossgruben in Versailles beschäftigen würde [...]. Der Ton dieses Mannes, auf den ich nicht gefasst war, empörte mich; ich antwortete ihm, ich hätte ihm keine Rechenschaft abzulegen. Dieser Mann, der wahrscheinlich der Vorsteher der privilegierten Ventilateure ist, hat sich in drohenden Worten ausgelassen und mir schließlich mitgeteilt, er habe dem König einen Bericht überreicht und verfüge über Beschützer, die ihm zu seinem Recht verhelfen würden – dies alles in einem unvergleichlich frechen Ton. [...] Ich habe ihn vor die Tür gesetzt.«[72]

Die Ratten von Versailles

Beim jährlichen Großreinemachen wurden auch immer wieder Anstrengungen unternommen, der allgegenwärtigen Rattenplage Herr zu werden. Tatsächlich verursachten diese unangenehmen Nagetiere in den Offices rund um die Cour de la Bouche im Prinzenflügel und in den Schlossküchen im Grand Commun große Schäden. 1741 beklagten sich die Beamten, die in den Küchen der Königin arbeiteten, dass diese seit 39 Jahren nicht mehr renoviert worden seien. Sie verlangten, dass das Pflaster ersetzt werde »wegen der Fäulnis des Fundaments und der Schädigungen durch die Ratten. [...] Es gibt unter dem Pflaster eine so ungeheure Menge von Ratten, dass mehr als hundert von ihnen getötet wurden. Da keinerlei Vorkehrungen getroffen worden sind, um ihre Zahl zu verringern, ist der durchaus beträchtliche Rest in die anderen Offices entschwunden, wo sie sich niedergelassen haben, so dass der ganze Boden erneuert werden muss, will man Hoffnung haben, sie loszuwerden.«[73] Ein Inspektor, der den Ort besichtigte, berichtete: »Von diesem Ungeziefer rührt das große Übel, über das sich die Beamten aus der Bouche der Königin beklagen. Ich habe letztes Jahr eine Treppe bauen lassen, die fast vollständig ausgehöhlt wurde, weil die Ratten darunter ihre Nester errichtet hatten, und ihr schlechter Zustand hat den jüngsten Sohn des Sieur Damême das Leben gekostet [...]. Bei der starken Verbreitung der Ratten würde es mich nicht überraschen, wenn es noch weitere fordern würde.«[74]

Das Pflaster zu erneuern war nur ein Notbehelf, der besonders im Innenhof in Frage kam, wo die gefürchteten Nager ständig von den Vorratskammern angezogen wurden, wodurch die Versorgung des Schlosses beeinträchtigt war. So kam es, dass die Gebäudeverwaltung 1763 mit großem Interesse einen »Rattenfänger« empfing, einen gewissen Samuel Hirsch, der sich als »Pensionär der Königin von Ungarn« ausgab. Er war von der Marquise de Pompadour empfohlen worden, die ihn »mit dem größten Erfolg«[75] in ihren Gemächern in der Eremitage beschäftigt hatte. Der Comte de Noailles informierte seinerseits die Verwaltung, dieser Deutsche habe »ein zweifelsfrei wirksames Geheimnis, um die Ratten zu töten, ohne dass eine Gefahr besteht, dass das Pulver, das er benutzt, den Menschen schaden könnte«.[76] Der Kammerjäger bot an, entweder 60 Pfund seines Gifts für je 10 Livres abzugeben oder aber das Geheimnis seiner Formel für insgesamt 50 000 Livres. Der Inspektor des Schlosses blieb skeptisch, obwohl der Rattenfänger eine Garantie bot, dass es sich dabei um das Rezept für genau jenes Mittel handle, das er erfolgreich eingesetzt hatte. Der Preis war hoch und das Budget der Gebäudeverwaltung noch immer in kläglichem Zustand, doch der Inspektor begriff die Bedeutung dieser Erfindung für die ganze Nation: »Da es im ganzen Reich [...] sowie in den Meerhäfen und den Kolonien von diesen Tieren wimmelt, dürfte diese Ausgabe in den Bereich von M. le Duc de Choiseul [des Kriegsministers] und des Generalkontrolleurs der Finanzen fallen.«[77]

Hirsch konnte jedoch nicht vollends überzeugen und kehrte lediglich mit 11 340 Livres nach Brüssel zurück, da Marigny beschlossen hatte, ihn nur alle drei Jahre zu beschäftigen.[78] Er kam aber schon im folgenden Jahr wieder, und die Gebäudeverwaltung verkündete die Nachricht dem König in durchaus ironischem Tonfall: »Der Jude Samuel Hirsch, großer Rattenvernichter, hält sich derzeit in Frankreich auf und verlangt nicht mehr, als das ganze Jahr in den Parks von Versailles [...] beschäftigt zu werden, aber um ihn ganz zu binden, müsste man ihm eine Pension entrichten.« Diesmal akzeptierte der Rattenfänger 300 Livres.[79] 1765 stand er immer noch auf der Gehaltsliste, und die Inspektoren hielten fest: »Da die Ratten wiederkehren, wäre es wichtig, dass M. le Marquis vom Etat des Königs jährlich eine Summe von 800 Livres für Sieur Samuel Hirsch bereitstellen möchte, damit er die Tiere im Schloss vernichtet. [...] Madame la Dauphine und die Mesdames haben sich bereits mehrmals beklagt.«[80]

1768 präsentierte ein anderer Erfinder in einer Eingabe »ein neues Mittel zur Vernichtung von Ratten, Feldmäusen und Siebenschläfern, welche die königlichen Häuser, Parks und Gemüsegärten verwüsten«. Die in der Fasanerie durchgeführten Experimente betrachtete der Generaldirektor der Königlichen Bauten jedoch mit Skepsis. Er schrieb an seinen Inspektor: »Bitte um Benachrichtigung [...], falls diese Erfindung eine Anwendung findet, die jener des Sieur Hirsch überlegen ist, da man uns mitgeteilt hat, dass es trotz der Paste des Juden im Schloss noch immer von Ratten wimmelt.«[81]

Was auch immer das Geheimnis des »Großen Rattenvernichters« gewesen sein mag, es hatte nicht ausgereicht, um sie völlig zu beseitigen. Außerdem ließ sich der »wandernde Jude« nicht mehr blicken, wohl weil die Gebäudeverwaltung es nicht eilig hatte, ihm die ausstehenden 4624 Livres zu bezahlen. Er wurde behandelt wie alle anderen Gläubiger auch, hatte weder seine Pension für fünf Jahre noch seine 800 Livres Entschädigung für seine Reisen noch den Preis für die Giftpaste bekommen, die er, wenn man ihm Glauben schenken möchte, in großen Mengen lieferte. Er versicherte den Kontrolleuren von Versailles-Dehors, allein zwischen 1766 und 1771 19½ Pfund jährlich oder insgesamt 95 Kilo geliefert zu haben.[82] Für die Gebäudeverwaltung war der Zahlungsrückstand keine Entschuldigung, und 1771 schrieb d'Angiviller Hirsch an dessen Pariser Adresse in der Rue Geoffroy L'Angevin: »Samuel, ich höre mit dem allergrößten Befremden, dass Sie trotz der Befehle, die Ihnen von meiner Seite am 5. Oktober erteilt wurden und die Sie auszuführen versprochen haben, nicht in Versailles erschienen sind und keinerlei Maßnahmen eingeleitet haben, so dass die Ratten schreckliche Verwüstungen anrichten. Ich kann Sie dafür nur mit Aufhebung Ihrer Pension bestrafen und durch Zurückhaltung anderer Güter, die Ihnen geschuldet sein mögen. Dieses Schicksal kann ich Ihnen nicht ersparen, sollte ich bis zur Rückkehr des Hofs nicht untrügliche Beweise Ihrer Behandlung und von deren Erfolg haben. Ich sage Erfolg, denn es ist höchst unnütz, dass der König Ihnen eine Pension aussetzt für ein Geheimnis, das keinen realen Gegenstand hat. Nehmen Sie diesen Brief umso ernster, als ich, auch wenn ich nicht gerne bestrafe, es doch trotzdem zu tun verstehe.«[83] D'Angiviller vergaß seine Zweifel an der Wirksamkeit der tödlichen Paste, als seine Geliebte, Mme de Marchais, sich beklagte, dass ihr Appartement von Ratten verseucht sei. Als ergebener Liebhaber und zukünftiger Ehemann der Dame, der Mme du Deffand den Spitznamen »La Pomme«, der Apfel, verpasst hatte, gab er auf der Stelle Anweisungen: »Mir sind durch M. le Roi, der Nachforschungen angestellt hat, nahezu erschreckende Details über die Verwüstungen zu Ohren gekommen, welche die Ratten im Schloss von Versailles anrichten, insbesondere im Appartement von Mme de Marchais, die ihm mitteilte, ihre Möbel seien stark in Mitleidenschaft gezogen. Der Jude Hirsch hat wenige Tage vor meiner Abfahrt in Versailles den strikten Befehl erhalten, die Reise auszunutzen, um sich nützlich zu erweisen, und er hat versprochen, die Stadt nicht zu verlassen. Ich musste erfahren, dass er dort nicht gesehen wurde, und habe ihm meine Unzufriedenheit auf unmissverständliche Weise zum Ausdruck gebracht. Ich vermute, dass er bald in Versailles eintreffen wird. Wenn er kommt, lassen Sie ihn durch einen Mann begleiten, um seine Recherchen und den Einsatz seiner Droge zu verifizieren.« Sollte Hirsch unauffindbar bleiben, ordnete der Direktor an, das frühere Mittel anzuwenden: »Beauftragen Sie eine Person von Verstand, das Appartement von Mme de Marchais zu besichtigen und die Löcher mit Gips und zerstoßenem Glas zu verstopfen […], denn die Ratten bringen uns um.«[84]

Auch wenn es nicht so wirksam war wie Hirschs Gift, führte das Verfahren doch zu größerem Erfolg als die Methode, die in einem Inspektionsbericht von 1748 erwähnt wird: »Die Königin hat empfohlen, hinter der Täfelung ihres Kabinetts Holzstäbe anzubringen, um die Mäuse am Hochklettern zu hindern […].«[85]

Ende des Jahres 1775 erhielt Hirsch 684 Livres für die zwischen 1766 und 1771 ans *département des Dehors* erbrachten

Lieferungen.[86] Das war nicht das große Los, das er sich erträumt hatte, doch er stand weiterhin im Dienst des Hofes, bis zu seinem Tod im Jahr 1788, als d'Angiviller den Auftrag übertrug auf »Samuel Cerf, Jude [ohne Zweifel ein Verwandter von S. Hirsch, der seinen Namen französisiert hatte], die Ratten im Departement Versailles zu vernichten«. Die geforderte Entlohnung war üppig, 1200 Livres pro Quartal, und der Comte, der durch die schlechten Erfahrungen mit dem verstorbenen Rattenfänger misstrauisch geworden war, stellte vorab klare Bedingungen: »Wir behalten uns ausdrücklich vor, den vorliegenden Auftrag zurückzuziehen, sollte der Dienst des genannten Samuel Cerf unsere Erwartungen nicht erfüllen.«[87]

7. Wäsche

Die Laken des Königs

Die Körperhygiene hatte inzwischen solche Fortschritte gemacht, dass der Deutsche Joachim Christoph Neimetz 1718 in seinem Pariser Stadtführer »Séjour à Paris« seine Landsleute glaubte warnen zu müssen: »Hüten Sie sich [...] vor Unreinlichkeit Ihrer Person oder schmutziger Kleidung. Man sollte Feinwäsche tragen und sie jeden Tag wechseln.«[1] Hochrangige Personen wechselten regelmäßig Hemden, Schuhe, Taschentücher und sogar Unterhosen, die zur damaligen Zeit noch nicht besonders verbreitet waren.[2]

Mit der Entwicklung der individuellen Garderobe und dem häufigen Umkleiden wurde auch das Waschen zunehmend wichtiger. In Paris arbeiteten die Wäscherinnen auf Kähnen, die am Ufer der Seine festgemacht wurden, um beim Waschen die Kraft der Strömung nutzen zu können. Auch für die Wäscherinnen, die den König nach Choisy begleiteten, ließ die Gebäudeverwaltung ein Boot vor Anker legen. In Saint-Hubert verfügten sie sogar über zwei solche Boote, »um den Verlust der vielen Wäsche abzuwenden, die an manchen Tagen vom Wind fortgetragen wird und die man wegen der mangelnden Hilfe nicht suchen gehen kann«.[3]

Einen Ort zu finden, wo man die Wäsche des Hofes und der Stadt waschen konnte, wurde im Laufe der Jahre immer schwieriger, nicht nur für die Wäscherinnen, die für die Allgemeinheit arbeiteten, sondern auch für den Waschmeister und die Weißwäscherinnen der *linge du corps*, die sich um die Leibwäsche des Königs kümmerten. Die Charge des Waschmeisters wurde unter zwei Inhabern aufgeteilt, die semesterweise arbeiteten. Das Brevet kostete zwischen 4000 und 6000 Livres. Im 18. Jahrhundert hatten dieses Amt seit vier Generationen zwei Familien inne, die Berrys[4] schon ab 1681 und die Luthiers[5] von 1703 bis 1777. Während ihrer Dienstzeit bewohnten sie zwei Zimmer und zwei Zwischengeschosse im Hôtel de Duras in der Rue de la Chancellerie, das bis 1772 über mehrere Wasserreservoirs verfügte.[6] Dieses Wasser stammte aus den Reservoirs im Hirschpark und wurde in der ersten Zeit nach der Rückkehr des Hofs nach Versailles im Jahr 1722 auch vom offiziellen Waschmeister, der mit der Wäsche der Kapelle betraut war, und den Wäscherinnen der Duchesse d'Orléans, der Gemahlin des Regenten, benutzt.

Als Ludwig XIV. 1715 starb, war die Wäscherin der königlichen Leibwäsche eine gewisse Marguerite Néret. Ab 1716 wurde sie bei ihrem Dienst für Ludwig XV. von ihrer Tochter Catherine unterstützt, und beide wurden 1735 zu Wäscherinnen des Dauphin und der Kinder Frankreichs ernannt. 1747 ging ihre Charge mit der damals siebzehnjährigen Anne Geneviève Molière auf die dritte Generation über. Die Entlohnung betrug 1600 Livres, wovon allein 1000 Livres als Entschädigung für Ernährung und Waschmittel gedacht waren. 1758 wurde die Charge aufgelöst.[7]

Im Jahr 1722 verfügte die Wäscherin der königlichen Leibwäsche im ehemaligen Hôtel du Gouvernement über zwei Arbeitsräume zum Hinterhof, einen davon mit einem »Kamin für die Lauge«.[8] Gleich darüber wohnte sie.[9] Diese alten Gebäude wurden zusammen mit dem ehemaligen Hôtel du Fresnoy abgerissen, um einem neuen Flügel entlang der Rue Monsieur Platz zu machen, wo der Erste Kammerdiener, Thierry de Ville d'Avray, einquartiert wurde. Damit war es vorbei mit den Erleichterungen, die den königlichen Wäscherinnen bis dahin gewährt wurden. Doch auch wenn die Posten nicht mehr existierten, fiel die Arbeit natürlich weiterhin an, und so wurden 1782 die Hemden und die Intimwäsche des Königs eine Zeitlang in den großen Stallungen gewaschen.

Die Leibwäscherin reichte eine Beschwerde ein, die der Inspektor an den Direktor der Gebäudeverwaltung weiterleitete:

»Die Frau Despague [...] behauptet, von M. le Prince de Lambesq die Erlaubnis erhalten zu haben, die Wäsche in den Trögen im Hof der großen Stallungen zu waschen, aber da mehrere andere Wäscherinnen sich dasselbe Recht herausgenommen haben, habe M. le Prince de Lambesq ihr die Erlaubnis wieder entzogen. Sie bittet darum, dass der Herr Generaldirektor Befehl erteilen möge, das Wasser wieder wie zuvor in die Tröge des großen Hofs zu leiten, damit sie es benutzen kann.«

Der mit der Untersuchung der Situation betraute Inspektor fand dies nicht befriedigend: »Seit auf Anordnung des Herrn Generaldirektors im Innern der großen königlichen Stallungen Tröge errichtet worden sind, werden die Tröge des großen Hofs nicht mehr gebraucht. Dies hat zu einem äußerst abträglichen Missstand geführt, sowohl aufgrund des starken Verbrauchs von Wasser, das lediglich einer großen Zahl Wäscherinnen dient, die sich seiner bemächtigt haben, als auch aufgrund der Beschädigungen des Pflasters um die genannten Tröge herum, welche in der Folge auf die große Mauer übergreifen könnten, an die sie gebaut sind. Der mit den Wasserangelegenheiten befasste Inspektor sah sich gezwungen, den Herren Königlichen Stallmeistern in Ihrem Namen ernsthafte Vorhaltungen zu machen, um Abhilfe zu schaffen. Daraufhin hat M. le Prince de Lambesq die Erlaubnis zurückgezogen, die er genannten Wäscherinnen erteilt hatte. Er hat sogar zugestimmt, dass kein Wasser mehr in die Tröge des großen Hofs geleitet werden soll – die Versorgung der Stallungen erfolgt im Augenblick durch Abzweigungen von Rohren, die das Wasser in vier Tröge ins Innere der genannten Stallungen leiten.«

Der Haupteinwand war also keinesfalls, dass es unschicklich sei, die Hemden des Königs in Pferdetränken zu waschen, sondern dass das gute fließende Wasser nicht vergeudet werden dürfe, schon gar nicht zum Waschen![10]

Bei der Wäsche wurde unterschieden zwischen der »groben« und der »feinen Wäsche«. Die erste Kategorie, zu der die Hauswäsche, Laken und Handtücher des Königs gehörten, fiel in den Arbeitsbereich des sogenannten *lavandier*, wobei die Tischwäsche von den Wäschern der Maison-Bouche geliefert und gewaschen wurde. Die Gebäudeverwaltung hatte ihnen untersagt, ihre Arbeit so auszuüben, dass sie vom Schloss aus zu sehen war. 1781 beklagte sich Louis Seigne, der sich als »Wäscher der Decken des Garde-meubles des Königs und der königlichen Prinzen und Prinzessinnen« bezeichnete, dass er Befehl erhalten habe, die Wäsche zu entfernen, die er vor seiner Wäscherei in der Avenue de Saint-Cloud trocknen ließ. Er führte zu seiner Verteidigung an, es sei unmöglich, »die Decken, die ihm anvertraut worden sind, anderswo als vor seinem Haus und vor seinen Augen trocknen zu lassen, um zu verhindern, dass sie beschmutzt und beschädigt werden«. Dem Bericht eines Inspektors zufolge erteilte der Generaldirektor dem Wäscher schließlich die Erlaubnis, seine Wäsche unter der Bedingung aufzuhängen, dass dies nur »im nicht gepflasterten Teil geschehe, der sich vor seinem Haus, zwischen der Straße und dem Schutzwall der Avenue, befindet«.[11]

Die Feinwäsche – Hemden, Bänder, Manschetten, Taschentücher usw. – verlangte eine behutsamere Behandlung. In den ersten Regierungsjahren Ludwigs XIV., als die gestärkten Spitzenkragen in Mode waren, wurden sie wahrscheinlich einem Beamten mit dem Titel *empeseur de la Garde-robe du Roi* – »Stärker der königlichen Garderobe« – anvertraut. Als diese schließlich von Krawatten aus geschmeidigerem Stoff abgelöst wurden, mutierte der *empeseur* zum *cravatier*, der dieses Accessoire zugleich lieferte, auch wenn man ihm weiterhin eine Entschädigung für Seife und Stärke zahlte. Im Rahmen der traditionellen Aufgabenverteilung wurden die Unternehmen der Familien Berry und Luthier mit der königlichen Bettwäsche betraut, während die Familie Néret mit der Hand das wusch, was wir heute als Unterwäsche bezeichnen.

Als die Haushaltung der Maria Leszczyńska eingerichtet wurde, statte man sie mit einer Grobwäscherin, einer »Wäscherin des feinen Weißzeugs« und einer »Stärkerin« aus – Chargen, die im Garderobenbudget der Königin vorgesehen waren. Mme Le Moine war Wäscherin der Leibwäsche, Mme Michault besorgte die Feinwäsche; ihre Stellen existierten bis zum Tod ihrer Herrin. Die Erben der Michault beklagten sich später nach der Revolution in einer an die Liquidatoren der Zivilliste gerichteten »Beschwerde«, benachteiligt worden zu sein. Auch wenn sie hierbei offensichtlich Formulierungen wählten, um die revolutionären Ohren nicht zu verstimmen, zeigt uns dieses Dokument die Schwierigkeiten, die zu erwarten waren, wenn neue Inhaber wichtiger Chargen wie die ebenso sparsame wie tugendhafte Duchesse de Villars, Dame d'atour der Königin, sich mit den Ansprüchen treuer Diener des Vorgängers konfrontiert sahen, zugleich jedoch eine eigene Equipe aufstellen wollten.

Die beiden Töchter der Mme Michault führten an, dass ihre Mutter ihr Brevet zu einem festen jährlichen Gehalt von 1500 Livres im Jahr 1725 erhalten habe, dazu eine »Ausrüstung für die Fontänen«, da sich, wie sie weiter unten hinzufügten, das Brunnenwasser nicht mit der Seife vertrage. Ihr Arbeitsmaterial wurde erst alle drei, dann alle fünf Jahre erneuert. Die beiden Klägerinnen hatten für ihre Mutter gearbeitet und je 300 Livres erhalten. Sie hätten eigentlich 1768 deren Nachfolge antreten sollen, doch in der Zwischenzeit war die Königin verstorben. Die Dame d'atour, die die Ernennungen vornahm, Mme de Villars, reduzierte ihre Entschädigungen von den 1500, die an ihre Mutter bezahlt wurden, auf 650 Livres und übergab die Chargen an ihre Bedienstete, Mme Joyard, eine Erbin der Familie Le Moine. Statt zweier existierte jetzt nur noch ein einziger Posten, und die Schwestern Michault wurden zu Tagelöhnerinnen degradiert.[12]

Es ist uns kaum mehr möglich zu sagen, ob die Beschwerde gerechtfertigt war, genauso wenig wie uns die Gründe der Duchesse de Villars bekannt sind, die Ausgaben der Garderobe erheblich zu reduzieren und beide Ämter in die Hände eines ihrer Günstlinge zu legen. Beim Tod der Mme Joyard ging die Stelle dann an Mlle Soy über, später an ihre Nichte, Mme Bonnefoi du Plan, Kammerfrau der Königin, und schließlich an deren Mann Pierre Charles, Polsterer der Chambre de la Reine und Kammerdiener des Königs. Während die vorherigen Inhaberinnen den Beruf erlernt hatten, bedeuteten die Ernennung des M. Bonnefoi du Plan und die Aufhebung dieser *commission* – eines Postens, der im Gegensatz zur Charge nicht käuflich war

und dessen Inhaber jederzeit wieder entlassen werden konnte –
das Einsetzen von Kleinunternehmern, die daraus Gewinn zogen, dass sie das Waschen der Leibwäsche von Tagelöhnern
ausführen ließen. Es scheint, dass der Wäscher das Amt für die
gewöhnliche Wäsche behielt, während die Feinwäsche, die
mehr Sorgfalt erforderte, einer Feinwäscherin ohne Brevet anvertraut wurde.

Die Einkünfte von Bonnefoi du Plan beliefen sich auf 2720
Livres, das heißt auf 120 Livres Festgehalt, 300 Livres Gratifikation, 547 Livres Nahrungsentschädigung, 200 Livres für die
Unterkunft und mehrere andere Entschädigungen, insbesondere 240 Livres für das Material – Tuch, Seife und andere Utensilien – und 149 Livres für das Holz. Dazu kamen 1200 Livres
»zusätzliche Wäscheunkosten«.[13] 1778 fand Bonnefoi du Plan
geeignete Räumlichkeiten im Hôtel des Nourrices, und da dieses Gebäude der Domäne von Versailles gehörte, bat die Gebäudeverwaltung den Gouverneur sofort, die Ausgaben für die nötige Wasserzufuhr zu übernehmen.[14]

Im Unterschied zum Wäschedienst des Königs verfügte der der
Königin weder über eigene Räumlichkeiten noch über Zugang
zu einem bestimmten Waschhaus. Im Jahr 1741 richtete Mme
de Michault ein Gesuch an ihre Herrin:»Die Wäscherin der
Leibwäsche Eurer Majestät bittet untertänigst, zu ihren Gunsten ein Wort beim Herrn Generalkontrolleur einzulegen, damit
ihr neben der Tränke von Versailles das geschlossene und überdachte Waschhaus eingerichtet wird, das man ihr seit fünf
Jahren versprochen hat, damit sie ihren Dienst befriedigend
verrichten kann. Das Wasser aus dem Waldweiher ist schwe-
felhaltig; Eure Majestät hat sich bereits darüber beklagt. Das
Waschhaus neben der Porte Saint-Antoine ist öffentlich und
das Wasser sehr schmutzig. Die Bittstellerin kann nicht mehr
länger zum Schweizerbecken gehen, da dieses erst im Oktober
für diese Zwecke voll genug sein wird. Wenn Eure Majestät die
Güte hätte, mit dem Herrn Generaldirektor zu sprechen,
könnte die Bittstellerin beruhigt sein über den Erfolg ihrer un-
tertänigsten Anfrage, und so wird ihre Arbeit sowohl in puncto

Sicherheit als auch in puncto Sauberkeit der Wäsche stets gleichmäßig und gut ausgeführt werden, da sie in diesem Waschhaus Wasser aus dem Neptunbecken zur Verfügung haben wird, das sehr schön und weich ist.«

Die große Zahl ähnlicher Gesuche zeigt, dass die Wäscherinnen das Wasser aus der berühmten Fontäne im nördlichen Teil des Gartens für ihre Arbeit als besonders geeignet hielten, und dies, obwohl sie sich in der Nähe eines Troges befand, an dem die Pferde gewaschen wurden. Dessen Wasser war jedoch sogar für die Pferde des Königs zu schmutzig, da er die Abflüsse der Straßen zwischen dem großen Markt und der Rue des Reservoirs aufnahm. So beschied die Gebäudeverwaltung kurz angebunden: »Ein seit fünf Jahren versprochenes Waschhaus gibt es nicht, und man kann neben der Tränke kein Waschhaus einrichten.«[15]

Der Streit um die Waschhäuser

Schließlich wurde beim Trianon ein Waschhaus für die Wäsche der kleinen Appartements des Königs und des Großen und Kleinen Trianons eingerichtet. Die Wäscherin beklagte sich, es sei zu klein, doch ihr Bittgesuch um Erweiterung wurde zurückgewiesen, da dies die benachbarten Eisgruben hätte in Mitleidenschaft ziehen können.[16] Das im Park gelegene Waschhaus wurde auch zur Reinigung der Wäsche verschiedener Mitglieder der Königsfamilie benutzt. 1750 machte der Wäscher der Comtesses de Provence und d'Artois sowie von Madame Victoire darauf aufmerksam, »dass er seiner Arbeit aufgrund der häufigen Reisen der Königin ins Trianon, bei denen das Waschhaus jeden Tag für ihren Dienst in Anspruch genommen wird, nicht nachkommen kann«.[17]

Zwischen dem Abriss des Hôtel du Fresnoy und der Einrichtung einer Wasserleitung im Hôtel des Nourrices mussten die Wäscherinnen der Königin genauso wie die der Prinzen in die Umgebung von Versailles ausweichen und sahen sich gezwungen, das Wasser mit den privaten Wäscherinnen zu teilen. Sie benutzten das Wasser aus dem Schweizerbecken – ein breites Bassin außerhalb der königlichen Gärten auf der anderen Seite des Gitters zur Orangerie – und sogar das aus dem Grand Canal. 1787 beklagte sich der Generaldirektor der Königlichen Bauten über sie: »Nichts läuft der Sittlichkeit und der Reinlichkeit im Umkreis des Schlosses mehr zuwider als die Waschhäuser, die in großer Zahl am Kanal und am Schweizerbecken errichtet worden sind. Man kann sagen, dass dieser Missstand seinen Höhepunkt erreicht hat, und wir denken, dass keine Zeit zu verlieren ist, um Abhilfe zu schaffen. Man kann in der Umgebung des Kanals und des Schweizerbeckens nicht mehr spazieren gehen, ohne von dem abstoßenden Anblick der zwischen den Bäumen aufgehängten Wäsche belästigt zu werden. Die Wäscherinnen beschädigen insbesondere die Umrandung des Schweizerbeckens. Die Seife und die tierischen Bestandteile aus der schmutzigen Wäsche verderben das Wasser, und wir denken, dass die Dämpfe, die daraus emporsteigen, die Gesundheit der königlichen Familie beeinträchtigen können, wenn sie durch den Abend- oder Mittagswind ins Schloss getrieben werden. Die Inspektoren können die Befehle des Herrn Generaldirektors zur Überwachung und zur Einhaltung der Ordnung nicht ausführen, weil die Wäscherinnen sagen, die Wäsche, die sie waschen, gehöre den Prinzen und Prinzessinnen der Königsfamilie, was wahrscheinlich nicht ganz der Wahrheit entspricht, dem man jedoch nicht zu widersprechen wagt aufgrund der mächtigen Protektionen, mit denen diese Wäscherinnen sich brüsten. Wir denken, dass unbedingt eine ausdrückliche Anordnung des Königs nötig ist, um einen Missstand zu beseitigen, der sich nur deshalb so lange erhalten und verschlimmern konnte, weil die Personen, die sie protegieren, sich nicht über die damit verbundenen Gefahren aufklären lassen wollen. Darüber hinaus denken wir, dass Personen im Dienste der Prinzen und Prinzessinnen, die sich durch die vorgeschlagene Reform eingeschränkt fühlen mögen, auf die Möglichkeit hingewiesen werden könnten, ihre Wäsche in Versailles selbst oder ganz in der Nähe von Versailles unter Ausschluss der Öffentlichkeit zu waschen.«[18]

Da das öffentliche Waschhaus von Clagny relativ weit von Versailles entfernt war, zogen die Wäscherinnen den Kanal vor, der an der Stelle des ehemaligen Weihers gegraben und später zur Errichtung des »neuen Viertels« zugeschüttet wurde. Der Kanal befand sich in der Nähe der Pfarrgemeinde Notre-Dame, war also leicht zu erreichen, doch die Gebäudeverwaltung weigerte sich entschieden, zuzulassen, dass in diesem künstlichen Wasserlauf gewaschen wurde. Denn wenn er im Winter zufror, wurde das Eis in Blöcke geschlagen und in den Eiskellern gelagert, damit die königliche Familie und einige wenige Höflinge in der Sommerhitze damit versorgt werden konnten. 1758 bat L'Écuyer »Monsieur le Marquis de Marigny ergebenst, er möge Befehl erteilen, um in der Nähe des kleinen Kanals von Clagny Anschläge an den Pfosten anbringen zu lassen, die den Wäscherinnen der Stadt untersagen, dort ihre Wäsche zu waschen, damit das Fett das Gefrieren des Wassers nicht behindere. Da die Jahreszeit voranschreitet, ist es nötig, das Wasser dieses Kanals noch vor dem Frost zu reinigen.«[19]

Auf dem Plakatentwurf, der dem Direktor vorgelegt wurde, ist zu lesen: »Das Wasser des kleinen Kanals von Clagny ist für das Eis des Königs reserviert, daher ist sämtlichen Personen und insbesondere den Wäscherinnen der Stadt Versailles das Waschen bei einer Geldstrafe von 50 Livres untersagt.« Dieselbe Strafe war vorgesehen für all jene, die in den Tränken am Ende der Rue des Réservoirs wuschen, für die auch das Verbot galt, »tote Hunde und anderen Unrat hineinzuwerfen«.[20]

Der Kampf der Waschweiber

Die Wäscherinnen an den Tränken, die sich nicht einschüchtern ließen, bekamen es mit der Gebäudeverwaltung in Person eines Garden, eines gewissen Tinet, zu tun, der nach eigenen Aussagen einen schweren Stand hatte: »Als ich heute bei der Ablösung auf Anweisung meiner Vorgesetzten meinen gewöhnlichen Rundgang hinunter zu den Tränken neben dem

Drachentor machte – M. Pluyette hatte mir Befehl erteilt, dafür zu sorgen, dass beim Abfluss der genannten Tränke nicht gewaschen wird aufgrund der Tatsache, dass die Wäscherinnen beim Waschen die Mauer, die zum Abfluss führt, beschädigten und demolierten –, haben sich sechs oder sieben von ihnen mit anderen Frauen aus der Umgebung zusammengerottet und mich mit hundert Invektiven bedacht. Obwohl ich sie darauf hinwies, dass ich meine Anweisungen hätte, haben sie mir gesagt, sie würden hier trotzdem weiter waschen und mich mit Steinen bewerfen, da ich ihre Wäsche, nachdem ich sie hundert Mal gewarnt habe, in den Dreck geworfen habe.« Der nachsichtige Marigny schlug vor, noch einmal den Verbotshinweis aufzuhängen, bevor gegen die Waschweiber Maßnahmen ergriffen würden.[21]

1764 schlug ein Sieur Feuillet, der sich »Gärtner zu Versailles« nannte, vor, »hinter der Tränke [...] neben dem Drachentor ein Waschhaus einzurichten«. Pluyette riet zu einer Ablehnung: »Die Umgebung der Tränke dient dazu, bei der Reinigung den Kot zu deponieren und abtropfen zu lassen, was dem König oft sogar die Gesamtheit der Kosten für die Entfernung des Kots erspart, da die Bauern aus der Umgebung ihn sich abholen, wenn sie für ihre Wiesen Dung brauchen. Außerdem ist das Wasser dieser Tränke viel zu schmutzig, um darin Wäsche zu waschen, da es gewöhnlich sehr morastig ist.«[22] Man fragt sich, warum die Wäscherinnen in diesem Fall so viel Wert auf diese Tränke legten!

1768 wurde endlich eine Lösung gefunden, als Pierre Adam vorschlug, unterhalb der Tränke ein Waschhaus für sechzig Wäscherinnen zu bauen und es mit dem »Wasser aus den Versailler Fontänen« zu speisen »und jenem der Neuen Gouvernements sowie aus dem Überlaufbecken der Tränke, da dieses genannte Wasser, ist es einmal bei der Mündung des Aquädukts beim Drachentor angekommen, niemandem mehr nützlich ist und durch diese Einrichtung den Bewohnern von Versailles wieder nützlich wird«. Der Inspektor hieß den Vorschlag gut, da sich der Ort unter dem Niveau des kleinen Kanals von Clagny befand und somit das königliche Eis nicht verunreinigen konnte.[23] Die Stelle hatte einen weiteren Vorteil: Das Wasser aus den Fontänen unterhalb des Nordparterres blieb sauber. Nach seiner Verwendung würde es über Villepreux in die Seine fließen, ohne durch die Waschhäuser von Montboron und die Hirschpark-Reservoirs vergeudet zu werden. So konnte es auch nicht das stehende Gewässer des Großen Kanals oder des Schweizerbeckens durch die organischen Entfettungsmittel und die Reste der Seifen verschmutzen, die damals aus Olivenöl und aus Asche gewonnenem alkalischen Soda bestanden.[24] Die sich ablagernden Salze führten in den Bassins zur Ausbreitung von Algen und hinterließen Spuren auf den oft überschwemmten Straßen.

Alle Probleme, mit denen man beim Thema Wäsche in Versailles zu kämpfen hatte, gingen im Grunde auf den chronischen Mangel an fließendem Wasser zurück. Das ist auch der Grund dafür, weshalb außer dem von Adam vorgeschlagenen Waschhaus kaum weitere von der Gebäudeverwaltung genehmigt wurden. Die Tränke verschwand 1773, als die Rue des Réservoirs verlegt wurde, um die Ausdehnung der Stadt zu erleichtern.[25] Andere Waschhäuser befanden sich in größerer Entfernung; im Jahr 1753 hatte Franchet eines in Porchefontaine errichtet, das er zu einer Jahresmiete von 171 Livres an die Domäne verpachtete. Er beklagte sich aber schon bald über die Konkurrenz durch einen gewissen Gobert, Brunnenmeister der beiden Reservoirs im Hirschpark.»Nicht nur ermutigt er täglich Wäscherinnen, im Park an der Avenue de Sceaux zu waschen, und öffnet ihnen unerlaubterweise das Tor, sondern leitet zum Zweiten Wasser ins Waschhaus, das sich auf dem Sumpfgebiet von M. Le Roi befindet und dem genannten Guélain gehört.« Marigny gebot der Sache rasch Einhalt, da der Brunnenmeister bei seinen Vorgesetzten schlecht angesehen war, doch Pluyette fühlte sich verpflichtet, dem Direktor in Erinnerung zu rufen, dass Gobert, obwohl er ein Privileg missbrauche, keine Regel übertrete:»Dieser Brunnenmeister hatte von jeher die Befugnis, unterhalb seines Hauses ein kleines Waschhaus zum Waschen zur Verfügung zu stellen. Dieses wurde eingerichtet, als ich nach Versailles kam. Ich habe mich lediglich einer Erweiterung widersetzt, damit die Erlaubnis, die ihm gewährt wurde, nicht in Missbrauch ausartet. Er hat mir gestanden, dass das Brot, das er seit zwei Jahren isst, zum großen Teil aus den Einnahmen dieses Waschhauses stamme, ohne die er und seine Familie nicht überleben könnten. Es ist nicht nötig, dass der Brunnenmeister Wasser ins Sumpfgebiet von M. Le Roi oder vielmehr der Mme La Chapelle, seiner Schwester, leitet, da dieses Terrain durch den Abfluss aus den Becken des Chenil Neuf ausreichend gespeist wird, und zwar schon so lange, dass nicht anzunehmen ist, dass zusätzliches Wasser dahin geleitet wurde. Ich werde dies sehr genau überwachen.«[26]

Trouard, Pluyettes Nachfolger, hatte nicht so viel Nachsicht mit den Wäscherinnen, hielt er doch 1770 fest:»Pluyette hat die beiden öffentlich zugänglichen Reservoirs [...] am Ende der Avenue de Sceaux Ihren Befehlen entsprechend – ebenso wegen ihrer Sicherheit wie für die der Eisgruben – umzäunen lassen. Doch diese Sicherheitsvorkehrung, die den König teuer zu stehen kam, ist bisher von keinerlei Nutzen gewesen, da Sieur Gobert innerhalb dieser Abschrankung ein Waschhaus hat, in dem mehr als hundert Wäscherinnen täglich waschen und Wäsche aufhängen. Dadurch ist dieser Ort noch genauso öffentlich zugänglich wie zuvor. Ich habe vergeblich das Eingerichte am Schloss des Tores in der Avenue de Sceaux ändern lassen und Gobert befohlen, wenn er die Waschhäuser behalten wolle, müsse er sich dort aufhalten, um das Tor zu öffnen und zu schließen, doch da sein Haus sehr weit entfernt ist und die Wäscherinnen, die für das Waschen bezahlen und keinen anderen Eingang haben, sich kein Gehör verschaffen können, brechen sie das besagte Tor auf und zerstören es somit. Ich habe es mehrmals reparieren lassen, aber ohne Erfolg, und jetzt ist es ständig offen. Außerdem verbrauchen die vielen Wäscherinnen eine große Menge Wasser. [...] Darüber hinaus stecken all diese Frauen, die keinen anderen Ort haben, um ihre Wäsche aufzuhängen, um die beiden Becken herum Stangen in den Boden und durchbohren sehr oft die Leitungen, so dass die genannten Becken sich nur noch zu drei Fuß vom Rand füllen können aufgrund der vielen Beschädigungen, von denen der größte Teil durch diese Löcher verursacht wurde. Außerdem macht die große Menge aufgehängter Wäsche vom Schloss und vom Appartement des Königs aus einen äußerst schlechten Eindruck. [...] Ich bitte Sie deshalb, mich zu bevollmächtigen, diesem ganzen Missbrauch ein Ende zu setzen [...], erachte es aber in der Zwischenzeit als unumgänglich, dieses Waschhaus, das nie hätte gestattet werden dürfen, zu verbieten.«[27]

Solange Marigny Generaldirektor war, blieb Gobert da, doch der weniger tolerante Abbé Terray löste seine Stelle 1774 auf, nicht nur, weil er seine Privilegien missbraucht, sondern auch, weil er zugelassen hatte, dass im umliegenden Park Holz gestohlen wurde. Obwohl der Mann allgemein als »absolut überflüssig« und als »übles Subjekt« bezeichnet wurde, hatte seine Familie lange dem König gedient, und so erhielt er eine Stelle als Brunnenmeister in Bel-Air mit einer kleinen Pension.[28]

Als den Wäscherinnen die Hirschpark-Reservoirs verschlossen wurden, suchten sie nach Alternativen in der Umgebung. 1777 besetzten sie ein unbebautes Gelände an der südlichen Grenze des Schlossviertels, das ursprünglich für den Bau eines Ursulinenklosters bestimmt gewesen, jedoch über das Projektstadium nie hinausgekommen war. Das Viertel war nur schwach besiedelt, da Versailles sich eher in Richtung Norden ausbreitete, am neuen Boulevard de la Reine entlang. Die Wäscherinnen und auch andere eigneten sich dieses Terrain in dem leeren Viertel an, das Konzessionären überlassen worden war, die es ungenutzt ließen.

Der Inspektor beklagte sich über die Schwierigkeiten, auf die er dort stieß: »Auf dem großen Feld am Ende der Rue Royale, Place des Ursulines genannt, gibt es vier Plätze, von denen mir versichert wurde, sie seien vor mindestens zwölf Jahren M. Perrin geschenkt worden. Wenn sie verschenkt wurden, dann wurde ihm die Spende vermutlich unter der Auflage gemacht, dass er sie umzäunt und die Umrandung pflastert. Er hat nichts davon getan; sie dienen den Wäscherinnen zum Aufhängen ihrer Wäsche, womit sie den Zugang zu mehreren Häusern um den genannten Platz herum behindern, wo eine große Zahl der Wäscherinnen untergebracht ist, die ihr Seifenwasser auf den genannten Platz ausgießen, wo es faulig wird und im Viertel und in der Umgebung einen unerträglichen Gestank verbreitet. Weiter kann beobachtet werden, dass die fehlende Umrandung der genannten Plätze die Eigentümer der umliegenden Gebiete daran hindert, innerhalb ihrer eigenen Umschließungen zu pflastern, so dass sich dort ebenfalls Wasser absetzt und stinkende Kloaken bildet.«[29]

In der Zwischenzeit zog der Sohn Masson, der die Stelle des Brunnenmeisters und Wächters des Reservoirs von Montboron geerbt hatte, weiterhin Nutzen aus dem Waschhaus, das er an die Wäscherinnen vermietete, und an den Problemen änderte sich nichts: den Schäden durch die enormen Wassermengen, die in die Umgebung abflossen. »Als Folge dieses Missbrauchs«, berichteten die Inspektoren, »bilden sich im Winter Eisflächen, die für die Anwohner dieser Straßen, auf die das Wasser des Waschhauses fließt, sehr unbequem sind, und im Sommer entsteht ein unerträglicher und sehr widerlicher Geruch durch das Seifenwasser, das notgedrungen durch das Viertel abfließt.«[30] Das Waschhaus wurde also geschlossen »trotz der Feststellung, dass die Wäscherfrauen in Versailles im Augenblick ziemlich selten geworden sind«.[31]

Mit der Schließung der Reservoirs im Hirschpark und in Montboron sowie den Anschlägen, die es untersagten, das Schweizerbecken zu benutzen, war die Situation kritisch geworden. Duchesne, Aufseher der Gebäudeverwaltung, unterrichtete den Generaldirektor davon: »Versailles ist in gewisser Weise die Stadt, in der der größte Luxus und zugleich der größte Mangel an praktischen Dingen herrscht. Zu diesen praktischen Dingen, die fehlen, gehören einige große Wasserbecken zum Wäschewaschen.«[32] Duchesne hätte hinzufügen können, dass es auch an Orten fehlte, um die Wäsche zu trocknen. Denn durch ihren Anblick fühlte sich die Königsstadt in ihrer Würde verletzt.

Doch die Wäscherinnen weigerten sich, ihre schwere, nasse Wäsche weit zu schleppen, und waren der Meinung, dass die Alleen neben den Avenuen, die zum Schloss führten, der ideale Ort zum Wäschetrocknen seien. Die Wächter der Gebäude wa-

ren in ständiger Alarmbereitschaft, und im Mai 1747 wurden
Verordnungen erlassen, um die drei Hauptavenuen, de Paris, de
Saint-Cloud und de Sceaux, zu schützen: »Wir untersagen es
allen Wäscherinnen und auch allen anderen, ohne eine aus-
drückliche Genehmigung zwischen den Bäumen der genannten
Straßen Leinen zu spannen und in den besagten Nebenalleen
Stangen aufzustellen unter Strafe der Beschlagnahmung der
Wäsche und 20 Livres Bußgeld.«[33]
Im August desselben Jahres behauptete Sieur Durant, Päch-
ter des Waschhauses von Porchefontaine, die Wäscherinnen
hätten ihre Wäsche schon immer neben dem Waschhaus auf der
Südseite der Avenue de Paris trocknen lassen und nicht auf dem
großen Weg. Dies sei der einzige Ort, der sich dafür eigne. Er
fügte hinzu, die früheren Direktoren der Königlichen Bauten,
der Duc d'Antin und M. Orry, hätten sich nie über Schäden an
den Bäumen beklagt, sondern nur darauf geachtet, dass die
Kinder aus der Umgebung diese sowie die Wäsche nicht beschädigten, wenn sie Vogelnester suchten. Er kam zu dem Ergebnis,
dass das Aufhängen der Wäsche in der Avenue so nötig sei wie
nie zuvor, da die Armee zurückgekehrt sei und die Wäscherinnen nun erheblich mehr Arbeit hätten und dafür entsprechend
Platz bräuchten, vor allem im Winter. Der Inspektor lehnte es
kategorisch ab, sich durch diese Argumente überzeugen zu lassen. »Die Wäscherinnen haben den Kanal und den Teich zur
Verfügung [...], und es ist nicht Sache des Königs, ihnen Terrain
zu gewähren, um ihre Wäsche aufzuhängen.«[34]
Das Problem blieb ungelöst, und die Verordnungen mussten
1779 aktualisiert werden.[35] Doch das permanente Anwachsen
der Stadtbevölkerung brachte es mit sich, dass immer mehr
Hemden, Laken, Unterhosen und Manschetten gewaschen werden mussten. 1784 weitete Duchesne seine Wachsamkeit auf
das neue Viertel im Osten aus: »Seit die Bäume in der Avenue
du Grand-Montreuil beschnitten sind, habe ich [...] das Aufhängen von einiger Wäsche, die nicht stark auffällt und keinerlei Unannehmlichkeit heraufbeschwören wird, geduldet. Doch
ihre Menge wächst zusehends, so dass der untere Teil der Nebenallee auf der Seite zum Boulevard mit fünf Reihen Stangen

völlig zugestellt ist, die den Durchgang behindern und sich in der Nähe des großen Weges befinden, was scheue Pferde zu Unfällen führen kann.«[36]

Wenn die flatternde Wäsche in Porchefontaine und Montreuil – in direkter Nachbarschaft zu Versailles – den Inspektoren schon Kopfzerbrechen bereitete, was sollte man dann von jener sagen, die vom Schloss aus zu sehen war! Abgesehen von dem unangenehmen Anblick verletzte die Leibwäsche der unverheirateten Tanten Ludwigs XVI. deren Intimsphäre.

1780 bemerkte der Generalinspektor Heurtier, dass die Erlaubnis, in den Bassins des Parks zu waschen, ob nun im Trianon oder im Schweizerbecken, in den Amtsbereich des Schlossgouverneurs falle. Zu jener Zeit war die Charge von Noailles an seinen Erben übergegangen, der den Titel Prince de Poix trug. Die Bewilligung hingegen, in den Parkavenuen Wäsche aufzuhängen, unterlag noch immer der Gebäudeverwaltung. Während sie den meisten Wäscherinnen verweigert wurde, wurde sie einem gewissen Sieur Cacheux jedoch gewährt, dem Wäscher der Comtesses de Provence und d'Artois und der Madame Victoire. Da die Wäsche der Königin das ganze Waschhaus des Trianon in Beschlag nahm, erhielt er die Erlaubnis, das Schweizerbecken zu benutzen.

Musste nur noch ein Ort gefunden werden, an dem die Wäsche der Königsfamilie getrocknet werden konnte. Heurtier hatte eine Idee:»Ich glaube, man könnte ohne Bedenken erlauben, Wäsche auf der Höhe der Nebenallee aufzuhängen, die an die Wiese grenzt, da die Äste der Bäume und das Blattwerk verhindern, dass dieser Teil der Avenue, der rechts vom Schweizerbecken liegt, aus dem Schloss und den Appartements der königlichen Familie eingesehen werden kann. Da die Erlaubnis im Übrigen auf den genannten Cacheux beschränkt ist, kann dies stets nur eine recht kleine Menge an Wäsche sein.«[37] Der Generaldirektor gab seine Einwilligung nur unter Vorbehalt:»Ich stelle die unumgängliche Bedingung, dass er seine Wäsche im oberen Teil der Nebenallee auf der Seite zur Wiese aufhängt und keine andere Wäsche als die der Prinzessinnen wäscht.«[38]

Die Wachsamkeit der Garden wurde umso notwendiger, als die Wäscherinnen beharrlich jede Vorschrift ignorierten. 1788 berichtete der Aufseher Duchesne: »Da ein kleines Waschhaus aus Holz am Rande des Schweizerbeckens vor dem Garten Monsieurs errichtet worden ist, habe ich zu den Garden gesagt, sie sollten sich, wenn sie dort Wäscherinnen vorfinden, über den Namen des Besitzers der Wäsche informieren und nur diejenigen zurückschicken und mit einer Geldbuße belegen, die nicht zu seinem Haushalt gehören [...]. Erst heute wieder hat man hier die Wäsche eines Parkettbohners vorgefunden.« Darüber hinaus bestand der Wäscher der Königin, glaubt man Duchesne, darauf, »mit der ganzen Wäsche, die er in der Rue de Bons-Enfants wäscht, hierherzukommen und sie in den Avenuen der anderen Seite, die an den Hof der Ménagerie grenzen, aufzuhängen, eine Praktik, die die Verbote an den Säulen zu vergessen scheint.«[39]

Der Generaldirektor ordnete an, »mit Monsieurs Einverständnis« das Waschhaus aufzulösen und das »Aufhängen der Wäsche der Königin« zu verbieten. Als er sich mit diesem Befehl konfrontiert sah, rebellierte M. de Bonnefoi du Plan, und der Sekretär der Gebäudeverwaltung schrieb: »Er beklagt sich, dass er keinen Ort habe, wo er die Wäsche Seiner Majestät aufhängen und trocknen lassen könne, da der Hof des Hôtel des Nourrices zu klein sei und keinerlei Durchzug bekomme.«[40] Als er das Gesuch erhielt, »am Schweizerbecken, wo er früher trocknen ließ«, aufhängen zu dürfen, ließ sich der Direktor erweichen und genehmigte die Nutzung eines Terrains, »das an die Baumschule am Schweizerbecken Richtung Saint-Cyr grenzt«,[41] also weit abseits vom Schloss liegt.

Gegen Ende des 18. Jahrhunderts mokierten sich Spaßvögel über Versailles, wo, wie Duchesne schrieb, »das Wasser von allen Seiten herbeiströmt und wo es, seit der Kanal und der Weiher von Clagny weggefallen sind, keinen einzigen Ort mehr gibt, an dem eine Wäscherin auch nur einen einzigen Lappen waschen kann«.[42]

8. Leben bei Hofe –
Ein Resümee

Hinter den Fassaden

Der Kontrast zwischen dem Glanz der großen Staatsgemächer und dem Alltag der Bewohner des Schlosses von Versailles erstaunt uns heute wohl mehr als die Höflinge des 18. Jahrhunderts. Was wir heutzutage vor uns haben, ist das Dekor eines Theaters ohne Schauspieler, während die Salons, die Kapelle und die Gärten unter dem Ancien Régime ständig von ihnen überfüllt waren.

Als der Hof sich 1682 in Versailles niederließ, waren die Ankommenden angesichts der Pracht ihres neuen Domizils fast sprachlos. Der Marquis de Sourches schrieb: »Der König verließ Saint-Cloud, um sich in Versailles einzurichten, wie er es schon seit langem wünschte ...«, und fügte in einem weniger offiziellen Ton hinzu: »Er liebte dieses Haus, in das er bereits 50 Millionen hineingesteckt hatte, mit unmäßiger Leidenschaft; es war von beispielloser Größe und Herrlichkeit, doch in einem äußerst schlechten Zustand.«[1]

Ezechiel Spanheim, Gesandter von Brandenburg, ließ seinen Herrn wissen, dass der gigantische Finanzierungsaufwand die wahren Dimensionen der zur Verfügung stehenden Ressourcen und somit die Macht des Monarchen offenbare: »So groß und außerordentlich die Einkünfte des Königs oder das Vermögen, dieses bei Bedarf oder nach Belieben zu erhöhen, auch sein mögen, so gilt dies um nichts weniger für die Ausgaben unter seiner Herrschaft.« Die Kosten für den Bau und die Einrichtung von Versailles auf 80 Millionen schätzend, fuhr er fort: »Herrliche Einrichtungsgegenstände, kostbar und in jeglicher Ausführung, die für den König angefertigt oder erworben wurden, wie Silberwaren, Betten und Tapisserien, Gemälde und Porträts, Juwelen und Edelsteine, des Weiteren Schmuck und Kuriositäten von hohem Wert, was sich alles zusammen auf immense Summen belaufen muss und jeden, der die Gelegenheit hat [...], es zu erblicken, mit Leichtigkeit von der schönen Ordnung und der Herrlichkeit überzeugt.«² Damit hat er die Absicht Ludwigs XIV. ziemlich genau definiert. Für ihn war Versailles nicht nur die Hauptresidenz, es war auch das Instrument einer großen Prestige- und Einschüchterungspolitik. Unter seinen Nachfolgern konnte dieses glänzende Bild nur verblassen. In einer Bittschrift von 1775, die ein Erhöhungsgesuch an den Generaldirektor der Königlichen Bauten unterstützen sollte, wurden als wichtigste Gründe angeführt: »[...] den Ruhm und die Würde des Souveräns in der Erhabenheit seiner Wohnstätte und in der besten Ordnung zu erhalten [...], wie es Ludwig XIV. und seine Minister ohne Zweifel vorgesehen hatten für die Einrichtungen, die dieser Monarch geschaffen hat. Das Unglück der letzten Jahre seiner Herrschaft hat es ihm nicht erlaubt, diese in ihrer ganzen Pracht zu bewahren, und doch hat er nie aufgehört, sie bis zu seinem Tode zu pflegen, und hätte man während der sechzig Jahre, die seither vergangen sind, dieselbe Wachsamkeit walten lassen, so wären sie nicht in diesen schrecklichen Zustand des Verfalls geraten, in dem sie sich heute befinden. Das königliche Schloss einschließlich der Nebengebäude bietet dem neugierigen Fremden und dem Bürger nur noch Ruinenhaufen dar, die einzustürzen drohen oder bereits eingestürzt sind, so dass mehrere von ihnen die Funktion nicht mehr erfüllen können, für die sie bestimmt sind.«³ Die Gebäudeverwaltung schätzte die Lage richtig ein: Mit der großen Pracht von Versailles war es vorbei. 1689 stand auf einer Münze, die zur Einweihung der neuen Königlichen Residenz geprägt wurde: »Der Palast des Königs eröffnet zum Vergnügen des Volkes.«⁴ Im 18. Jahrhundert strömten die Menschen zwar noch immer in großen Mengen nach Versailles, doch man wärmte sich nicht mehr an den Strahlen des Sonnenkönigs. Die Beschreibung des schottischen Romanciers Tobias Smollett aus dem Jahr 1763 war wenig schmeichelhaft: »Versailles wirkt trotz der verschwenderischen Dekoration trist. Die

Appartements sind düster, schlecht möbliert, schmutzig und eines Fürsten wenig würdig. Das Schloss, die Kapelle, der Garten, all dies bildet zusammen eine absonderliche Mischung aus Pracht und Schäbigkeit, aus gutem Geschmack und Süffisance.«[5]

Arthur Young, ein gelehrter Agronom und scharfsinniger Beobachter, ließ sich im Jahr 1787 noch weniger blenden als sein Landsmann: »Der Palast von Versailles ist alles andere als beeindruckend. […] Die große Galerie ist eine der schönsten, die ich je gesehen habe; die anderen Appartements aber taugen gar nichts, die Gemälde und Statuen wiederum sind bekanntermaßen eine Kollektion ersten Ranges. Es scheint, dass der ganze Palast mit Ausnahme der Kapelle der Öffentlichkeit zugänglich ist; um die Prozession zu sehen, haben wir uns in einer Ansammlung von Menschen jeglicher Art fortbewegt; viele waren nicht sehr gut gekleidet, aber allem Anschein nach wird danach kaum gefragt. […] Im Appartement des Königs, das dieser eine Viertelstunde zuvor verlassen hatte und wo diese kleinen Spuren von Unordnung zurückgeblieben waren, die zeigen, dass er darin wohnt, amüsierte man sich darüber, dass Gassenjungen ohne Überwachung überall, sogar im Schlafgemach des Königs herumspazierten – Nichtsnutze, deren Lumpen offenbaren, dass sie sich auf der untersten Stufe der Armut befinden.« Der englische Reisende fragte sich auch, was die hier lebenden Höflinge wohl denken mochten: »Ich war der Einzige, der sie aufmerksam betrachtete, und ich fragte mich, wie es ihnen hier gefällt.«[6]

Während ihrer Dienstzeit beim König oder bei der Königin waren sie von unerhörtem Prunk umgeben, doch sobald sie ihre winzigen, schlecht beleuchteten und belüfteten Unterkünfte aufsuchten, litten sie, wie wir gesehen haben, unter mangelndem Komfort. Dazu kam, vor allem nach 1768, der Verfall der Gebäude, der umfassende Reparaturen nötig machte.

Diese Unannehmlichkeiten waren nur dank der zahlreichen Domestiken zu ertragen. Man geht davon aus, dass sie in Paris insgesamt zehn Prozent der Bevölkerung ausmachten.[7] Selbst sehr bescheidene Haushalte verfügten über ein Dienstmädchen, ein Adeliger war bei sämtlichen Aspekten seines Lebens von Personal umgeben. Pierre Prion, Kopist und Zeitungsautor, berichtete, dass das Schloss von Aubais, obwohl es nur die bescheidene Residenz einer Familie aus dem Provinzadel war, in 31 Jahren 279 Bedienstete beschäftigte, davon fünf Kammerdiener, 24 Kammerzofen und 61 Dienstmädchen.[8] Folgt man Audigers »La Maison reglée« (1692), einem Handbuch für die Organisation des Haushalts, so sollte ein unverheirateter Mann sich mit 37 Bediensteten umgeben, darunter allein fünf für seine persönlichen Bedürfnisse.[9] Wenn er heiratete, kamen Kammerzofen hinzu, und sobald Kinder da waren, Ammen, Gouvernanten und Hauslehrer. Diese Zahl war wahrscheinlich übertrieben, denn die reiche Mme Geoffrin, die auf großem Fuß lebte und in ihrem Salon den Adel sowie Diplomaten und Literaten empfing, beschränkte sich auf zehn livrierte Domestiken, auch wenn hierbei die vielen Kammerzofen und Dienstmädchen noch nicht berücksichtigt sind.[10]

Diese enorme Zahl an Dienstboten verursachte zahlreiche Probleme, angefangen bei den Kosten für Gehälter, Ernährung und Livreen bis hin zum Erhalt der Disziplin. Doch kam niemand ohne Diener aus, erst recht nicht in Versailles, wo die spezifische Schwierigkeit darin bestand, sie stets zur Verfügung zu haben, ohne die kleinen Unterkünfte zu übervölkern. Der Comte de Noailles schrieb um 1775: »Ludwig XIV. hatte es nicht einmal den Prinzen von Geblüt erlaubt, den Großteil ihrer Diener [...] im Schloss unterzubringen, und ein Konzessionär hatte nicht mehr als einen oder zwei Kammerdiener um sich.«[11] Tatsächlich aber wurde diese Vorschrift nie eingehalten, und ständig tauchten die Lakaien in dem einen oder anderen Antichambre auf, um mit dem Kammerdiener von Monsieur zu schwatzen oder mit der Zofe von Madame zu schäkern.

Im Grunde verfügten die Höflinge nur über zwei Räume, das Schlafzimmer, wo sie schliefen und empfingen, und das Kabinett, in das sie sich zurückziehen konnten. Im 18. Jahrhundert wurde der verfügbare Raum durch die Einrichtung von Zwischengeschossen erweitert, aber abgesehen davon, dass sie sehr eng waren und die Decken sehr niedrig, verkleinerten sie auch die Räume, über denen sie eingezogen worden waren, erheblich. Häufig erweiterten sie die Gesamtfläche der Unterkunft um bis zu ein Drittel – man sprach von einer »Verdoppelung« –, was es Madame etwa erlaubte, einen Raum in ein Boudoir zu verwandeln und für ihre Kammerzofe ein Bett hineinzustellen. Wie wir bereits gesehen haben, wurden auch die illegalen Küchen meist in solchen Zwischengeschossen eingerichtet.

Die Höflinge hatten die Freiheit, ihr Logis nach ihrem eigenen Geschmack zu möblieren. Doch da niemand außerhalb der Königsfamilie das Recht hatte – soweit sich das verhindern ließ –, auch im Schloss zu sterben, verfügen wir nur über sehr wenige Inventare, die man nach dem Ableben über den Nachlass erstellte. Solche Inventare sind kostbare und unverzichtbare Quellen, um die Einrichtung und die Besitzverhältnisse von Menschen aller gesellschaftlichen Schichten zu rekonstruieren.[12] Gewöhnlich übergaben die Höflinge ihre Charge direkt an einen Nachfolger – Sohn, Tochter, Schwiegersohn oder Schwiegertochter –, die nur selten auch dasselbe Appartement übernahmen. Ein Polsterer räumte die Möbel des jeweiligen Vorgängers aus, der aus dem Alltagsleben von Versailles verschwand und nur noch zu Besuchen und in Familienangelegenheiten zurückkehrte.

Es kam natürlich auch vor, dass ein Höfling im Schloss vom Tod überrascht wurde. In diesem Fall versiegelten die Angestellten des Hausvogts die Tür und erstellten ein kurzes Inventar, das aber selten vollständig war und auch nicht den materiellen Wert der Güter festhielt. Starb ein Höfling, der ein Appartement bewohnte, außerhalb des Schlosses, stellten die Notare manchmal ein ergänzendes Inventar über Möbel, Silberwaren, Wäsche und Kleider auf, doch auch solche Dokumente sind rar.

Das Appartement der Familie
Saulx-Tavannes

Wir besitzen das ausführliche Wohnungsinventar der Marie Françoise Casimire de Froulay de Tessé, Comtesse de Saulx-Tavannes, die im Jahr 1753 verstarb. Als Mitglied einer Höflingsfamilie war sie die Nichte des Ersten Stallmeisters der Königin, die 1744 versuchte, sie zur Palastdame zu ernennen. Der König aber hatte dafür seine eigene Kandidatin in der Person seiner Mätresse, Mme de La Tournelle, obwohl Mme de Saulx ihm hätte gefallen können, hatte sie doch laut dem Duc de Luynes »ein hübsches Gesicht und einen liebenswerten Charakter«.[13] Sie musste auf die nächste Vakanz im Jahr 1747 warten.

Ihr Mann, Charles Marie Gaspard, Comte de Saulx-Tavannes, wurde mit Unterstützung seines Onkels, des Erzbischofs von Rouen und Großalmosenier der Königin, im selben Jahr *menin* des Dauphins.

Bei ihrer Ernennung erhielt die Comtesse ein angenehmes Logis im Nordflügel, das von der Gebäudeverwaltung »vollständig hergerichtet«[14] worden war. Es war trotz seiner fünf Zimmer inklusive vier Kaminen und drei Zwischengeschossen, zwei davon mit Kamin, eher klein.

1750 erhielt das Paar eine bessere Unterkunft. Nach dem Tod des alten Maréchal de Harcourt übergab ihnen Ludwig XV. das Appartement des Verstorbenen, fügte aber seinem *bon du Roi* hinzu: »Ohne die Küche.«[15] Der *État* von 1722–1741 zählt sechs Räume mit Kamin und fünf Räume in den Zwischengeschossen, davon drei ebenfalls mit Kamin. Der König bewilligte »Änderungen und Instandsetzungen« für einen Betrag von 2029 Livres. Der Gebäudeverwaltung fehlte es nicht an Geldmitteln, ihr jährliches Budget war gerade auf 3 200 000 Livres erhöht worden, und so wurden die nötigen Arbeiten unverzüglich ausgeführt.[16] Der Comte de Saulx bezahlte aus eigener Tasche 770 Livres für zwei Doppelfenster.

Das Paar bewohnte dieses Logis nur drei Jahre lang, denn im Sommer 1753 wurde die Comtesse, die die Königin nach Com-

piègne begleitete, krank und kehrte nach Paris zurück. Dort
wurden Pocken diagnostiziert, denen sie, vom ganzen Hof be-
trauert, kaum eine Woche später erlag. Der Duc de Luynes lobte
sie in seinem Tagebuch: »Mme de Saulx hatte einen sanften,
einfachen Charakter; sie erfüllte all ihre Pflichten mit großer
Gründlichkeit; so wurde sie von ihrem Vater, ihrer Mutter,
ihrem Ehemann und dessen Eltern und von allen, die sie kannten, geliebt. Man konnte vertrauensvoll mit ihr sprechen; sie
hatte viele Freunde und hatte sie verdient.«[17] Solche Würdigun-
gen waren am Hof selten zu hören.

Als Witwer konnte der Graf die Wohnung nicht behalten. Die
Siegel wurden angebracht, und ein paar Tage nach dem Tod der
Gräfin kamen die Notare, um das Inventar zu erstellen.[18] Folgen wir ihnen durch die Räumlichkeiten: Nachdem wir in der
Galerie, die zu den Innenhöfen des Prinzenflügels offen ist, ein
paar Stufen hinabgestiegen sind, gehen wir durch den engen
Flur an der Südseite der Cour du Grand Escalier entlang, dort,
wo heute die Sitzungen des Kongresses zur Revision der Verfassung abgehalten werden. Biegen wir nach rechts in einen zweiten Flur ein, der zwei Fenster zur Cour de l'Apothicairerie hat,
liegt nun das Appartement vor uns: eine Zimmerflucht zwischen dem Hof und der Rue de la Surintendance mit sieben
Fenstern auf beiden Seiten. Die Bestandsaufnahme kann beginnen.

Das Antichambre als Treffpunkt der Dienerschaft war nur
spärlich möbliert: ein Tonofen, der nicht mehr als 16 Livres
kostete, ein überaus nützlicher Holzofen, ein kleines Bassin aus
Rotkupfer und zwei »Schlafbänke«, mit Matratzen und Pols-
tern bedeckt. Fünf Ellen (6 Meter) Tapisserie aus bemaltem
Tuch waren der einzige Schmuck im Raum. Ein Durchgang
führte in den Gesellschaftssaal. Seitlich öffnete sich eine Tür
zum Speisesaal, wo die Notare »einen Tisch aus weißem Holz
mit geschwungenem Fuß« vermerkten. Ein Raum, der allein
zum Speisen diente, war damals eine Neuheit; er wurde zuvor
als zweites Antichambre verwendet, wo die hohen Besucher
eine Zeitlang warten mussten. Offenbar stellten die Domestiken vor Ankunft der Gäste die Tischplatten auf Böcke und

breiteten ein Tischtuch darüber. Die Möblierung bestand aus ein paar »Sesseln aus Eichenholz, bezogen mit Leinen, und einem Dutzend Stühlen aus Nussbaumholz, gut gepolstert und mit Posamenten geschmückt«. Das alles war nicht sehr luxuriös: Die Sessel wurden auf 60 Livres geschätzt, die Baumwollvorhänge inklusive Zubehör auf 30 Livres.

Die Häuser der Prinzen und selbst die der Generalsteuerpächter, deren Pläne Bondel veröffentlichte, verfügten über Empfangssäle, deren enorme Pracht großen Eindruck machen sollte. Sie kamen für diese Grandseigneurs oder schwerreichen Privatiers den Grand Appartements des Königs gleich, während die Gesellschaftsappartements, wo man seine Freunde empfing, eher den Petits Appartements von Ludwig XV. entsprachen. Die Privaträume schließlich, wo man es sich gemütlich machte, sind mit den inneren Kabinetten des Königs und der Königin vergleichbar.[19]

Beim Ehepaar Saulx-Tavannes waren der Gesellschaftssaal und das Boudoir der Comtesse öffentliche oder zumindest halböffentliche Räume. Der Erste – groß genug, um Gäste zu empfangen – war möbliert mit »sechs Stühlen aus Nussbaumholz [...], gepolstert mit Pferdehaar«, bedeckt mit gelbem, silberdurchwirktem Gros de Tour. Diese Stühle konnte man nach Bedarf dazustellen oder wieder wegräumen. Sechs Sessel und ein samtenes Sofa gehörten zu der Möblierung, die nur selten vom Platz gerückt wurde. Schließlich verfügten die Gäste über »zwei Ohrensessel und einen Hocker aus geschnitztem Buchenholz, weiß grundiert, das Ganze mit Hussen aus verschieden kariertem Tuch geschmückt«. Das Ensemble wurde auf 320 Livres geschätzt und vervollständigt durch »einen Konsoltisch mit Marmorplatte, eine Kommode *en tombeau* aus Veilchenholz, verziert mit vergoldeter Bronze, einen kleinen Schreibtisch mit Intarsien, Platte und Schubläden und ein Tablett aus bemaltem Holz mit sechs Tassen und Untertassen sowie einer Teekanne aus Chantilly-Porzellan«. Die Comtesse empfing ihre Freundinnen in diesem Raum, der durch zwei Wandschirme und gelbe Taftvorhänge vor Luftzug geschützt war. Sie war umgeben von allem, was sie für ihre Handarbeiten benötigte: einem kleinen

Spinnrad, einem Stickrahmen und einem Webstuhl. Dies war eine komfortable, wenn auch nicht sehr kostspielige Einrichtung. Die Möbel, Kamin- und Beleuchtungszubehör nicht inbegriffen, wurden auf nicht mehr als 571 Livres geschätzt. Die Spiegel, Eigentum des Königs, standen nicht auf der Inventarliste, ebenso fehlten Gemälde und Teppiche.

Der letzte Raum dieser Zimmerflucht im Erdgeschoss war ein kleines Schlafgemach, von dem durch Zwischenwände ein Kabinett und eine Garderobe zur Hofseite abgeteilt waren. Auch wenn die Notare sie nicht der Comtesse zuschrieben, waren die Möbel des Hauptraumes sehr wohl die einer hochgestellten Dame. Das Bett befand sich in einem Alkoven, der mit Vorhängen und einer Steppdecke aus karminrotem Damast sowie zwei weiteren Vorhängen aus Serge in derselben Farbe ausgestattet war. Neben einem Lehnsessel und zwei Fauteuils gab es einen kleinen Sekretär, einen mit Maroquin bedeckten Tisch, ein kleines Bücherregal mit einem Türladen aus Messingdraht sowie einen kleinen Wandschirm aus Tapetenpapier. Das wichtigste Stück war ein »Toilettentisch mit geschweiftem Spiegel von 15 Zoll [40,5 Zentimeter] Spiegelglas auf 10 Zoll Breite in einem Rahmen aus schwarzem Holz«. Zwei »Leuchter aus schwarz bemaltem Holz, mit chinesischen Figuren geschmückt«, standen neben einem Salbenträger mit Alabasterdeckel, der sich von der Farbe des Holzes abhob. Da der Spiegel recht klein war und jegliche Vergoldungen fehlten, war dieser Toilettentisch nicht besonders wertvoll, doch eine kleine Uhr »von Gérard aus Paris, auf einer Porzellangruppe, die den Sommer symbolisiert, mit einem Blattwerk aus vergoldetem Kupfer und Malergold«, verlieh dem Dekor eine Note von Charme und Beschwingtheit.

Wahrscheinlich hatte die Comtesse in diesem Raum ihre engsten Freunde bei der Toilette empfangen. Ob sie hier auch schlief? Die 1735 von Blondel gezeichneten Pläne zeigen in der Garderobe zum Hof eine Treppe, und die Notare verweisen auf einen darüberliegenden Raum, der ebenso möbliert war, jedoch keinen Toilettentisch hatte. Wenn das Schlafzimmer der Comtesse in ein Boudoir verwandelt worden war, schlief sie dann im Zwischengeschoss? Die von Blondel vorbereiteten Pläne geben die Aufteilung der Räume im Zwischengeschoss leider nicht wieder. So wissen wir nicht, ob das Schlafzimmer von Mme de Saulx mit dem des Grafen, ihres Gemahls, verbunden war. Das war nicht immer der Fall, auch nicht bei bestens harmonierenden Paaren. Hatte die Liaison des Grafen mit Mme d'Estrade, einer Vertrauten und Freundin der Marquise de Pompadour, schon vor dem Tod der Gräfin bestanden? Es gibt keinerlei Hinweise darauf, und wir wissen, dass der Graf ans Bett seiner Frau geeilt war, als sie in Compiègne erkrankte. Wenden wir also unsere Aufmerksamkeit von diesem ehelichen Geheimnis ab, um festzuhalten, dass die Gräfin auch über ein hübsches kleines »Schreibkabinett« verfügte, »geschmückt mit Porzellanfiguren und Stichen in vergoldeten Rahmen hinter Weißglas«.

Die Haupttreppe führte in die über dem Gesellschaftssaal gelegenen Zwischengeschosse, wo sich das Appartement von Monsieur befand, das etwas spärlicher möbliert war als das seiner Frau: »ein kleiner Tisch in Form eines Sekretärs mit Intarsien, ein Eckmöbel, ein Lehnsessel, ein Fauteuil« neben einem prachtvollen Bett in einer Nische mit zwei daunengefüllten Kopfpfühlen, zwei Matratzen aus weißem Leinen, einer Seidendecke und einer Fußdecke aus weißem Taft mit Pikee-Futter. Bettbezug, Steppdecke, Sockel, Baldachin und Vorhänge waren aus grünem Damast.

In dem angrenzenden Kabinett befanden sich ein Schreibtisch mit Schubladen aus Veilchenholz, bezogen mit schwarzem Maroquin, ein Stuhl, ein Fauteuil und zwei Hocker aus Buchenholz mit Rohrgeflecht und rotem Maroquinkissen. Zwei Eckmöbel mit Marmorplatte und einer Verzierung aus Messingdraht rundeten diesen Rückzugsort des Hausherrn ab, und man wundert sich kaum, folgendes Zeugnis von der gemeinsamen Passion des Paares zu finden: »Zwölf Gruppen von unterschiedlichem Porzellan, die diverse Figuren und Tiere darstellen, dazu ein kleiner Topf mit Krug, zwei weitere Deckeltassen, die auf einem Tablett aus rot bemaltem Holz stehen.« Hinzu kamen vier unterschiedlich gestaltete Tassen und Untertassen. Die ganze Kollektion wurde laut Inventar auf 160 Livres geschätzt, so viel wie der ganze Rest, inbegriffen die karminroten Taftvorhänge mit ihren Rollenschienen aus Eisenbronze.

Das Inventar von Monsieurs Garderobe verzeichnet lediglich einen Perückenkopf auf einem Ständer aus weißem Holz, der auf einem Tisch im anliegenden Durchgang stand, wo sich auch ein einfaches, aber gut ausgestattetes Bett befand, das wahrscheinlich vom Kammerdiener benutzt wurde, der stets in Reichweite seines Meisters schlief. Die Kammerfrau der Comtesse, die ebenfalls in den Zwischengeschossen untergebracht war, hatte sogar einen Kamin. Ihr Zimmer war möbliert mit zwei Bettladen mit zum Fußende hin abfallendem Himmel, die Bettwäsche ganz aus Baumwolle, Serge und einer Tagesdecke aus gestepptem Taft sowie einem »kleinen Tisch aus weißem Holz auf gebogenem Chassis, einem kleinen Stuhl mit dunklem Stroh, einem Eisenkessel«. Zusammen mit der Dekoration – »acht Ellen Tapisserie Point de Hongrie« – wurde das Ensemble auf 81,5 Livres geschätzt. Die Kammerfrau war also besser ausgestattet als die übrigen Domestiken, für die nur ein Gurtenbett zur Verfügung stand, das inklusive Bettzeug auf 70 Livres geschätzt wurde.

Dieser Besuch regt zu ein paar Überlegungen an. Die Saulx-Tavannes verfügten über eine Küche auf Hofniveau, sechs Räume im ersten Stock, davon drei Empfangszimmer und ein Kabinett, und in den Zwischengeschossen über zwei Herrenappartements, jedes mit Schlafzimmer, Garderobe und Kabinett. Fügen wir noch zwei kleine Domestikenkammern hinzu, jede mit zwei Betten sowie Bänken ausgestattet, auf denen, wenn es nötig war, zwei Lakaien im Antichambre schlafen konnten. Das Beleuchtungsmobiliar kostete 340 Livres, das Zubehör für die Kamine 54 Livres und die Küchenausstattung, einige einfache Möbel inbegriffen, 104 Livres. In den Schränken, die da und dort in den Durchgängen und unter den Treppen standen, befanden sich Leuchter und Porzellangeschirr zu einer Gesamtsumme von 384 Livres. Die Haushaltswäsche wurde auf 200 Livres geschätzt, das Silberzeug auf 2262. Zusammen mit den Möbeln – 4040 Livres – belief sich der Gesamtwert auf 7384 Livres, das heißt auf etwas mehr als 9000 Livres, da die Schätzungen der Notare sich gewöhnlich circa ein Viertel unterhalb des realen Wertes der Güter bewegten.

Im Vergleich dazu schätzte die Garde-meuble der Krone die von Mme d'Ossun, Dame d'atours von Marie-Antoinette, für vier Räume ihres Appartements geliehenen Möbel auf 13 545 Livres, die Teppiche nicht mit eingerechnet.[20] Man kann also den Schluss ziehen, dass die Saulx-Tavannes in Versailles komfortabel, aber ohne großen Luxus lebten. Zwar verfügten sie noch über ein weiteres Appartement im Schloss von Fontainebleau und mieteten für die Sommerreisen des Hofes ein Haus in Compiègne. In Paris besaßen sie an der Place Royale, der heutigen Place des Vosges, ein Hôtel, das der Familie der Comtesse gehörte. Dieses heute sehr vornehme Viertel stand damals nicht sehr hoch im Kurs, und so mietete der Graf kurz nach dem Tod seiner Frau ein Appartement in der Rue Saint-Dominique im Faubourg Saint-Germain. Schließlich besaßen die Saulx-Tavannes ein Landhaus in Passy.

Ein solcher Lebenswandel überstieg ihre Verhältnisse. Zwar hatte die Comtesse ein Drittel des elterlichen Erbes als Mitgift bekommen, doch bezog sie davon nur 15 000 Livres als Leibrente, wozu noch ihre Pension als Palastdame von 6000 Livres kam. Dem Grafen lief das Geld nur so durch die Finger, und er häufte beträchtliche Schulden an.[21] Nachdem er sein Appartement und die Pensionen seiner Frau verloren hatte, wurde ihm erst eine Unterkunft im ehemaligen Hôtel de la Surintendance angeboten, später erhielt er ein gutes Appartement im Nordflügel. 1755 wurde er zum Ehrenritter der Königin ernannt.

In der Zwischenzeit war sein ehemaliges Appartement auf eine Palastdame, die Comtesse de Gramont, übergegangen, die es an den Duc de Tęczin-Ossolinski vermietete, Großhaushofmeister des polnischen Königs, des Vaters der Königin, wurde aber später der Duchesse de Chevreuse zugeteilt, die in Nachfolge ihrer Mutter Oberhofmeisterin der Königin wurde und Gemahlin des Gouverneurs von Paris war. Die Herzogin verlangte Renovierungen für 585 Livres und übernahm auf eigene Kosten die Lackarbeiten, doch sie fand, dass die Unterkunft gewisse Nachteile hatte. Gleich über dem Hofniveau gelegen, war sie zwar vor Wasserschäden und Verschmutzung durch die Kamine geschützt, jedoch »wegen des schlechten Geruchs kaum zu ertragen«, und Mme de Chervreuse beklagte sich über die Leute, die ihren Abfall aus dem Fenster warfen.

Der Graf von Noailles unterstützte sie darin, doch der Gouverneur konnte ihr nicht helfen, als man in den ersten Tagen des Jahres 1763 entdeckte, dass die Deckenbalken »vollständig vermodert« waren. Der Kontrolleur L'Écuyer schrieb in seinem Bericht: »Sie müssen nicht nur ersetzt werden, sondern es müssen auch sämtliche Wände und Holzarbeiten der darüberliegenden Zimmer aus- und wieder eingebaut werden, was keine Kleinigkeit ist.« Das Ansehen der Familie Chevreuse war hoch genug, um trotz der Krise von der Baubehörde eine Renovierung bewilligt zu bekommen, und so gewährte der König 1800 Livres aus dem Budget von 1764, wo sich der Posten für große Reparaturen auf 129 000 Livres belief.[22] Blieb noch, die Kleinunternehmer zur Eile anzutreiben, und L'Écuyer merkte an: »Mme de Chevreuse [...] hat mir soeben geschrieben, um die Sache zu beschleunigen. Ich werde alles tun, was möglich ist, doch wegen der baldigen Wiederkehr des Königs sind die Arbeiter zu sehr beschäftigt und aufgrund der ausgebliebenen Bezahlung stehen nicht genügend zur Verfügung.«[23]

Zwei Wochen später griff die Duchesse erneut zur Feder, um sich beim Generaldirektor zu beklagen: »Es ist schon mehr als acht Tage her, dass das Gebälk eingezogen worden ist, und die Maurer sind noch immer nicht gekommen.«[24] Am 5. Dezember schließlich schrieb L'Écuyer: »Sämtliche Gipsarbeiten der Wohnung werden heute oder spätestens morgen fertig sein, und der Tischler wird mit dem Einsetzen der Wände im Entresol beginnen. M. le Duc de Chevreuse ist gestern übereingekommen, überall Feuer zu machen, um die Gipsarbeiten trocknen zu lassen, [...] und ich habe angeboten, ihm einen alten Eisenofen auszuleihen.«[25] Nach Ablauf eines Monats waren die Schreinerarbeiten allerdings noch immer nicht ausgeführt.

1771 starb Mme de Chevreuse, und die Wohnung ging an den Marquis und die Marquise de Caumont über, ein weiteres

Höflingspaar – er Oberkämmerer des Comte de Provence, sie Gesellschaftsdame der Gräfin. Sie forderten sofort Ausbesserungen für 600 Livres. Marigny, dessen Budget kaum für die allernötigsten Instandsetzungen ausreichte, akzeptierte mit der Empfehlung,»die Summe von 600 Livres nicht zu übersteigen«.²⁶ Später erhielt der Herzog von Laval das Appartement, das 1778 an den Marquis de Noailles überging und 1783 an die Marquise de Sérent, schließlich an den Duc und die Duchesse de Lorge. Diese beiden verlangten,»dass einige Wände herausgenommen und an anderer Stelle im Appartement eingesetzt werden«.²⁷ Im folgenden Jahr verzeichnete der Wohnungsetat die Folgen dieses Bäumchen-wechsle-dich-Spiels. Das Appartement zählte nicht mehr als vier Räume mit drei Kaminen – statt der vorherigen sechs Räume und vier Kamine – und vier Zwischengeschosse anstelle von fünfen. Das Antichambre und das Speisezimmer, die unverändert blieben, waren neu geweißt worden, doch der Lack von Mme de Chevreuse war verschwunden.

So sah ein Appartement von»mittlerem Standard« aus. Die Saulx-Tavannes hatten es bekommen, bevor die Krise sich auf das Budget der Baubehörde auswirkte und den Kontrast zwischen dem Luxus der königlichen Gemächer und dem Verfall der Appartements, die am Hof von Versailles vom französischen Adel bewohnt wurden, verschärfte.

Im Wandel der Zeit

Oft waren die neuen Bewohner mit der Aufteilung eines Appartements nicht zufrieden. Ab den 1750er Jahren wollten viele einen Alkoven haben, damit das Bett nicht mehr mitten im Raum stehen musste und mehr Platz für bequeme Fauteuils und somit für das Gespräch zur Verfügung stand. Für den größten Teil der Umgestaltungen war, wie wir gesehen haben, der Generaldirektor der Königlichen Bauten zuständig, der einen Kontrolleur schickte, um die Berechtigung eines Gesuches zu prüfen. Diese nichtadeligen Gutachter, die ihre Berichte in zwei Kategorien – Gewöhnliches und Außerordentliches – unterteilten, wurden von den adeligen Bittstellern hemmungslos umschmeichelt und umworben. Der Generaldirektor fasste nach der Kostenprüfung einer Maßnahme und des Gunstgrades des Nutznießers den Fall für den König zusammen, dem es in letzter Instanz oblag, darüber zu befinden. Nur wenige Privilegierte erhielten alles, was sie forderten; viele mussten sich mit dem dringend Notwendigen begnügen und selbst darauf oft ein Jahr oder noch länger warten.

So verzeichnet zum Beispiel das Budget des Schlossdepartements aus dem Jahr 1767 unter den großen Arbeiten die »beträchtlichen und dringenden Instandsetzungen in den Wohnungen von M. le Cardinal de Gesvres, des Bischofs von Limoges, des Duc und der Duchesse de Cossé, die zusammen wohnen, deren Fußböden, von denen einer bereits abgestützt werden muss, einzustürzen drohen – 29 000 Livres.«[28] 1769 hatte sich noch immer nichts getan, doch inzwischen waren die Ausgaben auf 35 000 Livres angestiegen.[29] 1771 standen die Instandsetzungen wieder auf dem Budget, mit dem Hinweis: »Sie sind Gegenstand eines festgelegten Fonds.«[30] Im folgenden Jahr wurde die Ausgabe erneut bewilligt,[31] aber es geschah nichts, weil inzwischen die finanzielle Krise da war und es nicht mehr in Frage kam, die Unterkünfte der Höflinge zu renovieren. 1774 starb der Cardinal de Gesvres. Laut Mme de Montmorency, der man darauf ein Logis im Alten Flügel anbot, war die ganze Umgebung »unbewohnbar«.[32] Im Prinzip konnte niemand sein Logis ohne die Zustimmung des Generaldirektors der Königlichen Bauten umgestalten oder ausbessern lassen. Und selbst mit seiner Genehmigung war man angehalten, nur bestallte Unternehmen zu beschäftigen, deren Kostenvoranschläge hoch waren und die langsam arbeiteten, da sie jederzeit für den König verfügbar sein mussten, war dies doch ihre erste Verpflichtung.

Der hohe Adel von Frankreich war gezwungen, am Hof zu leben, wenn er seinen Rang wahren und in den Genuss der königlichen Gunstbezeigungen kommen wollte. Man brauchte also eine Wohnung in Versailles, selbst wenn diese eng und unbequem war. Die Bemerkung des Marquis d'Argenson blieb wahr wie nie:»›Was für eine komische Gegend ist doch dieser Hof!‹, sagen alle; doch unsere Leidenschaft und unsere Unvernunft bringen uns alle dazu, uns dort hinzubegeben.«[33] Der Comte de Noailles bemerkte über Ludwig XIV.:»Dieser große König gab den Seigneurs seines Hofs Unterkünfte im Schloss, doch er gab ihnen nur ›Dach und Fach‹. Was die innere Aufteilung dieses Logis betraf, Ausbesserungen, Dekorationen und persönliche Annehmlichkeiten, so waren sie Angelegenheit jener, die Seine Majestät in seinem Versailler Schloss unterzubringen geruhte.«[34]

Indem er die Adligen Frankreichs unter seinem Dach, außerhalb von Paris und weit weg von ihren Provinzen, versammelte, war es dem Sonnenkönig gelungen, sie zu ständiger Anwesenheit in Versailles zu verpflichten. Paris war noch immer die Finanzhauptstadt und der Aufenthaltsort der Elite, die keinen Platz an diesem Hof haben wollte oder konnte, dessen Einfluss in der zweiten Hälfte des 18. Jahrhunderts allmählich schwand, da Ludwig XV. einen großen Teil des Jahres zusammen mit einer Handvoll Günstlingen in seinen anderen Residenzen oder Landhäusern verbrachte. Ludwig XVI. hielt sich zwar längere Zeit in Versailles auf, doch er besaß weder die majestätische Ausstrahlung noch die natürliche Leichtigkeit seines Großvaters. Marie-Antoinette, die ihrer Oberhofmeisterin, der Comtesse de Noailles, den Spitznamen »Madame Etikette« verpasst hatte, konnte die Gepflogenheiten am Hof schlecht ertragen und zog ihre Günstlinge und ihr geliebtes Kleines Trianon all dem vor.

Die Kontrolle, die der König mit dem Hof auf seinen Adel ausübte, wurde zunehmend in Frage gestellt. Auch wenn die höchsten Grade der Armee noch immer jenen vorbehalten waren, die in Versailles Hof hielten, wurde sie doch in den letzten zwanzig Jahren vor der Revolution zunehmend professionalisiert. Nach Choiseuls Sturz gab es keine bedeutenden Minister mehr, die in Bezug auf Tatkraft und Weitblick mit einem Colbert oder Louvois zu vergleichen gewesen wären, und es wurde unmöglich, eine handlungsfähige Politik umzusetzen, während das Defizit der öffentlichen Finanzen ständig wuchs, obwohl die Steuern permanent erhöht und der Kreis der Steuerpflichtigen ständig erweitert wurden. Und da die Chargen käuflich waren, mussten die Inhaber aufgelöster Stellen ausbezahlt werden, doch so gern die Monarchie dies auch getan hätte, sie war dazu nicht mehr in der Lage. Die einzelnen Reformen – von Küche, Chambre du Roi, Garderobe, Stallungen, Jägerei sowie der Kapelle – hatten zur Folge, dass der Dienst am Hof nicht mehr der »Königsweg« zu Prestige und Einkommen war. Die Diskussionen um Religion und Gesetze brachten das Konzept eines Königs als einziger Legitimitätsquelle der Macht ins Wanken. Die Begriffe »Demokratie« und »Republik« kamen in Mode, und die neuen Gedanken unterhöhlten die alte Vorstellung des Hofs als Garant von Wohltaten und Gunst, als maßgebliche Schiedsinstanz über Moden und Meinungen, strahlender Stern am Himmel der französischen Gesellschaft, Alpha und Omega des aristokratischen Lebens.

Dieser Mentalitätswechsel der Eliten war ohne Zweifel der wichtigste Faktor, doch haben nicht zudem der fortschreitende Verfall des Schlosses, die zunehmenden Gegensätze, die mit jedem Tag deutlicher zutage traten, zwischen dem Leben, das man dort führte, und den Annehmlichkeiten, die Paris oder das Land boten, den Höflingen die Idee eingepflanzt, dass ihr Dienst in Versailles und das von Ludwig XIV. überkommene Ritual zu einer lächerlichen Mechanik verkommen waren? Die Mühsal des täglichen Lebens, wie sie hier dargestellt wurde, hat die Regimetreue erschüttert und zum Niedergang und Fall der französischen Monarchie beigetragen.

Exkurs zum Schluss:
Die Livre

Die Livre, die Werteinheit, die in sämtlichen zitierten Dokumenten genannt wird, hieß offiziell *livre tournois* und war im Jahr 1667 vorschriftsmäßige Rechnungswährung geworden [frz. *livre* = Pfund]. Es gab also weder Münzen noch Papiergeld, doch wurden Preise und Schulden in Livres berechnet und in Kurantmünzen bezahlt.

Die Livre war 20 Kupferstücke wert, die sogenannten Sols oder Sous, welche sich wiederum in 12 Deniers aufteilten. Für Ausgaben einer gewissen Größe hatten die Höflinge von Versailles meist Ecus – Silbermünzen, die unter Ludwig XIV. im Allgemeinen drei Livres und ab 1726 sechs Livres wert waren – und Louis d'or bei sich, die nach 1728 24 Livres wert waren.

Die Menge des Edelmetalls, das in einer Scheidemünze enthalten war, schwankte in den jeweiligen Perioden je nach Regierungspraxis. Mutationen veränderten während der Herrschaft Ludwigs XIII., in der Zeit der Minderjährigkeit und der großen Kriege von Ludwig XIV. die Zahl der Livres, die aus einer gleichbleibenden Quantität von Edelmetall, dem Marc d'or, geprägt wurden, und modifizierten also den realen Wert der Livre, während ihr nomineller Wert stabil blieb. Diese Situation hatte erhebliche Auswirkungen auf den Wert langfristiger Pachtverträge, ausgesetzter Renten oder Beamtengehälter. Jene, die alte Wertpapiere besaßen, befanden sich in einer schwierigen Situation, denn ihre Erträge verringerten sich dramatisch. So war zum Beispiel der Marc d'or unter Heinrich IV. 240 Livres wert; 1636 bereits 284; 1693 507; 1709 600. Von 1726 bis zum Ende des Ancien Régime stabilisierte sich diese Zahl auf 700 Livres.

Vergleiche mit aktuellen Währungen sind schwierig, doch manche Historiker schätzen den Wert einer Livre auf ungefähr 15 Euro (Stand bei Einführung des Euro als offizielle Währung der Europäischen Union im Jahr 1999). Besser wäre wohl, Gehälter als Bezugsgröße zu nehmen. Während des größten Teils des 18. Jahrhunderts verdiente ein ungelernter Arbeiter ungefähr 1 Livre pro Tag und ein Maurer zwischen 1,5 und 2 Livres.

Quellenverzeichnis

A. N. o^I: Archives nationales de France [Paris], Serie o^I, Archives de la Maison du Roi.

Casanova, Giacomo, Chevalier de Seingalt, *Geschichte meines Lebens,* hg. und kommentiert von Günter Albrecht in Zusammenarbeit mit Barbara Albrecht, Leipzig und Weimar, 1983–1988.

Dangeau, Philippe de Courcillon, Marquis de, *Journal du marquis de Dangeau ... avec les additions inédites du duc de Saint-Simon,* Émile Soulié, Louis Dussieux u. a., Paris 1854–1882, 19 Bände.

Duchesse d'Orléans, Élisabeth Charlotte, *Correspondance complète de Madame, duchesse d'Orléans, née Princesse Palatine, mère du Régent,* übers. von G. Brunet, Paris 1857. Gekürzte deutsche Ausgaben: *Briefe der Herzogin Elisabeth Charlotte von Orléans aus dem Jahre 1720,* hg. von Wilhelm Ludwig Holland, Tübingen 1879 (= Bibliothek des Litterarischen Vereins in Stuttgart, Bd. CXLIV); *Die Briefe der Liselotte von der Pfalz,* hg. von C. Künzel, Ebenhausen b. München 1923.

GG-B^{II}, France, Archives Nationales, Versailles, *Dessins d'architectures de la direction générale des Bâtiments du roi,* Band II, *La Ville, les environs,* Danielle Gallet-Guerne und Christian Baulez, Paris 1989.

Luynes, Charles, Philippe d'Albert, duc de, *Mémoires du duc de Luynes sur la cour de Louis XV ...,* Louis Dussieux et Émile Soulié, Paris, 1860–1865, 17 Bände.

Saint-Simon, Louis de Rouvroy, Duc de, *Mémoires,* nouvelle édition collationnée sur le manuscript autographe ...,* hg. von Arthur de Boislisle et L. Lecestre, Paris 1879–1930, 42 Bände. Gekürzte deutsche Ausgaben: *Die Memoiren des Herzogs von Saint-Simon,* übers. u. hg. von Sigrid von Massenbach, Frankfurt/ Main und Berlin 1991; *Vom Sonnenkönig (Ludwig XIV.). Aus den geheimen Memoiren des Herzogs Ludwig von St-Simon,* hg. von Wilhelm Fischer, Stuttgart 1911; *Vom Sonnenkönig (Ludwig XIV). Aus den Geheimen Memoiren des Herzogs Ludwig von Saint-Simon,* hg. v. W. F. v. Bous [d. i. Wilhelm Fischer], Stuttgart 1911.

Sourches, Louis François de Bouchet, Marquis de, *Mémoires de marquis de Sourches sur le règne de Louis XIV ...,* hg. von Gabriel Jules und Arthur Bertrant, Paris 1892–1893, 13 Bände.

Anmerkungen

1. Wohnen

1 Marais, Mathieu, *Journal de Paris*, 1722–1727, hg. von Henri Duranton und Robert Granderoute, 2 Bände, Saint-Étienne 2004, II, 486
2 A. N. o^I 1076 92
3 Narbonne, Pierre, *Journal de la police*, Clermont-Ferrand 2002, 2 Bände, I, 117
4 Fromageot, P., »Les hôtelleries et cabarets de l'ancien Versailles«, *Revue de l'histoire de Versailles et de Seine-et-Oise* [1906], S. 24–26, 217–231, 300–316 und [1907], S. 22–54. Der Gelehrte Fromageot gibt die Daten des Aufenthalts von M. de Beauregard oder seines Kameraden nicht an. Für die Register der Jahre 1782 bis 1785 siehe A. N. o^I [3708 bis 3711].
5 A. N. o^I 3708, passim, und Fromageot, a. a. O., 310.
6 Dekyser, Vincent, *L'Hospitalité marchande à Versailles au XVIIe siècle*, und Verbrugge, Sophie Virginie, *L'Activité de l'accueil à Versailles au XVIIIe siècle*. Beides Magisterarbeiten der Université Paris-I-Panthéon-Sorbonne unter der Leitung von Daniel Roche, vorgelegt 1995.
7 Lagny, Jean, »L'hôtel de Saint-Simon à Versailles«, *Cahiers Saint-Simon* Nr. 12 [1984], S. 7–15
8 A. N. o^I 1865, *Brevets de places à bâtir de MM. de Villacerf et Monsart depuis 1682 jusqu'en 1708,* und 1866, *Places à bâtir 1708–1717;* siehe auch o^I 1249, 1250 und 1251.
9 A. N. o^I 1832 440
10 A. N. o^I 1834 762
11 A. N. o^I 1800 321
12 A. N. o^I 1836 II, 226
13 A. N. o^I 1834 458; siehe auch 1837 I, 142 und II, 115, 135 und 151
14 A. N. o^I 1076 251
15 A. N. o^I 1076 525 und 1077 476
16 A. N. o^I 1076 584, vgl. 713
17 A. N. o^I 1076 177
18 A. N. o^I 1076 663

19 A. N. O^I 1076 201
20 Luynes, IX, 36
21 A. N. O^I 1076 198
22 A. N. O^I 1076 205
23 A. N. O^I 1076 537
24 A. N. O^I 1076 541
25 A. N. O^I 1076 663
26 A. N. O^I 1076 788
27 A. N. O^I 1077 64
28 A. N. O^I 1077 100; vgl. 118
29 A. N. O^I 1077 117
30 A. N. O^I 2424, folio 35, verso
31 Damit ist die große Treppe gemeint, die im Innern des Neuen Flügels, des sogenannten Gabriel-Flügels, geplant war, der den ehemaligen Gouverneursflügel ersetzte. Sie wurde zwar erst 1958 gebaut, doch viele Beamte haben ihre Wohnung verloren, genauso wie die Inhaber von Appartements am Ort der neuen Oper.
32 A. N. O^I 1832 440
33 A. N. O^I 1077 92 und 116
34 A. N. O^I 1847 dossier 3, Nr. 40
35 A. N. O^I 1831 602 und 603, 1832 325 und 499, 1833 14 und 1847 Dossiers 3, 34, 35, 37, 38 und 51
36 A. N. O^I 1833 547 und 1834 404
37 A. N. O^I 1831 500
38 A. N. O^I 1845 5
39 Chastenay, Victorine de, *Mémoires de Mme de Chastenay, 1771–1815*, Paris 1987, 21
40 Louis Philippe, Comte de Ségur, *Mémoires, souvenirs et anecdotes,* hg. von François Barrière, 2 Bände, Paris 1858, I, 97
41 Genlis, Stéphanie Félicité Ducrest de Saint-Aubin, Comtesse de, *Mémoires,* hg. von Didier Masseau, Paris 2004, 267

2. Essen

1 A. N. O^I 756 folio 211
2 A. N. V^3 90 Nr. 8
3 Flandrin, Jean-Louis, *L'ordre des mets,* Paris 2002
4 A. N. O^I 1122 folio 294
5 Mercier, Louis-Sébastien, *Tableau de Paris,* Paris 1781–1788, zitiert nach: *Mein Bild von Paris,* übers. von Jean Villain, Leipzig 1976, 70

6 Fromageot, a. a. O., 42, 226 und 228

7 Luynes, IV, 469 f.; V, 11

8 A. N. M. C. CVIII 698, Inventar nach dem Tod mit Datum vom 17. September 1782. Ich danke Christian Baulez, der mich auf dieses Dokument aufmerksam gemacht hat.

9 A. N. o^1 1799 437

10 A. N. o^1 1799 435

11 A. N. o^1 1799 439

12 A. N. o^1 1799 436

13 A. N. o^1 1799 439

14 A. N. o^1 1798 447

15 A. N. o^1 1802 538

16 A. N. o^1 1798 300

17 A. N. o^1 1077 368

18 A. N. o^1 1796 518

19 Argenson, *Journal*, 2005, VIII, 35

20 Dufort, Jean Nicolas, Comte de Cheverny, *Mémoires sur les règnes de Louis XV et Louis XVI*, Paris 1886, 2 Bände, I 105

21 Victor, Pierre, Baron de Besenval, *Mémoires*, Paris 1987, 69

22 Siehe Lilti, Antoine, *Le Monde des salons: sociabilité et mondanité à Paris au XVIIIe siècle*, Paris 2005, 66 zitiert nach: Archives des Affaires étrangères, Contrôle des étrangers, VI, Bericht vom 28. Juli 1775

23 Dufort, a. a. O., I, 242 f.

24 Ibid., I, 319

25 Croÿ, *Journal*, 2006, VI, 61 und 201

26 Ibid., 76

27 Ibid., 212; siehe auch 219: »Es gab eine große Menge an Sonntagen und nur sehr wenige Leute an den anderen Tagen.«

28 Ibid., 197

29 A. N. o^1 837 23

30 Marie-Antoinette, *Correspondance*, 2005, 374

31 A. N. o^1 1802 324

32 Casanova, Giacomo, *Geschichte meines Lebens*, III, S. 168

33 A. N. o^1 284 455

34 Sourches, I, 154

35 Argenson, *Journal*, 2005, VII, 146

36 Gustave Philippe, Comte de Creutz, *La Suéde et les Lumières: Lettres de France d'un ambassadeur à son Roi*, 1771–1782, hg. von Marianne Molander Beyer, Paris 2006, 427 und 492

37 Chasteney, Victorine de, a. a. O., 75

3. Wasser

1 Le Roi, J.-A., »Travaux hydrauliques de Versailles sous Louis XIV«, *Mémoires de la société des sciences morales, des lettres et des arts de Seine-et-Oise*, VII [1866], 61–128

2 Mangin, M. J., »Louis XIV et ses jardins: règlement autographe du Roi pour la visite des jardins de Versailles«, *Revue d'histoire de Versailles et de Seine-et-Oise* [1899], 7–14, zitiert nach R. Giradet, *Manière de montrer les jardins de Versailles*, Paris, 1951. Siehe auch die Eindrücke der Madeleine de Scudéry, *Promenade de Versailles dédiée au Roi*, Paris 1669

3 Saint-Simon, VII, 193 und XVIII, 224, Sourches, VIII, 336; Dufort, I, 94

4 Friedmann, Anne, »The Evolution of the *parterre d'eau*«, *Journal of Garden History*, VIII [1988], 1–30, Pératé, André, »Le parterre d'eau du parc de Versailles sous Louis XIV«, *Revue d'histoire de Versailles et de Seine-et-Oise* [1889], 15–35; Weber, Gerold, *Brunnen und Wasserkünste in Frankreich im Zeitalter von Louis XIV*, Worms 1985

5 Barbet, L.-A., *Les Grandes Eaux de Versailles: installation mécanique et étangs artificiels*, Paris 1907, 81. Diese Studie gleichzeitig zur Architektur und Mechanik ist die Quelle mehrerer Schätzungen, die auf den folgenden Seiten zitiert werden

6 Tessin, Nicodème, »Relation de la visite de Nicodème Tessin à Marly, Versailles, Clagny, Rueil et Saint-Cloud en 1687«, hg. von Pierre Francastel, *Revue d'histoire de Versailles et de Seine-et-Oise* [1926], 157–167; Du Lac, R., »Les transformations de la butte Montbauron«, a. a. O. [1916], 81–97, 158–176

7 Luynes, I, 251 f.

8 Evard, F. »Les travaux du canal de l'Eure sous Louis XIV«, *Revue de l'histoire de Versailles et de Seine-et-Oise* [1933], 96–151

9 *Die Memoiren des Herzogs von Saint-Simon*, III (1710–1715), S. 296; de Rabutin-Chantal, Marie, Marquise de Sévigné, *Correspondance*, hg. von Roger Duchêne, »Bibliothèque de la Pléiade«, Paris 1972, III, 165; Racine, Jean, *Oeuvres*, hg. von Paul Mesnard, »Les grands écrivains de la France«, Paris 1886, VI, 582; Sourches, II, 889

10 Saint-Simon, XXVIII, 162; Visconti, Primi, *Mémoires sur la cour de Louis XIV*, übers. von Le Moine, Jean, Paris 1908, 271; Le Roi, J.-A., *Journal de la santé du Roi*, 2944; Narbonne, Pierre, *Journal des règnes de Louis XIV et Louis XV, de l'année 1701 à l'année 1744*, hg. von J.-A. Le Roi, Paris 1866, 321

11 Marmontel, *Mémoires*, [1999], 165 f.

12 A. N. o¹ 2356 und 2357 folio 108

13 A. N. o¹ 1829 419

14 A. N. o¹ 1838 116

15 Le Roi, »Histoire hydraulique«, 86. Archives départementales des Yvelines, 109, *Plan des parcs de Versailles et des environs*, wo der Aquädukt beschrieben ist als »Trinkwasserleitung für das Schloss Versailles«.

16 Zitiert nach Levron, Jacques, *Versailles, ville royale*, Roanne 1981, 72

17 Lagny, Jean, *Versailles, ses rues. Le Quartier de Notre-Dame*, Versailles 1982, 28

18 A. N. o¹ 1830 103; siehe auch 100, 114, 115, 116, 118, 146, 149, 160, 173, 305, 319 und 320. Siehe auch den Briefwechsel zwischen dem Generaldirektor der Königlichen Bauten: A. N. o¹ 1110 folio 531 f., 1111 folio 385, 112 folios 644 und 778, 1113 folio 103 und 1114 folio 276

19 A. N. o¹ 1831 560, 562 und 571; 1123 354, 375 und 1832 85

20 A. N. o¹ 1832 126

21 A. N. o¹ 1981 1 und 50; Narbonne, Pierre, *Journal de police*, Clermont-Ferrand 2002, II, 79

22 A. N. o¹ 1831 31; sowie 20, 24, 31, 32 38, 48, 51 und 52. Siehe auch A. N. o¹ 1117 133, 165, 205, 227 und 248

23 A. N. 01 3945, Dossier 2, *Cinquième année de la régie de M. Jean-Baptiste Bocquillon, 1754 bis 1755*

24 A. N. o¹ 1834 134

25 A. N. o¹ 1831 351

26 A. N. o¹ 1835 239

27 Luynes, I, 274 f. und II, 265

28 A. N. o¹ 1830 260; siehe auch 1114 folios 80, 116 und 199 und 115 folio 541

29 Renaudot, T., *Recueil général des questions traitées et conférence du bureau d'adresse*, Paris 1655, zitiert nach Pardailhé-Galabrun, Annick, *La Naissance de l'intime*, Paris 1988, 355

30 Goubert, Jean-Pierre, *La Conquête de l'eau*, Paris 1986, 83

31 *La Loi de la galanterie française*, 1640, zitiert nach Thorton, Peter, *Seventeenth Century Interior Decoration in England, France and Holland*, New Haven 1978, 319

32 Saint-Simon, XVII, 238

33 Sourches, I, 434 und III, 216; Dangeau I, 303, Anne d'Orléans, Marie Louise, duchesse de Montpensier, *Mémoires de Mademoiselle de Montpensier*, London 1741, 7 Bände, III, 313

34 Dubois de Lestournière, Marie, zitiert nach Aubineau, Léon in *Notices littéraires sur le XVIIe siècle*, Paris 1859, 393

35 Saint-Simon, XVIII, 339. *État de France* 1698, I, 179, 256 f., 260 und 263

36 *Die Memoiren des Herzogs von Saint-Simon*, III (1710–1715), 242 und Sourches, XIII, 520 und 522

37 Saint-Simon, »Les additions«, in: Dangeau, I, 393

38 Duchesse d'Orléans, Élisabeth Charlotte, *Correspondance complète de Madame, duchesse d'Orléans, née Princesse Palatine, mère du Régent*, übers. von G. Brunet, Paris 1857, II, 75 f. Zitat in: Saint-Simon, *Vom Sonnenkönig* (Ludwig XIV.), 31, Fußnote [Brief vom 5. 3. 1719]

39 Luynes, X, 179 und 188; Jarry, Paul, »La cuve de marbre de l'appartement des bains de Versailles«, *Revue d'histoire de Versailles et de Seine-et-Oise*, 1934, 103–105

40 Young, Arthur, *Travels in France*, 237. Über die Franzosen fügt er hinzu: »Auf der anderen Seite jedoch sind ihre Toiletten Hochburgen der Abscheulichkeit, und die bei Großen wie Kleinen verbreitete Gewohnheit, überall auszuspucken, ist verachtenswert. Ich habe einen Herrn gesehen, der so nah an der Kleidung einer Herzogin vorbeispuckte, dass mich seine Sorglosigkeit verblüffte.«

41 GG-B I Karten Nr. 179, 263, 264, 728. Marie, Alfred, *Versailles au temps de Louis XV*, Paris 1984, 135–139

42 GG.B I Karten Nr. 648, 650, 669, 674–678, 680–682. Siehe auch: Marie, a. a. O., 151 f.

43 Marie, ibid., 60, 64

44 Langy, 65

45 AP 53. Siehe GG-B, Plan 402

46 CC 24. Siehe GG-B, Plan 2744 und Blondel, Tafel 2, U12

47 CC 23. Siehe Blondel, Tafel 2 Y7

48 A. N. o^1 1114 folios 43 und 148 f.

49 Campan, I, 312

50 A. N. MC XLII 584, 4. September 1753. Ich möchte mich bei Christian Baulez bedanken, dem ehemaligen Konservator des Musée du chateau de Versailles, der mich auf dieses seltene Dokument aufmerksam machte, das ich an vielen Stellen zitieren werde, vor allem im letzten Kapitel.

51 A. N. o^1 V^3 91 Nr. 10

52 A. N. o^1 1799 114

53 A. N. o^1 1862^2 Nr. 26

54 A. N. o^1 1838 454, 457 und 458

55 Girouard, M., *Life in the English Country House*, New Haven 2000, 249

56 Barbier, VII, 246 [geschrieben 1760]

57 Chaulieu, Guillaume Annfrie de, *Lettres inédites de l'abbé Chaulieu*, Paris 1850, 140 f.; *Die Briefe der Liselotte von der Pfalz*, hg. v. C. Künzel, Ebenhausen 1923, 24 f. [Brief vom 24. Juli 1678]

58 *Die Memoiren des Herzogs von Saint-Simon*, II (1705–1709), 41 f.; Orléans, *Letters from Liselotte*, 203

59 Havard, Henri, *Dictionnaire de l'ameublement et de la décoration depuis le XIIIe siècle jusqu'à nous jours*, Paris 1887–1890, II, 940–953. Havard gibt seine Quelle nicht an. Es handelt sich vermutlich um die Rechnungslegung des Garde-meuble.

60 Félix, comte de France d'Hézecques, *Souvenirs d'un page de la cour de Louis XV*, Neuauflage von 1998, 212 f.

61 A.N. MC 584, 4. September 1752

62 A.N. o¹ 1795 290 und 278

63 Arouet, François Marie, genannt Voltaire, *Correspondance*, hg. von Théodore Besterman, »Bibliothèque de la Pléiade«, II, 945 und 1114

64 A.N. o¹ 1802 377

65 Liselotte von der Pfalz, *Briefe*, hg. von Annedore Haberl, München 1996, 283 [Brief vom 23. Juli 1702]

66 Luynes, VI, 356 f.

67 A.N. o¹ 1799 342 bis 346

68 A.N. o¹ 1799 437

69 A.N. o¹ 1799 436

70 A.N. o¹ 1799 439

71 A.N. o¹ 1799 181; siehe auch 1226 folio 37

72 A.N. o¹ 1800 567

4. Heizung

1 Colbert, Jean-Baptiste, *Lettres, instructions et mémoires,* hg. von Pierre Clément, Paris 1861–1873, 7 Bände, VI, 470

2 A.N. o¹ 737 folio 168 verso

3 Luynes, I, 402

4 Luynes, I, 428 und 430

5 A.N. o¹ 1795 52

6 A.N. o¹ 290 14

7 A.N. o¹ 290 5

8 A.N. o¹ 290 216

9 A.N. o¹ 1796 442 und 444

10 A.N. o¹ 1797 498

11 A.N. o^I 1112 folio 804

12 *Briefe der Elisabeth Charlotte von Orléans aus dem Jahre 1720,* S. 110 f. [Brief vom 7. April 1720]

13 *Comptes des Bâtiments,* passim

14 A.N. o^I 1076 644 und 1077 407

15 Saint-Simon, XXVIII, 163

16 A.N. o^{I}1801 161, 361, 362, 524 und 667

17 A.N. o^I 1801 171

18 A.N. o^I 1819 I 172

19 A.N. o^I 1820 I folio 58

20 A.N. o^I 1835 197

21 A.N. o^I 1836 I 28 und 29

22 A.N. o^I 1834 50

23 A.N. o^I 1114 folio 49; und 58

24 Saint-Simon, XIII, 108, XVII, 155 und XXIV, 111 f.

25 A.N. o^I 1798 116, 183 bis 185

26 A.N. o^I 1810 I 96

27 A.N. o^I 1810 104

28 A.N. o^I 1801 283 und 1802 244

29 A.N. o^I 1801 290

30 A.N. o^I 1798 78 und 95

31 A.N. o^I 1764 A dossier 1

32 GG-B1 1339

33 A.N. o^I 1821 II folio 118

34 A.N. o^I 1799 231 [Choiseul] und 1797 197 und 1812 I 21 [Tessé]

35 A.N. o^I 1800 345

36 A.N. o^I 1800 398

37 A.N. o^I 1800 121

38 A.N. o^I 1801 187

39 A.N. o^I 1071 135 und 134, 1797 281, 282, 289, 1798 10, 1800 399, 1802 497, 1812 I 50 und 57, III 97

40 A.N. o^I 1800 9, 30, 32, 33 und 37

41 A.N. o^I 1072 164 [Grand Commun] 1821, I folio 72 f. [Kleine Stallung] und 1829 587 [Croismare]

42 A.N. o^I 1831 14

43 A.N. o^I 1829 536

44 A.N. o^I 1799 86

45 A.N. o^I 2406, département des Dehors de Versailles »ouvrages neufs«

46 A.N. o^I 2409 folio 33 verso

47 A.N. o^I 1821 I folio 19 f.

48 A.N. o^I 1830 486

49 A.N. o^I 2416 folio 27

50 A. N. o¹ 2417 folios 25 und 26
51 A. N. o¹ 1800 140
52 A. N. o¹ 1802 79
53 A. N. o¹ 1821 folio 72 f.
54 A. N. o¹ 1834 319
55 A. N. o¹ 1801 623
56 A. N. o¹ 1810 III 86
57 A. N. o¹ 1819 III 5
58 A. N. o¹ 1812 I 13
59 Saint-Simon, V, 59
60 Dangeau, XI, 379, Sourches, X, 323 und A. N. o¹ 1762 B dossier 1
61 Luynes, VIII, 93 und Croÿ, I, 70
62 Luynes, XI, 225 f. A. N. o1 1795 208, 1827 294, 1828 26
63 A. N. o¹ 1827 78, 79, 80 und 81
64 A. N. o¹ 1795 295; 2364, *État au vrai de la recette et dépense des Bâtiments du Roi,* département des Dehors de Versailles, »ouvrages neufs«
65 A. N. o¹ 1109 folio 413 f.
66 A. N. o¹ 1071, 231 und 232, 1117 folio 701 und 1812 IV 55
67 A. N. o¹ 1117 folio 181
68 A. N. o¹ 1134 folios 185 und 247
69 A. N. o¹ 1799 484
70 A. N. o¹ 1801 265 und 266
71 A. N. o¹ 1072 210 und 211
72 A. N. o¹ 1830 91
73 A. N. o¹ 1830 104
74 A. N. o¹ 1830 325
75 A. N. o¹ 1113 folio 489 und 1114 folios 72 und 82
76 A. N. o¹ 1835 358
77 A. N. o¹ 1835 669
78 A. N. o¹ 1836 II 107 bis 109
79 A. N. o¹ 1838 34

5. Beleuchtung

1 A. N. o¹ 762 25
2 Du Pradel, Jean, *Traité contre le luxe* (Paris 1705), zitiert nach Peter Thornton, *Seventeenth Century Interior Decoration in England and France,* New Haven 1978, 387
3 A. N. o¹ 717, folios 3, 4, 30, 31
4 A. N. o¹ 820 25 und 28
5 Luynes, II, 370

6 Luynes, II, 369

7 A. N. o¹ 3794 26, 33, 41, 170, 178, 179 und *Revenu casuel de la charge de garçon de la Chambre de la Reine, année 1789*

8 Luynes, II, 369

9 Luynes, II, 333

10 Luynes, II, 19 und XI, 325

11 *Mercure de France,* janvier 1708, zitiert nach Dangeau, XII, 61

12 Argenson, *Journal,* [2005], VIII, 171 und 176

13 Saint-Simon, XXXVI, 315 f.

14 Montgrédien, Georges, *La Vie quotidienne sous Louis XIV,* Paris 1948, zitiert nach Thornton, a. a. O., 388

15 Saint-Simon, XVI, 482, Anmerkung 4, zitiert nach *Écrits inédits,* III, 111

16 Ibid.

17 Sources, XI, 158

18 Luynes, IV, 108

19 A. N. o¹ 290 4

20 A. N. o¹ 290 14

21 A. N. o¹ 290 6, 8, 24 und 26

22 A. N. o¹ 290 27 und 49

23 A. N. o¹ 290 35

24 A. N. o¹ 290 42

25 M.C XLII 584, 4. September 1753

26 A. N. o¹ 1799 633 und 1800 513

27 Kimballe, Fiske, *The Creation of the Rococo* (Philadelphia 1943) und »The Developement of the ›Cheminee à la Royale‹«, *Metropolitan Museum Studies,* 5 Bände, 1934 und *Les Relations artistiques entre France et Suède. Extraits d'une correspondance entre l'architecte Nicodème Tessin le jeune et Daniel Cronström,* 1964 [Brief vom 2. März 1697], zitiert nach Thornton, a. a. O., 66 f.

28 A. N. o¹ 1809 23 verso

29 A. N. o¹ 1099 bis 1147 [1739 bis 1790], passim

30 Dangeau, XI, 170; GG-B1 99 und 100

31 Le Guillou, J.-C., »L'appartement de Monseigneur, puis de ses fils: évolution chronologique 1684–1715«, *Eighteenth Century Life,* vol. 17 [1993], 68–81

32 A. N. o¹ 1802 602

33 A. N. o¹ 1071 55, 57 und 58, 1797 237 und 1812 I 45

34 A. N. 1798 3

35 A. N. o¹ 1796 601; siehe auch 599 und 600

36 A. N. o¹ 1795 74

37 A. N. o¹ 1796 103

38 A. N. o¹ 1798 288

39 A. N. o¹ 1796 488; siehe auch 1811 II 175

40 A. N. o¹ 1077 113, 234 und 235 und 1799 6

41 A. N. o¹ 1799 322

42 A. N. o¹ 1796 94, 355, 357, 358, 637, 640, 648, 649 und 650,
   1797 12, 14, 28, 65, 87 und 1802 301

43 A. N. o¹ 1796 354

44 A. N. o¹ 1800 517

45 A. N. o¹ 1076 464

46 A. N. o¹ 1796 317

47 A. N. o¹ 1796 314

48 A. N. o¹ 1796 312, 313 und 327

49 A. N. o¹ 1796 326

50 A. N. o¹ 1796 353

51 A. N. o¹ 1796 329

52 A. N. o¹ 1796 353

53 A. N. o¹ 1810 III 71

54 A. N. o¹ 1799 121

55 A. N. o¹ 1799 437

56 A. N. o¹ 1799 337

57 A. N. o¹ 1802 430 und 435

58 D'Aubigny, Françoise, marquise de Maintenon, *Lettres*, hg. von
   G. Truc, Paris 1922, 266 [Brief vom 23. Juli 1713]

59 A. N. o¹ 2373 folio 100

60 A. N. o¹ 1797 469; siehe auch 1071 116, 117 und 1812 III 29

61 A. N. o¹ 1076 751 und 1812 III 28

62 A. N. o¹ 1797 280; siehe auch 812 147

63 Luynes, VIII, 14 f.

64 A. N. o¹ 1076 166

65 A. N. o¹ 1799 521

66 A. N. o¹ 1799 37

67 A. N. o¹ 2336 folio 100

68 A. N. o¹ 1070 545 und 547

69 A. N. o¹ 1796 630; siehe auch 1811 III 57

70 A. N. o¹ 1802 128

71 A. N. o¹ 1835 38

72 A. N. o¹ 1837 I 226; siehe auch 1835 523, 1837 I 135 und 192
   und II 32

73 A. N. o¹ 1800 425 und 1796 95

74 A. N. o¹ 1833 89

75 A. N. o¹ 1245 37

76 A. N. o¹ 1810 II 105

77 A. N. o¹ 1797 409

78 A.N. O^1 1799 42

79 A.N. O^1 1779 253

80 A.N. O^1 1799 352

81 A.N. O^1 1801 381; siehe auch 376

82 A.N. O^1 1801 446

83 A.N. O^1 1802 54

84 Lévis, Gaston de, *Souvenirs et portraits, 1764–1830,* Paris 1993, 103

85 Boigne, Comtesse de, *Mémoires de la comtesse de Boigne, née d'Osmont: récits d'une tante,* hg. von Jean-Claude Berchet, 2 Bände, Paris 1999, I, 24

86 A.N. O^1 1832 359

87 A.N. O^1 1801 594

88 A.N. O^1 1802 269 und 272

89 A.N. O^1 1796 86 und 641, 1797 339 und 1811 III 64

90 A.N. O^1 1799 12

91 A.N. O^1 1797 42 und 43

92 A.N. O^1 1836 II 356

93 A.N. O^1 1802 174

94 Im Prinzenflügel die Nummern 87, 90, 91, 95, 98 und 103, 104 und 105; im Nordflügel die Nummern 53, 58 und 59 a

95 A.N. O^1 1810 I, 108; siehe auch 113

96 A.N. O^1 1802 79; siehe auch 76

97 A.N. O^1 1801 595

98 A.N. O^1 1802 177

99 A.N. O^1 1801 439

6. Großreinemachen

1 A.N. O^1 1796 89

2 A.N. O^1 1227 folio 21 verso

3 A.N. O^1 2626 folio 245

4 A.N. O^1 3723 folio 46, 3738 folios 21 und 29 und 739 folio 20; sh. 3742 dossier 4, *Extrait des lettres de Mme la maréchale de Boufflers*

5 A.N. O^1 198 folio 152 und 199 folio 218

6 A.N. O^1 200 folios 167 und 174 verso

7 A.N. O^1 3744, dossier 4, Dokument mit Datum vom 31. Dezember 1746, *État des sommes que le Roi veut et ordonne être payées aux officiers de la Maison de feue Madame la Dauphine [...] du 6 septembre [...] jusqu'au 31 décembre.*

8 A. N. o^1 3794, dossier 1, *État détaillé [...] du Domaine de Versailles, année 1779*

9 A. N. o^1 285 216

10 A. N. o^1 285 folio 373

11 A. N. o^1 195 folio 239

12 A. N. o^1 285 401

13 A. N. o^1 1076 folio 249

14 A. N. o^1 1799 633

15 A. N. o^1 285 78

16 A. N. o^1 290 116

17 A. N. o^1 811 folio 2 und 2 verso; siehe auch 805 21, der Etat von 1782 führt auch 38 Bohner auf: [die 6 Ersten], 13 »beim König«, 8 »bei Mesdames« und 11 in Marly. Im selben Etat findet man 6 »Erste Auskehrer«, 22 »andere« und 2 im Hôtel du Gouvernement. Von dieser Gruppe haben 52 das Dokument unterzeichnet.

18 A. N. o^1 285 222

19 A. N. o^1 285 373

20 A. N. o^1 285 59

21 A. N. o^1 3974, dossier 4, *Marché du sieur Frioux*

22 A. N. o^1 3974, dossier 4, *Aperçu de la cire [...]* 1778

23 Ibid.

24 A. N. o^1 805 72

25 A. N. o^1 3974, dossier 5, *Soumission*

26 A. N. o^1 3912, dossier 7, *Contrat du 1er janvier 1764* und *certificat de 1769*

27 A. N. o^1 1146 folio 283 und 1831 208, 1833 115, 1839 folio 1850 dossiers 2, 7 und 8

28 A. N. o^1 1799 259

29 A. N. o^1 1799 207

30 A. N. o^1 1147 folio 74

31 Motteville, Françoise Bertaut de, *Chronique de la Fronde,* hg. von Jean-Michel Delacomptée, Paris 2003, 174; siehe auch 166

32 A. N. o^1 1798 400

33 A. N. o^1 1264 456 [19. Mai 1781]

34 A. N. o^1 1264 457 [15. November 1781]

35 A. N. o^1 1796 137

36 A. N. o^1 1798 126

37 A. N. o^1 1799 300

38 A. N. o^1 1801 235

39 A. N. o^1 122 folio 37 und 67 folio 212

40 A. N. o^1 1831 106

41 A. N. o^1 1798 230

42 A. N. o^1 1799 285

43 A. N. o¹ 1800 43

44 A. N. o¹ 1835 367

45 A. N. o¹ 1839 79

46 A. N. o¹ 1802 556. Dieses Dokument befindet sich im Karton von 1789, doch wir vermuten, dass es sich auf das Jahr 1774 bezieht.

47 A. N. o¹ 1836 I 190 und 191

48 A. N. o¹ 1839 79

49 A. N. o¹ 1839 351

50 A. N. o¹ 1839 349

51 A. N. o¹ 1800 567. 1742 führte eine Übersicht auf der Südseite des Schlosses auf: »Unter dem Gewölbe, Cour de la Bouche du Roi; Grube der Apotheke unter dem Gewölbe; Grube in den Kellern der Ammen; Grube Gobelet du Roi; Gruben der französischen und der Schweizergarde [im Vorhof]; unter der Passage de Gesvres; Grube unter der Marmortreppe der Königin; Grube des Baron de Breteuil [linker Ministerflügel]; Cour du sieur Massif; Grube des M. le maréchal Ségur [linker Ministerflügel].«

52 A. N. o¹ 1800 71

53 Laborie, A. A., Cadet le Jeune, und Parmentier, A. A., *Observations sur les fosses d'aisance et moyens de prévenir les inconvénients de leur vidange* (1778), 105, zitiert nach Corbin, Alain, *The Foul and the Fragrant: Odor and the French Social Imagination,* Cambridge 1986, 59

54 A. N. o¹ 1799 168

55 A. N. o¹ 1107 folio 77

56 A. N. o¹ 1110 folio 524

57 A. N. o¹ 1798 357

58 A. N. o¹ 1835 312

59 Croÿ, *Journal* [2006], VI 216

60 A. N. o¹ 1836 II 340

61 A. N. o¹ 1801 528

62 A. N. o¹ 1801 534

63 A. N. o¹ 1802 683

64 A. N. o¹ 1802 58

65 A. N. o¹ 1802 114

66 A. N. o¹ 1802 1

67 A. N. o¹ 1802 308

68 A. N. o¹ 1802 10; siehe auch 184, 304 f. und 311 bis 316

69 A. N. o¹ 1802 310, 319 und 321

70 A. N. o¹ 1839 77

71 A. N. o¹ 1802 415 und 417

72 A. N. o¹ 1839 364

73 A. N. o¹ 1830 211

74 A. N. o¹ 1830 211
75 A. N. o¹ 1797 391
76 A. N. o¹ 1797 388
77 A. N. o¹ 1797 409
78 A. N. o¹ 1111 folios 25 f. und 40
79 A. N. o¹ 285 183
80 A. N. o¹ 1830 240. Hirsch wurde in den Etat von 1765 eingetragen für die Departements Versailles-Château und Versailles-Dehors. Siehe A. N. o¹ 1798 126
81 A. N. o¹ 1798 224; 1117 folios 216 und 621 und 1118 folio 16
82 A. N. o¹ 1260 634
83 A. N. o¹ 1799 444
84 A. N. o¹ 1799 445; siehe auch 447 und 450
85 A. N. o¹ 1795 110
86 A. N. o¹ 2740 [Schrift datiert vom 20. Dezember 1775]
87 A. N. o¹ 1839 78

7. Wäsche

1 Zitiert nach Farge, Arlette, *Vivre dans la rue à Paris au XVIIIe siècle,* Paris 1992, 93. Die Originalausgabe wurde 1718 in Frankfurt auf Deutsch publiziert, 1725 folgte in Leyden die französische Version. Siehe auch Chabaud, Gilles, »Les guides de Paris: une littérature de l'accueil?«, in *La Ville promise,* hg. von Daniel Roche, Paris 2000, 97

2 Roche, Daniel, *The culture of Clothing: Dress and Fashion in the Ancien régime,* Cambridge 1996 und Vigarello, Georges, *Wasser und Seife, Puder und Parfüm: Geschichte der Körperhygiene seit dem Mittelalter,* aus dem Franz. von Linda Gränz, Frankfurt 1988

3 A. N. o¹ 1106 folio 495 und 1108 folio 47

4 A. N. o¹ 21 folio 163 verso, 50 folio 60, 84 folio 477 f., 97 folio 133, 111 folio 314, 124 folio 561, 194 folios 51 und 142 verso, 195 folio 381, 196 folio 264, 197 folio 15 verso, 198 folio 195 verso, 199 folio 135 verso, 200 folios 5, 8, 13, 112 und 826 150

5 A. N. o¹ folio 35, 86 folio 288, 92 folio 276, 194 folios 190 und 217 verso, 195 folios 116, 278 und 392 verso, 197 folios 51 verso, 98 verso, 99 und 107, 199 folios 170 und 773 verso, 200 folio 112, 761 folio 41, 766 189, 767 146 und 2811 dossier 1

6 A. N. o¹ 1076 91, 1077 154, 1795 55, *États des logements du Château der Versailles* [um 1722 bis um 1741], 1820 IV folio 55 f. und 1828 50 und 51

7 A.N. o¹ 60 folio 185, 195 folio 84, 196 folios 248 und 271 verso,
   2811 dossier 1

8 A.N. o¹ 1795 55, *États des logements du Château der Versailles*
   [um 1722 bis um 1741], ehemaliges Hôtel du Fresnoy, Erdgeschoss, Nr. 2. Das Waschhaus der Wäscherin der Kinder von
   Frankreich ist auf dem Plan GG-B II 662 mit 15 kodiert.

9 Auf dem Plan GG-B II 781, entspricht AHF 9 der Wohnung im
   zweiten Stock über den Pferdeställen des Hôtel du Fresnoy. Man
   erreichte sie über eine Treppe im hinteren Teil des Hofes, die
   zur Nr. 22 im ersten Stock führt, dann zur Nr. 23 im Attikageschoss.

10 A.N. o¹ 1836 II 252

11 A.N. o¹ 1263 391 und 392

12 A.N. o¹ 3792 258

13 A.N. o¹ 3792 152

14 A.N. o¹ 1132 folio 436 und 1133 folio 17

15 A.N. o¹ 1827 91

16 A.N. o¹ 1837 175

17 A.N. o¹ 1835 513

18 A.N. o¹ 1071 325

19 A.N. o¹ 1796 550; siehe auch 551

20 A.N. o¹ 1829 218 und 219

21 A.N. o¹ 1829 462 und 465

22 A.N. o¹ 1830 161

23 A.N. o¹ 1831 91 und 92; siehe auch 1117 folios 448 und 484 und
   1798 240

24 Eintrag »Savon« in der *Encylopédie ou dictionnaire raisonné des
   sciences, des arts et des métiers*, XIV, 719 ff.

25 A.N. o¹ 1226 folio 28

26 A.N. o¹ 1828 407, 408 und 415

27 A.N. o¹ 1831 357

28 A.N. o¹ 1832 317 und 433

29 A.N. o¹ 1834 124

30 A.N. o¹ 1834 451

31 A.N. o¹ 1835 530; siehe auch 529

32 A.N. o¹ 1838 614; siehe auch 615

33 A.N. o¹ 1820 I folio 134. Diese Regeln wurden 1779 erneuert.
   Siehe 1835 239

34 A.N. o¹ 1827 178

35 A.N. o¹ 1835 239

36 A.N. o¹ 1837 II 22

37 A.N. o¹ 1137 folio 155

38 A.N. o¹ 1835 573

39 A. N. o¹ 1839 1
40 A. N. o¹ 1839 72
41 A. N. o¹ 1839 75
42 A. N. o¹ 1838 614; siehe auch 615

8. Leben bei Hofe – Ein Resümee

1 Sourches, I, 101
2 Spanheim, Ezechiel, *Relation de la cour de France en 1690,* Paris 1900, 221
3 A. N. o¹ 2800, Dossier 1: *Mémoires ou examen de la véritable proportion des fonds annuel qu'il convient d'assigner à l'administration*
4 »Hilaritati Publicae Aperta Regia«, in *Médailles sur les principaux événements du Règne de Louis-le-Grand,* Paris 1702, zitiert nach Pommier, Édouard, »Versailles, l'image du souverain«, in: *Les Lieux de mémoire,* hg. von Pierre Nora, II, 193–234
5 Smollett, Tobias, *Travels through France and Italy,* New York 1969, 60
6 Young, Arthur, *Travels in France during the Years 1787, 1788 and 1789,* New York 1969, 12 und 76
7 Maza, Sarah C., *Servants and Masters in Eighteenth Century France,* Princeton 1983, 26
8 Prion, Pierre, *Pierre Prion, scribe: mémoires d'un écrivain de campagne au XVIIIe siècle.* E. Le Roy Ladurie und Orest Ranum, Paris 1985, 161 f.
9 Zitiert nach Lewis, W. S., *The Splendid Century,* New York 1978, 199
10 Lilti, *Salons ...,* 92, zitiert nach dem Notizbuch der Mme Goeffrin in den Privatarchiven des Comte de Bruce
11 A. N. o¹ 1245 72
12 Pardailthé-Galabrun, Annik, *La Naissance de l'intime: 3000 foyers parisiens, XVIIᵉ-XVIIIᵉ siècle,* Paris 1988
13 Luynes, V, 401
14 Newton, William R., *L'Espace du roi,* Paris 2000, 348 und Illustration 27
15 Ibid., 226 und Illustration 14
16 A. N. o¹ 2363, 2364 und 2365
17 Luynes, XIII, 32
18 Die folgende Beschreibung des Interieurs des Appartements stammt aus dem Inventar: A. N. MC XLII 584, 4. September

1753. M. Christian Baulez war so freundlich, mich auf dieses Dokument hinzuweisen.

19 Lilti, *Salons* ... 96, zitiert nach Blondel, Jacques François, *De le distribution des maisons de plaisance et de la décoration des édifices en général,* 2 Bände, Paris 1738, und Scott, Katie, *The Rococo Intérieur: Decoration and Social Spaces in Early Eighteenth Century Paris,* New Haven 1995

20 A. N. o^1 4000 folios 273 ff.

21 Forster, Robert, *The House of Saulx-Tavannes: Versailles and Burgundy, 1700–1830,* Baltimore 1971, 49

22 A. N. o^1 2416 folio 8 passim

23 A. N. o^1 1797 387

24 A. N. o^1 1797 398

25 A. N. o^1 1797 404

26 A. N. o^1 1799 21

27 A. N. o^1 1802 280

28 A. N. o^1 2418 folio 18 verso; siehe auch 17 verso und 2920 [1768] folio 8

29 A. N. o^1 2421 folio 8; siehe auch 2422 folios 8 und 13 verso [1770]

30 A. N. o^1 2423 folio 13 verso

31 A. N. o^1 2424 folio 2 verso und 14

32 A. N. o^1 1798 471

33 Argenson, *Journal,* [2005], VII 235 [17 Oktober 1750]

34 A. N. o^1 1245 72

Bildnachweis

akg images: 1 (VISIOARS); 8, 14; 16 (Marc Deville); 17 (Jean-Claude Varga);13, 18 (Jérôme da Cunha); 21 (Archives CDA/Guillo); 28 (Catherine Bibollet); 29 (Erich Lessing); 31

bpk: 2; 5, 23 (RMN); 12, 15, 20, 22, 24, 25, 27, 30, Vorsatz hinten (RMN, Gérard Blot); 19 (RMN, Harry Bréjat); Vorsatz vorn (RMN, Michèle Bellot)

ullstein bild: 3 (Archiv Gerstenberg); 4, 6, 26 (Roger Viollet); 6; 7 (Imagno); 9, 10, 11 (AISA); 32 (akg Pressebild)

Personenregister

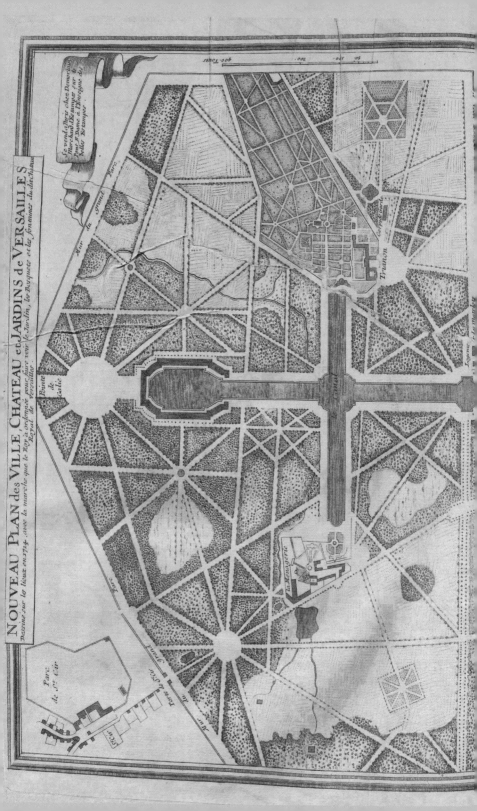

NOUVEAU PLAN des VILLE, CHATEAU et JARDINS de VERSAILLES

Dessiné sur les lieux en 1714. avec la marche que le Roy a ordonné pour faire voir le Jardin, les Bosquets et les fontaines du château Royal de Versailles.

Se vend à Paris chez Demortain Marchand d'Estampes sur le Pont Nôtre Dame à l'Enseigne des belles Estampes

Parc du grand Parc

Parc de St Cir

Parc de St François

Pointe de Sceaux

Trianon

Grande route

Le Canal

La Ménagerie

400 Toises
300.
200.
100.
50.

Butte de Picardie